IMPRIMERIE ET LIBRAIRIE ADMINISTRATIVES DE PAUL DUPONT,
Rue Grenelle-Saint-Honoré, n° 45, à Paris.

CODE

DES

PENSIONS CIVILES,

contenant

LA LOI DU 9 JUIN 1853, LE DÉCRET DU 9 NOVEMBRE SUIVANT

ET TOUS LES RÈGLEMENTS ANTÉRIEURS.

Avec commentaires

Par R. DARESTE,

AVOCAT AU CONSEIL D'ÉTAT ET A LA COUR DE CASSATION, DOCTEUR EN DROIT.

**Ouvrage spécialement consacré aux Fonctionnaires et Employés
du Ministère des Finances.**

Un vol. in-18. Prix, franco, 2 fr. 50 cent.

Après avoir laissé aux organes de l'opinion publique et aux recueils spéciaux, l'appréciation de son ouvrage, M. R. Dareste expose ainsi le but qu'il s'est proposé :

« Réunir, en un petit volume, tous les documents législatifs sur les pensions civiles et tous les renseignements propres à en faciliter l'intelligence, a paru une œuvre utile, surtout au moment où le nombre des employés pouvant obtenir une pension de retraite est élevé à cent soixante mille. Mettre ces employés en état de connaître exactement leurs droits et les prétentions qu'ils peuvent élever, tel est le but qu'on s'est proposé dans ce travail.

« Le *Code des Pensions civiles* se divise en deux parties, la première contient la loi nouvelle et le règlement d'exécution avec un commentaire; la seconde reproduit la législation relative aux pensions sur fonds généraux, législation maintenue en vigueur par l'article 32 de la loi, et tous les règlements des caisses spéciales supprimées par l'article 1er. Bien qu'abrogés pour l'avenir, ces règlements continuent de régir la liquidation des services antérieurs au 1er janvier 1854 (art. 18). Ils seront donc appliqués pendant longtemps encore, et on ne pouvait se dispenser d'en donner le texte.

« Un grand nombre de décisions du Conseil d'État ont été rendues, depuis 1819, sur l'application de ces lois et règlements dont elles forment le commentaire naturel. Toutes ces décisions, qu'il est facile de retrouver à leurs dates dans le *Recueil des arrêts du Conseil d'État*, ont été soigneusement indiquées sous chacun des articles dont elles fixent l'application.

« Les anciens règlements et la jurisprudence qui s'y rattache forment d'ailleurs le complément indispensable du commentaire de la loi. En effet, si le principe et le système financier de cette loi sont une innovation, les conditions imposées aux employés pour l'obtention de la pension, les règles de liquidation, les dispositions d'ordre et de comptabilité n'ont pas subi de modifications essentielles. Plusieurs articles sont presque textuellement empruntés à l'ordonnance du 12 janvier 1825, et la jurisprudence qui s'est formée sur ces dispositions maintenues conserve ainsi toute sa valeur. Aussi a-t-on eu soin d'indiquer, dans le commentaire de chaque article, la source à laquelle le législateur a puisé. »

Plusieurs journaux politiques et de jurisprudence ont rendu un compte favorable du *Code des Pensions civiles*, et l'ont signalé comme le véritable *vade-mecum* des Fonctionnaires appelés, par le décret impérial, à jouir du bénéfice de la loi du 9 juin 1853.

IMPRIMERIE ET LIBRAIRIE ADMINISTRATIVES DE PAUL DUPONT,

Rue de Grenelle-Saint-Honoré, n° 45, à Paris.

CODE DES PENSIONS CIVILES

Par R. DARESTE,

Un volume in-18, prix : 2 francs 50 cent.

BULLETIN DE SOUSCRIPTION.

Je, soussigné, ——————————— ——————————— demeurant à ——————————— bureau de poste d ——————————— département d ——————————— déclare souscrire au **Code des Pensions civiles**, de R. Dareste, moyennant la somme de deux francs cinquante centimes, que je joins ici en un mandat poste.

A ——————————— ce ——————————— 185   .

Monsieur

Monsieur PAUL DUPONT,

Directeur de la Librairie administrative,

45, rue de Grenelle-Saint-Honoré.

A PARIS.

CODE

DES

PENSIONS CIVILES.

PARIS, IMPRIMERIE DE PAUL DUPONT,
rue de Grenelle-Saint-Honoré, 45.

CODE

DES

PENSIONS CIVILES,

contenant

LA LOI DU 9 JUIN 1853, LE DÉCRET DU 9 NOVEMBRE SUIVANT

ET TOUS LES RÈGLEMENTS ANTÉRIEURS,

Avec commentaires

Par R. DARESTE,

AVOCAT AU CONSEIL D'ÉTAT ET A LA COUR DE CASSATION,
DOCTEUR EN DROIT.

PARIS,

IMPRIMERIE ET LIBRAIRIE ADMINISTRATIVES

DE PAUL DUPONT ET Cie,

Hôtel-des-Fermes, rue de Grenelle-Saint-Honoré, n. 45.

1854

INTRODUCTION.

On a reconnu de tout temps qu'il était juste de récompenser les anciens serviteurs de l'État, et de ne pas les abandonner sans ressources aux infirmités et aux besoins de la vieillesse. «Dans une société réglée, dit l'ancien jurisconsulte Guy Coquille (1), on fait compte de ceux qui sont en vigueur d'âge pour ce qu'ils font, des vieux pour le conseil et pour la souvenance de ce qu'ils ont fait et bien fait.» A cet égard, on ne saurait établir de différence entre les services civils et les services militaires. La magistrature, le corps enseignant, les employés des diverses administrations ; en un mot, tous les fonctionnaires civils servent leur pays aussi bien que les soldats ou les marins. Ils ont droit aux mêmes récompenses, à la même sollicitude de la part de l'État; et on peut ajouter qu'ils les ont toujours obtenues.

Dès le quatorzième siècle, à l'époque où l'administration royale commence à s'organiser sur les débris du régime féodal, on voit les officiers royaux en posses-

---

(1) Cité par M. de Montalembert dans la discussion au Corps législatif. (*Séance du 14 mai 1853, Moniteur des 16 et 17 mai.*)

sion de garder leurs gages à vie, alors même qu'ils ont cessé leurs fonctions; les besoins du Trésor forcent à chaque instant les rois à resserrer ce droit dans d'étroites limites, mais le droit lui-même est respecté.

Par exemple, l'ordonnance du 19 mars 1341 (1), tout en révoquant les concessions de gages à vie faites aux officiers du roi, ajoute : « Fors tant seulement en ce que en vérité il seroint en telle maladie ou telle vieillece ou impotense, pour quoy en vérité ne peussent bonnement desservir leurs offices, ou que, après nostre trepassement, aucuns de nos successeurs les mettroint hors de leurs offices sans leur culpe.... et ce voulons estre gardé entre toutes les personnes qui prennent gaiges de nous, de quelque estat qu'il soient. »

Le droit à la retraite se trouve ainsi reconnu et consacré dans trois cas, à savoir quand l'*officier* est devenu vieux ou infirme, ou qu'il est réformé sans faute de sa part. Des lettres patentes, du 3 février 1405 (2), nous apprennent qu'une autre condition était exigée, celle de vingt ans de services. Elles révoquent de nouveau toutes concessions de gages à vie, mais font exception pour « ceulx de nos conseillers des trois chambres (du parlement, des enquêtes et des requêtes) qui nous ont servi jusques au temps de vingt ans et au-dessus. »

Et cette exception n'est pas considérée comme une

---

(1) *Collection du Louvre*, t. II, p. 172.

(2) *Coll. du Louvre*, t. IX, p. 108. On peut encore voir les ordonnances des 28 juillet 1318, 15 juin et décembre 1320, 5 février 1388, 28 février 1401, 5 et 8 octobre 1410, 25 mai 1415, 26 juillet 1467.

faveur, mais comme un acte de justice : « Voulans, portent les lettres patentes du 13 décembre 1408 (1), noz bons serviteurs, et qui par longtemps ont vacqué et vacquent encore en nostre service, en estre aucunement rémunérez. » — « Attendu, dit la déclaration du 23 décembre 1409 (2), les grans, bons et loyaulx services qu'ils nous ont fais et font continuelment en leurs dis offices, *et les petits gaiges qu'ils ont à cause d'iceulx.* »

La vénalité des offices, qui s'introduisit au seizième siècle, déchargea l'État d'une grande partie de ses obligations. D'ailleurs, pour emprunter les termes d'une de ces anciennes ordonnances (3), le roi se réservait toujours *de pourvoir ainsi qu'il appartiendrait à ceux qui bien et longuement l'auraient servi et auxquels il verrait être convenable faire aucune provision et grâce.*

La législation sur cette matière, jusqu'à la révolution de 1789, ne contient plus que des mesures financières (4). On se préoccupait surtout alors de l'accroissement des pensions qui, réduites à deux millions en 1610, portées en 1614 à six millions six cent cinquante mille livres, ramenées en 1717 à trois millions six cent mille livres, dépassèrent quinze millions en 1762, et

---

(1) *Coll. du Louvre*, t. IX, p. 400.
(2) *Coll. du Louvre*, t. IX, p. 487.
(3) Ordonnance du 7 janvier 1407. (*Coll. du Louvre*, t. IX, p. 279.)
(4) Voir, entre autres : édit de janvier 1629, art. 274 ; déclarations des 30 septembre 1678, 30 janvier 1717, 20 novembre 1725, 17 avril 1759, 7 janvier 1779 ; lettres patentes du 4 novembre 1785. Colbert institua, en 1673, la caisse des Invalides de la marine ; les invalides de la guerre eurent aussi la leur.

trente-six millions en 1789 (1). L'Assemblée constituante réduisit cette somme au tiers. Elle ne craignit pas de revenir sur le passé, et, pour obtenir les réductions qu'elle désirait, elle ordonna une liquidation nouvelle. Elle posa, en même temps, des règles pour l'avenir. La loi du 22 août 1790 proclame que l'État doit récompenser les services rendus au corps social, quand leur importance et leur durée méritent ce témoignage de reconnaissance. Ces récompenses devaient consister soit en pensions, soit en gratifications, pour lesquelles une somme de douze millions était annuellement destinée. Des dispositions précises déterminaient les conditions d'âge et de services nécessaires pour avoir part à ces récompenses.

Cette loi, comme tant d'autres lois de cette époque, ne reçut guère d'exécution. Les anciennes pensions demeurèrent supprimées, mais la liquidation nouvelle se fit longtemps attendre, ou même n'arriva jamais. D'ailleurs, une somme de douze millions devint bientôt insuffisante pour subvenir aux pensions des nombreux fonctionnaires dont le nouvel ordre de choses avait amené la création. Il fallut bientôt restreindre les engagements de l'État, et lui procurer de nouvelles ressources.

La loi du 15 germinal an 11 et le décret du 13 septembre 1806 abaissèrent le taux du maximum, éle-

----

(1) MERLIN, *Répertoire*, V° Pensions; DUMESNIL, *Manuel des pensionnaires de l'Etat*, p. 3.

vèrent la limite d'âge, et établirent des règles de liquidation moins favorables aux employés.

De nouveaux règlements furent introduits pour les
pensions militaires par la loi du 8 floréal an 11, et, pour
celles de la marine, par le décret du 11 fructidor de la
même année. Ces deux classes de pensions se trouvèrent
ainsi soustraites à l'empire de la loi du 22 août 1790 (1).

Vers la même époque, de nouveaux règlements, fondés sur un système particulier et empruntés, à ce qu'il
paraît, à l'ancienne ferme générale, commencèrent à s'établir pour les pensions civiles. Des caisses de retenues furent créées, à partir de 1797, dans les diverses administrations et se chargèrent de payer des retraites aux employés
en échange des retenues qu'ils subiraient sur leurs trai
tements. Le Gouvernement autorisa ces caisses, fournit des subventions, et sanctionna les nouveaux règlements. Vingt-quatre de ces caisses existaient au 9 juin
1853, jour de la promulgation de la loi nouvelle, et
comptaient plus de 77,000 tributaires touchant ensemble
plus de cent vingt millions de traitements.

La loi de 1790 et le décret du 13 septembre 1806 ne
s'appliquaient plus au contraire qu'à 3,844 fonctionnaires dont les traitements réunis n'atteignaient pas
douze millions (2).

---

(1) Les pensions de l'armée de terre sont aujourd'hui régies par
la loi du 11 avril 1851 ; celles de la marine par la loi du 18 avril
de la même année. Nous ne reviendrons pas sur ces deux lois, qui
sont en dehors de notre sujet.

(2) Ces chiffres sont donnés par l'exposé des motifs de la loi
du 9 juin 1853 Voir l'Annexe n° 6 : *Note sur les résultats fi-
nanciers du projet de loi sur les pensions civiles.*

Ainsi la règle avait à peu près disparu sous les exceptions.

Tandis que des lois générales avaient réglé tout ce qui concerne les pensions de l'armée de terre et de la marine, les pensions civiles n'avaient pas de règlement unique et définitif. Acquittées tantôt sur fonds généraux, tantôt sur fonds de retenues, liquidées tantôt d'après la loi de 1790 et le décret du 13 septembre 1806, tantôt d'après un des vingt-quatre règlements en vigueur, elles appelaient depuis longtemps une réforme qui leur imposât une règle unique, et leur assurât en même temps les ressources financières dont elles ne pouvaient se passer. Dès 1811, le législateur avait compris la nécessité de cette réforme, qui n'a pu être enfin réalisée que par la loi du 9 juin 1853.

La seconde partie de cet ouvrage expose le dernier état de la législation relative à chacune des vingt-quatre caisses de retraite, et indique les règlements antérieurs. En comparant ces documents, on peut voir que le Gouvernement s'est toujours proposé le double but que nous venons de signaler : ramener les divers règlements à l'unité, assurer à chaque caisse des ressources financières suffisantes. C'est ainsi que l'ordonnance du 12 janvier 1825 opéra la réunion des sept caisses différentes existant alors au ministère des finances, et soumit ainsi à des conditions uniformes les pensions de plus de cinquante mille employés. C'est ainsi encore que diverses ordonnances, en 1831 et 1832, portèrent à 5 p. 0/0 le chiffre des retenues perçues par la plupart des caisses. La loi nouvelle a achevé l'œuvre commencée par ces ordonnances.

Malgré l'élévation du taux des retenues et l'aggravation des conditions exigées, l'expérience a prouvé que les caisses spéciales étaient hors d'état de se suffire à elles-mêmes. Cette impuissance fut constatée dès les premières années de leur existence. La loi de finances du 25 mars 1817 leur alloua une somme de 1,066,500 fr. à titre de subvention temporaire; celle du 15 mars 1818 porta la subvention à 1,958,500 fr., à condition qu'elle décroîtrait d'un vingtième par année. Mais, au lieu de décroître, le chiffre de la subvention a dû être augmenté d'année en année, et il s'est élevé à quatorze millions en 1852.

A mesure que se dissipaient les illusions qu'avait fait concevoir la création des caisses de retraite, la nécessité d'une loi nouvelle se faisait plus vivement sentir. En 1818, en 1831, en 1833, diverses commissions furent chargées de préparer les bases de cette loi. Le 16 décembre 1834, un premier projet fut présenté aux Chambres pour l'organisation d'une nouvelle caisse de retraite en faveur des employés des finances. Mais ce projet n'eut pas de suite, la commission de la Chambre ayant réclamé une mesure générale, applicable à tous les employés.

De nouveaux projets furent présentés, en ce sens, les 4 janvier 1837, 27 février 1838 et 25 janvier 1840. Le premier et le dernier proposaient la création de nouvelles caisses spéciales. Mais, dans un long et savant rapport sur le dernier, M. Mathieu (de Saône-et-Loire) démontra, par des calculs irréfutables, que les charges imposées à ces caisses dépassaient de beaucoup leurs ressources, et que, dans l'impossibilité d'augmenter ces ressources en imposant aux employés de nouveaux sacrifices, il fallait absolument recourir à une subvention de l'État.

Dès lors, le système des caisses spéciales fut abandonné, et on revint au principe déjà adopté dans le projet de 1838 : inscription de toutes les pensions au Trésor, désormais chargé de percevoir toutes les retenues. Un projet conçu dans ce système fut présenté le 18 mars 1841, repris en 1843 (1), présenté de nouveau avec quelques modifications en 1851, et enfin repris en 1853, où il a reçu la sanction législative (2).

L'analyse des systèmes proposés à ces diverses époques n'entre pas dans le plan de ce travail. Il en est un pourtant que nous devons faire connaître, à cause du rôle qu'il a joué dans la discussion de 1853.

La commission du Corps législatif avait proposé de créer une caisse générale, alimentée par des retenues et subventionnée par l'Etat, mais distincte du Trésor pu-

---

(1) Le projet de 1843 avait été rejeté par la Chambre des députés, le 10 mars 1843. En 1847, un projet de loi établissant quelques régles uniformes sur les demandes en concession, le mode de payement et les conditions de jouissance des pensions civiles, fut voté par la Chambre des députés. Mais les événements de 1848 empêchèrent qu'il ne fût donné suite à ce projet.

Les rapports de M. Félix Réal sur les projets de 1841 et de 1843 peuvent encore être utilement consultés pour déterminer le sens et la portée d'un grand nombre de dispositions de la loi nouvelle

(2) Cette loi a été discutée au Corps législatif, dans les séances du 10 au 16 mai 1853, et votée par 153 voix contre 75. (*Moniteur* des 12-18 mai 1853.)

blic. Ainsi l'Etat n'aurait été engagé que dans les limites d'un crédit alloué chaque année par le Corps législatif, et, dans le cas d'insuffisance des ressources, l'accroissement de la subvention payée par l'État aurait eu pour compensation l'addition d'une retenue extraordinaire sur tous les traitements.

Mais ce système, malgré tous les efforts de la commission, n'a pu prévaloir contre celui du projet présenté par le Gouvernement. La loi nouvelle reconnaît que les pensions civiles sont une dette de l'Etat (1); que la retenue est un impôt sur les traitements, et non une épargne du fonctionnaire; qu'à ce titre, elle ne doit jamais dépasser certaines limites, et que l'insuffisance de cette ressource ne décharge pas le Trésor public de ses obligations.

Voici en quels termes l'exposé de motifs s'exprime à cet égard :

« Il est juste, dit le préambule de la loi du 22 août 1790, que, dans l'âge des infirmités, la patrie vienne au secours de celui qui lui a consacré ses talents et ses forces. Ce principe est devenu l'origine de notre législation sur les pensions de retraite. L'Etat, après avoir profité des travaux et de la vie entière d'un fonc-

---

(1) Ce principe est, du reste, admis chez la plupart des nations voisines. L'Etat supporte la charge des pensions civiles, et les employés y contribuent par des prélèvements sur leur traitement en Angleterre, en Hollande, en Autriche, en Prusse, en Bavière, en Saxe. En Belgique, ce système existe pour le département des finances; pour les autres départements ministériels, l'Etat supporte la charge des pensions, sans aucune prestation de la part des employés. (*Exposé des motifs.*)

tionnaire, ne peut l'abandonner sans ressources, lorsque la vieillesse le met hors d'état de subvenir à son existence. Le bien du service, l'intérêt même de l'administration lui imposent l'obligation de prévenir une situation aussi douloureuse.

« Quelques personnes ont paru croire que le parti le plus sage serait de renoncer au principe même des pensions de retraite; qu'en les supprimant, les administrations ne manqueraient jamais ni d'employés pour remplir leurs cadres, ni de moyens pour stimuler le zèle ou réprimer l'infidélité. N'y aurait-il pas un danger public à tenter une pareille expérience? Ne serait-ce pas mettre en question presque toute l'organisation administrative du pays? Il faut entrer dans les détails des services publics pour bien juger à quel point l'intérêt de ces services est intimement lié au régime des pensions de retraite; combien ces récompenses, dont il faut se rendre digne, et qu'on perd en déméritant, prêtent de force morale à l'administration. Si on ne laissait entrevoir aux nombreux agents auxquels est confiée la protection des intérêts sociaux et la perception des impôts qu'une vieillesse misérable et abandonnée, on courrait le risque d'altérer leur fidélité, leur zèle et leur courage. Qu'on ne dise pas qu'ils se créeraient eux-mêmes des ressources pour l'avenir. Il ne faut pas trop compter sur leur prévoyance; quelques-uns au moins en manqueraient. Les laisserait-on mendier leur pain, s'ils étaient privés de moyens d'existence? Le législateur a témoigné une telle sollicitude à cet égard, qu'il a déclaré les pensions incessibles et insaisissables, afin que les anciens serviteurs de l'Etat conservassent, dans tous les cas, des ressources suffisantes pour vivre. Mais, en supposant tous les employés prévoyants et économes, serait-il possible à la plupart, surtout dans la partie active, de prélever, sur leur faible traitement, une épargne suffisante pour se créer des moyens d'existence dans leur vieillesse? Faudrait-il alors élever les traitements? Le sacrifice qu'on imposerait, dans ce cas, au Trésor, serait au moins égal à celui dont on veut l'affranchir : l'Etat n'y gagnerait rien, le sort des employés n'en serait pas moins compromis, et l'administration y perdrait le ressort que notre système de pensions lui met dans les mains. On ne peut méconnaître que l'espérance de la pension exerce la plus heureuse influence sur le zèle et le dévouement des employés. Rassurés sur leur avenir, ils ne sont pas tentés de chercher des ressources dans d'autres travaux peu compatibles avec leurs devoirs. On a dès lors le droit d'exiger qu'ils se livrent sans partage à leurs fonctions. Pour eux s'accomplit cette loi consolante de l'existence humaine qui permet aux travaux de l'âge mûr de garantir la satisfaction des besoins de la vieillesse.

« D'un autre côté, le prix attaché à la prolongation des services retient dans les fonctions publiques ceux qui y sont une fois entrés, et qui, peut-être, sans cette perspective, iraient porter dans la carrière privée une expérience et des talents formés dans le sein de l'administration. La pension rachète ainsi l'infériorité que présentent souvent, quant à leurs profits immédiats, les emplois publics comparés aux professions indépendantes et libérales...

« Il faut ajouter que si l'employé devenu vieux ou infirme n'avait pas droit à une pension, l'administration se trouverait quelquefois presque nécessairement conduite à conserver dans les cadres, au grand préjudice du service public, des agents épuisés qu'elle ne pourrait renvoyer sans les exposer à la misère. Ces égards inévitables pour des situations personnelles, dignes de sympathie, pourraient réagir d'une manière fâcheuse sur les hauts intérêts confiés à la sollicitude du Gouvernement.

« Ainsi, dans l'intérêt des services publics, dans l'intérêt de la force et de la dignité de l'administration, il est utile de maintenir et même d'étendre le principe qui assure des retraites aux serviteurs de l'Etat. »

L'exposé de motifs montre ensuite que les caisses d'épargne et les établissements tontiniers sont insuffisants pour assurer des retraites aux fonctionnaires, et il conclut :

« Après une étude sérieuse des projets divers qui se sont produits sur la matière qui nous occupe, on est amené à reconnaître qu'il n'en est qu'un seul qui remplisse les conditions du programme dont nous avons tracé les traits principaux : c'est celui qui a pour objet de consacrer l'état de choses actuel, dans ce sens qu'il continue à faire contribuer les employés à une partie de la dépense des pensions, et qu'il se borne à substituer l'Etat aux caisses de retraite, dont il s'attribue l'actif, et prend le passif à sa charge, en cherchant sa garantie, pour l'avenir, dans des conditions restrictives apportées à la concession de nouvelles pensions. En ce qui concerne la dépense de l'Etat, le changement est plutôt nominal que réel, puisque l'Etat couvre depuis longtemps, par des subventions, le déficit des caisses de retraite. »

Ces motifs justifient suffisamment le principe fondamental de la loi.

Ce travail se divise en deux parties, la première contient la loi nouvelle et le règlement d'exécution avec un commentaire ; la seconde reproduit la législation relative aux pensions sur fonds généraux, législation maintenue en vigueur par l'article 32 de la loi, et tous les règlements des caisses spéciales supprimées par l'article 1er. Bien qu'abrogés pour l'avenir, ces règlements continuent de régir la liquidation des services antérieurs au 1er janvier 1854 (art. 18). Ils seront donc appliqués pendant longtemps encore, et on ne pouvait se dispenser d'en donner le texte.

Un grand nombre de décisions du Conseil d'Etat ont été rendues, depuis 1819, sur l'application de ces lois et règlements dont elles forment le commentaire naturel. Toutes ces décisions, qu'il est facile de retrouver à leurs dates dans le *Recueil des arrêts du Conseil d'Etat*, ont été soigneusement indiquées sous chacun des articles dont elles fixent l'application.

Les anciens règlements et la jurisprudence qui s'y

rattache forment d'ailleurs le complément indispensable
du commentaire de la loi. En effet, si le principe et le
système financier de cette loi sont une innovation, les
conditions imposées aux employés pour l'obtention de
la pension, les règles de liquidation, les dispositions
d'ordre et de comptabilité n'ont pas subi de modifications essentielles. Plusieurs articles sont presque textuellement empruntés à l'ordonnance du 12 janvier 1825,
et la jurisprudence qui s'est formée sur ces dispositions
maintenues conserve ainsi toute sa valeur. Aussi a-t-on
eu soin d'indiquer, dans le commentaire de chaque
article, la source à laquelle le législateur a puisé.

Réunir, en un petit volume, tous les documents législatifs sur les pensions civiles et tous les renseignements propres à en faciliter l'intelligence, a paru une
œuvre utile, surtout au moment où le nombre des employés pouvant obtenir une pension de retraite est élevé
à cent soixante mille. Mettre ces employés en état de
connaître exactement leurs droits et les prétentions
qu'ils peuvent élever, tel est le but qu'on s'est proposé
dans ce travail (1).

---

(1) Un *Manuel des pensionnaires de l'Etat* a été publié, en
1841 par M. Dumesnil, alors avocat aux Conseils; mais cet ouvrage, conçu et rédigé sur un plan différent, n'est plus, quel qu'en
soit d'ailleurs le mérite, au courant de la législation ni de la jurisprudence.

CODE

DES

PENSIONS CIVILES.

Ire PARTIE.

LÉGISLATION NOUVELLE.

I.—LOI DU 9 JUIN 1853,

SUR LES PENSIONS CIVILES.

TITRE Ier. — LIQUIDATION DES CAISSES DE RETRAITE SUPPRIMÉES.

Art. 1er. Les caisses de retraite désignées au tableau n° 1 seront supprimées à partir du 1er janvier 1854.

Leur actif sera acquis à l'Etat.

Art. 2. Seront inscrites au grand-livre de la dette publique, à partir de la même époque,

1° Les pensions existantes ou en cours de liquidation à la charge des caisses supprimées, pour services terminés avant le 1er janvier 1854 ;

2° Les pensions et indemnités concédées pour cause de réforme, en vertu de l'article 4 de la loi du 1er mai 1822 et du décret du 2 mai 1848 ;

3° Les pensions et les secours annuels qui seront concédés à titre de réversibilité aux veuves et aux orphelins des pensionnaires inscrits en vertu des deux paragraphes qui précèdent (1).

Nous n'avons pas à revenir ici sur le système financier de la loi nouvelle. Il peut se résumer en deux mots : assujettissement de tous les fonctionnaires à la retenue, centralisation au Trésor des recettes et dépenses relatives aux pensions.

La conséquence de ce système était la suppression des vingt-quatre caisses de retraite existantes. La loi a pris soin d'énumérer ces diverses caisses. (*V.* le Tableau n° 1.)

Plusieurs caisses, régies par des ordonnances ou d'autres actes du Gouvernement, ne sont pas comprises dans cette énumération. Telles sont les caisses de retraite pour les employés des départements et des communes. Telle est encore la caisse de retraite des employés et ouvriers de l'Imprimerie impériale. « Cette caisse, disait M. le commissaire du Gouvernement au Corps législatif (2), a deux sortes de pensions bien distinctes à servir : d'abord aux employés, ensuite aux ouvriers de l'Imprimerie ; les premiers subissent une retenue de 5 p. 0/0, les seconds de 3 p. 0/0. On ne peut soumettre cette caisse aux mêmes conditions que celles des autres administrations, car elle est à la fois caisse d'employés et caisse d'ouvriers. Or, le projet de loi ne concerne pas les ouvriers ; il n'y est question que des employés et des fonctionnaires ; la caisse de l'Imprimerie impériale continuera donc à exister. »

La caisse d'épargne et de retenue des instituteurs primaires, fondée par l'article 15 de la loi du 28 juin 1833, se trouve, il est vrai, supprimée par la loi nouvelle, qui accorde des pensions de retraite aux instituteurs primaires comme à tous les autres fonctionnaires publics, mais l'actif de cette caisse n'est pas réuni au Trésor. « La caisse des instituteurs communaux, disait le commissaire du Gouvernement au Corps législatif (3), n'est pas une caisse de retenue : c'est une caisse d'épargne, constitutive de capital, dans laquelle sont versées les

---

(1) Voir le titre Ier du règlement d'exécution, art. 1 à 4.
(2) Séance du 14 mai 1853. *Moniteur* des 16 et 17 mai.
(3) Même séance. — L'actif de la caisse d'épargne des instituteurs était de 7,215,375 francs au 1er juillet 1852. (*Exposé des motifs,* Annexe n° 3.)

épargnes des instituteurs et de leurs familles. C'est une propriété privée. On ne pourrait la supprimer qu'en restituant aux instituteurs ou à leurs familles ce qu'ils ont versé. Le projet de loi accorde à l'avenir la pension de retraite aux instituteurs communaux, et la liquidation de cette pension aura pour point de départ le jour où la loi sera devenue exécutoire. La pension sera proportionnelle aux retenues que les instituteurs auront subies depuis cette époque. Le tableau annexé ne saurait donc mentionner la caisse spéciale dont on vient de parler. »

Des raisons analogues n'ont pas permis de comprendre dans la suppression la caisse du Théâtre-Français.

La caisse de retraite de l'Académie impériale de musique et celle de l'ancienne administration des subsistances militaires n'existaient déjà plus que comme caisses en liquidation au moment où la loi nouvelle a été promulguée. Elles continuent d'exister à ce titre.

La caisse des Invalides de la marine reste également en dehors du tableau des caisses supprimées. Les pensions des employés des bureaux du ministère de la marine continuent à être payées sur cette caisse et liquidées d'après le décret du 2 février 1808, qui régissait jusqu'ici les pensions des bureaux de la guerre, et qui a été rendu applicable aux bureaux de la marine par décret du 4 mars suivant. (*V.* la seconde partie, *Caisse de retraite n°* 15.)

Aux termes de l'article 2, le Trésor prend à sa charge le passif des caisses supprimées.

Ce passif comprend d'abord les pensions existantes ou en cours de liquidation à la charge des caisses supprimées pour services terminés avant le 1er janvier 1854.

Il comprend ensuite les pensions et indemnités concédées pour cause de réforme, en vertu de l'article 4 de la loi du 1er mai 1822, et du décret du 2 mai 1848. Ces mesures n'ont eu qu'un caractère transitoire (1). Il est cependant nécessaire de les faire connaître ici.

---

(1) Voir toutefois le décret du 30 mars 1852, ainsi conçu : « Il pourra être accordé des pensions et indemnités temporaires aux membres non replacés de l'ancien Conseil d'Etat : les pensions après vingt ans de services, les indemnités temporaires pour services qui n'atteindront pas vingt ans, et pour un temps égal à la durée de ces services. Ces pensions et indemnités temporaires seront liquidées d'après les dispositions du décret du 2 mai 1848, et concédées seulement dans le cas d'insuffisance de fortune. »

L'article 4 de la loi de finances du 1er mai 1822 portait :
« Lorsque, par des réformes d'employés inutiles, des éco-
« nomies auront été obtenues sur les frais d'administra-
« tion centrale des ministères, il pourra être accordé sur
« le fonds provenant de la moitié de ces économies, aux
« employés réformés, des indemnités temporaires pro-
« portionnées à leurs services, et qui ne devront jamais
« excéder le maximum de la pension de retraite affectée
« à chaque emploi. Le tableau de ces indemnités tempo-
« raires sera distribué chaque année aux Chambres. »

Le mode de liquidation de ces indemnités temporaires
avait été réglé par une ordonnance du 2 octobre 1822.

Aux termes de cette ordonnance, les employés réformés
devaient recevoir, pendant la première année qui suivrait
leur suppression, une indemnité égale à la moitié de leur
traitement. Après l'expiration de cette année, les employés
réformés devaient être divisés en deux catégories : les uns,
réunissant le temps de services exigé, obtenaient une pension de retraite liquidée dans les formes ordinaires et
réversible ; les autres, n'ayant pas atteint le temps de
services exigé, obtenaient une indemnité temporaire dont
la durée devait égaler celle de leurs services, et dont le
taux était fixé au minimum de la pension correspondante
à leur traitement. Ces pensions et indemnités devaient
être payées sur fonds généraux jusqu'à ce que les caisses
de retraite fussent en état de les acquitter.

Enfin, ces indemnités définitives ou temporaires étaient
considérées comme de véritables pensions, et entièrement
assimilées aux pensions sur fonds de retenue. Une ordonnance du 30 avril 1823 déclara qu'elles étaient incessibles et insaisissables par application de l'ordonnance du
27 août 1817.

La révolution de 1848 amena des mesures semblables.
Bien des carrières avaient été brisées, bien des indemnités
étaient dues. Le Gouvernement provisoire y pourvut par
un décret du 2 mai 1848.

« Considérant, porte ce décret, que la réorganisation gé-
« nérale des services publics doit entraîner de nombreuses
« réformes et suppressions d'emplois ; qu'en réalisant des
« économies importantes dans l'intérêt des contribuables,
« l'État ne doit pas méconnaître les services rendus ; qu'il
« ne serait pas juste d'exiger des fonctionnaires et em-
« ployés remplacés en ce moment les conditions rigou-

« reuses du droit à la retraite, lorsqu'on leur enlève la
« faculté de les accomplir ; que le succès même de la
« réorganisation exige qu'une disposition exceptionnelle
« permette de concilier l'humanité et l'économie, afin
« que l'administration ne soit pas entravée dans l'exécu-
« tion de mesures réclamées par les nécessités publiques ;
« que les caisses de retraite, d'après les principes de leur
« institution, ne sont appelées à servir que les pensions
« acquises dans des conditions ordinaires, c'est-à-dire par
« la durée des services, l'invalidité naturelle ou le grand
« âge des employés ; mais que ces établissements peuvent
« être d'autant moins tenus à supporter la charge des
« pensions, qui sont la conséquence d'une réorganisation
« générale, que de semblables mesures, en augmentant
« les pensions, ont en même temps pour effet de dimi-
« nuer le produit des retenues par la réduction même des
« traitements ; que, dans une telle situation, il est équi-
« table que l'État affecte temporairement au service des
« pensions exceptionnellement acquises aux employés
« réformés une partie des économies réalisées ;
« Art. 1er. Les fonctionnaires et employés qui, du
« 25 février au 25 juillet de la présente année, auront été
« réformés pour cause de suppression d'emploi, de réor-
« ganisation ou par toute autre mesure administrative qui
« n'aurait pas le caractère de révocation ou de destitution,
« pourront obtenir pension s'ils réunissent vingt ans de
« services, dont quinze ans au moins entièrement accomplis
« dans la partie active, ou vingt-cinq ans indistinctement ac-
« complis dans la partie active ou sédentaire. Cette pension
« sera calculée pour chaque année de services civils à raison
« d'un soixantième du traitement moyen des quatre der-
« nières années d'exercice. En aucun cas, elle ne devra
« excéder le maximum de la pension de retraite affectée
« à chaque emploi (1).

____

(1) Les services militaires étaient admissibles pour parfaire les
vingt ou vingt-cinq ans exigés par l'article 1er. (Conseil d'Etat,
13 avril 1850, *Létrange.*)

La pension ne devait être liquidée, d'après le décret, que dans
le cas où le fonctionnaire ne remplissait pas les conditions exigées
par les règlements ordinaires. (Conseil d'Etat, 25 août 1849,
Bergé ; 9 mars 1850, *Marhem.*)

Le mode de liquidation prescrit par le décret était obligatoire.
On n'aurait pu y substituer un autre mode, par exemple, celui que

« Art. 2. Ceux des fonctionnaires et employés réformés
« qui ne compteront pas la durée de services exigée par
« l'article précédent, obtiendront une indemnité tempo-
« raire réglée dans les proportions fixées par ledit article,
« et dont la jouissance sera limitée à un temps égal à celui
« de la durée de leurs services dans le ministère ou l'ad-
« ministration où se terminera leur activité.

« Art. 3. Les pensions concédées en vertu de l'article 1er
« ci-dessus seront éventuellement réversibles sur la tête
« des veuves et des enfants des titulaires, aux conditions
« du règlement général du 12 janvier 1825.

« Art. 4. *Mesure transitoire*. La moitié des économies
« obtenues par suite de réorganisation ou de suppression
« d'emplois pourra être spécialement affectée au service
« des pensions et indemnités concédées en vertu du pré-
« sent décret (1). »

Toutes ces pensions et indemnités se trouvaient en
réalité à la charge des caisses de retenue ; seulement,
l'Etat accordait à ces caisses une subvention spéciale prise
sur les fonds provenant des économies réalisées. Toute cette
dette passe, par la loi nouvelle, à la charge du Trésor public.

Le passif des caisses supprimées comprend enfin les
pensions et secours annuels qui seront concédés à titre de
réversibilité aux veuves et aux orphelins des pensionnaires antérieurs au 1er janvier 1854.

Il est en effet de principe que le droit de la veuve et des
enfants est inséparable du droit du mari ou du père.
Ce droit remonte au jour où la pension du mari ou du
père a été liquidée, et reste régi par la même loi, quelles
que soient les modifications législatives introduites dans
l'intervalle. Ce principe a été reconnu par la jurisprudence
constante du conseil d'Etat.

En conséquence, les pensions qui, même après le 1er jan-

---

prescrivaient, pour les employés des finances, l'article 13 de l'ordonnance du 12 janvier 1825, et, pour les agents diplomatiques,
l'ordonnance du 19 novembre 1823, un trentième du maximum de
la retraite par chaque année de service. (Conseil d'Etat, 24 janvier 1849, *de Colmont* ; 11 août 1849, *David* ; 26 mars 1850, *Cottard*.)

(1) Le droit des employés réformés, soit à une pension, soit à
une indemnité temporaire, n'était pas subordonné à la condition
qu'il y aurait des économies réalisées par suite de la réorganisation des services. (Conseil d'Etat, 29 juin 1849, *Joubert* et autres.)

vier 1854, et par application du droit de réversion seront liquidées aux veuves ou aux enfants de fonctionnaires ayant obtenu une pension avant cette époque, sont dès à présent une dette des caisses de retenue. Notre article devait les mentionner expressément au nombre des charges de ces caisses, et stipuler qu'elles seraient inscrites au grand-livre de la dette publique.

TITRE II.—CONDITIONS DU DROIT A PENSION POUR LES FONCTIONNAIRES QUI ENTRERONT EN EXERCICE A PARTIR DU 1er JANVIER 1854.

Art. 3. Les fonctionnaires et employés directement rétribués par l'Etat, et nommés à partir du 1er janvier 1854, ont droit à pension conformément aux dispositions de la présente loi, et supportent indistinctement, sans pouvoir les répéter dans aucun cas, les retenues ci-après :

1° Une retenue de 5 p. 0/0 sur les sommes payées à titre de traitement fixe ou éventuel, de préciput, de supplément de traitement, de remises proportionnelles, de salaires, ou constituant, à tout autre titre, un émolument personnel ;

2° Une retenue du douzième des mêmes rétributions lors de la première nomination ou dans le cas de réintégration, et du douzième de toute augmentation ultérieure ;

3° Les retenues pour cause de congés et d'absences, ou par mesure disciplinaire.

Sont affranchies de ces retenues les commissions allouées en compte courant par le Trésor aux receveurs généraux des finances.

Ces comptables, les receveurs particuliers et les percepteurs des contributions directes, ainsi que les agents ressortissant au ministère des finances, qui sont rétribués par des salaires ou remises variables, supportent ces retenues sur les trois quarts seulement de leurs émoluments de toute nature, le dernier quart étant considéré comme indemnité de loyer et de frais de bureau (1).

La loi nouvelle s'applique à tous les fonctionnaires. Tout fonctionnaire de l'État a droit à une pension ; toutes les pensions sont liquidées en général d'après les mêmes règles. Voici en quels termes l'exposé des motifs justifie ce principe :

« Quant au principe de la généralité du droit à pension
« en faveur de tous les fonctionnaires et employés, on
« peut dire que les considérations qui justifient et néces-
« sitent la concession de pensions viagères aux fonction-
« naires publics, s'appliquent avec une égale force à tou-
« tes les branches de l'administration. On ne voit pas
« comment on pourrait, sans injustice, concéder aux uns
« ce qu'on refuserait aux autres. On comprend quelques
« diversités dans les règles relatives à la durée des ser-
« vices donnant droit à pension, ou à la quotité de la
« pension, suivant la nature des fonctions ; mais on ne
« comprend pas que certaines catégories de fonctionnaires
« soient exclues de tout droit à pension. Si l'on examine,
« au reste, les catégories que le projet de loi propose
« d'admettre, on reconnaît que leurs droits reposent sur
« les plus sérieuses justifications. La loi du 15 mars 1850,
« article 39, a formellement ordonné qu'une caisse de re-
« traite serait créée au profit des instituteurs primaires ;
« ils sont au nombre de 43,000. 8,000 comptables des
« finances, receveurs généraux, receveurs particuliers,
« percepteurs, sont admis au droit à pension. Pourquoi
« en étaient-ils privés ? Les receveurs des douanes, de

_____

(1) Voir Règlement d'exécution, titre II, *Perception des retenues*, art. 5-25, et, spécialement : *Retenues sur les traitements*, art. 5-15 ; *Retenues pour congés ou par mesure disciplinaire*, art. 16-17 ; *Retenues particulières sur les traitements des agents diplomatiques et des percepteurs receveurs*, art. 19-20 ; *Sommes affranchies de la retenue*, art. 21-22 ; *Retenue du douzième sur les employés à salaires et remises et sur les employés destitués*, art. 23-25 ; *Calcul des prélèvements sur les amendes et taxations*, art. 24.

« l'enregistrement, des contributions indirectes, en ont
« toujours joui. Quelle différence existe-t-il entre eux et
« les percepteurs? 14,000 facteurs ruraux sont également
« appelés ; les brigadiers et les sous-brigadiers qui les
« dirigent sont déjà pensionnés ; il est juste de pensionner
« également les agents inférieurs, peu rétribués, exerçant
« des fonctions fatigantes dans lesquelles il est utile de
« les retenir par l'espoir d'une pension.

« Cette considération a un caractère général que nous
« avons déjà indiqué, mais qu'il est utile de rappeler, afin
« de donner une justification de plus aux nouvelles ad-
« missions. Les mutations fréquentes dans le personnel
« des administrations exercent la plus fâcheuse influence
« sur l'accomplissement des devoirs qui leur sont imposés.
« Des hommes inexpérimentés, sans habitude de la dis-
« cipline, prenant incessamment la place d'agents habi-
« tués au service, exposent les services publics à des
« inconvénients nombreux dont souffrent le Trésor et les
« citoyens. L'expérience a démontré que l'espoir d'une
« pension inspirait aux employés des sentiments de sta-
« bilité très-favorables à une bonne administration. Les
« employés s'attachent à leurs fonctions lorsqu'ils sont
« tranquilles sur l'avenir ; ils ne songent pas alors à cher-
« cher ailleurs des ressources incertaines.

« En résumé, le nombre total des fonctionnaires nou-
« veaux appelés par le projet de loi à verser des retenues
« et à jouir du droit à pension, est de......... 80,753
« Le nombre actuel des tributaires des caisses
« de retraite est de......................... 77,474

« Total des fonctionnaires auxquels s'appli-
« queront les dispositions du projet de loi. 158,227

« Dans ce nombre ne sont pas compris les ministres,
« les sous-secrétaires d'Etat, les membres du conseil
« d'Etat, les préfets et les sous-préfets. (*V.* l'article 32.) »
Les 80,753 fonctionnaires nouveaux assujettis aux dispositions de la loi nouvelle se divisent en deux catégories:
d'une part 3,359 fonctionnaires obtenant pension à titre
gratuit, en vertu de la loi de 1790 et du décret de 1806,
par conséquent, sans retenue; et d'autre part 77,394 fonctionnaires n'obtenant pension à aucun titre. Tous subiront
désormais la retenue, et par là auront droit à pension.

Une note insérée dans l'exposé des motifs insiste sur les raisons que nous venons d'indiquer.

« Le droit à pension des agents placés sous le régime
« de la loi de 1790, porte cette note, n'est pas discutable;
« c'est un fait sanctionné par la loi et par une application
« constante. On ne pourrait donc discuter que la conve-
« nance de modifier leur position actuelle et de les sou-
« mettre pour l'avenir à la condition de la retenue. Mais
« à qui douterait de cette nécessité il serait facile de ré-
« pondre en faisant remarquer que la situation dans
« laquelle sont restés les agents de cette classe ne s'expli-
« querait plus en présence d'une législation que l'on veut
« rendre uniforme en général. Les services de ces agents
« ne sont pas d'une nature autre que ceux des fonction-
« naires qui subissent la retenue. C'est le hasard seul de
« leur position qui les a maintenus en dehors des caisses
« de retraite successivement fondées. Il serait peu équi-
« table de perpétuer l'immunité qui leur accorde une
« pension à titre purement gratuit, lorsque la loi ne don-
« nerait à d'autres fonctionnaires, absolument égaux en
« droits comme en services, que des pensions achetées au
« prix de prélèvements importants sur le salaire de leur
« activité.

« Ce n'est donc en réalité qu'à l'égard des agents n'ob-
« tenant aujourd'hui pension à aucun titre qu'il convient
« d'examiner s'il est juste, s'il est utile, s'il est opportun
« de leur conférer un droit à la pension de retraite dont
« ils n'ont pas joui jusqu'à présent. L'équité de cette
« mesure ne saurait être sérieusement contestée ; car,
« puisque le droit à la retraite a été reconnu l'une des
« conditions vitales des services publics, il n'y a rien de
« plus juste que de rendre cet avantage commun à tous
« les serviteurs de l'Etat, et de l'étendre surtout aux
« emplois les plus infimes de l'administration qui en ont
« été sans motifs déshérités jusqu'à ce jour. La mesure
« est utile, car la pension est une des plus grandes garan-
« ties de la probité et de la moralité des services publics,
« et c'est particulièrement dans les emplois peu rétribués
« qu'il ne faut pas négliger de s'armer de ce moyen hono-
« rable de retenir les agents dans les liens du devoir.
« Enfin la mesure est éminemment opportune, car le
« sentiment du bien-être des classes peu favorisées de la
« fortune est une des justes préoccupations de l'époque

« actuelle, et, lorsqu'on vient de créer à l'Etat des charges
« assez lourdes dans l'avenir pour assurer aux ouvriers
« libres la faculté de se créer une pension pour les vieux
« jours au moyen de leurs épargnes, on serait mal venu
« de refuser aux employés des rangs inférieurs de l'ad-
« ministration les moyens de mettre par des voies ana-
« logues leur vieillesse à l'abri du besoin.

« Mais, indépendamment de ces considérations géné-
« rales, il est une raison majeure qui doit dicter la décision
« à prendre ; c'est que, pour le groupe le plus nombreux,
« celui des instituteurs et institutrices primaires, compo-
« sant un personnel de 43,000 agents, l'Etat est engagé
« par une longue succession d'actes qui ne lui permettent
« plus d'ajourner sa détermination. »

La note rappelle ici les promesses faites aux instituteurs
par les lois des 27 brumaire an 3 et 3 brumaire an 4,
renouvelées par l'ordonnance du 14 février 1830, impar-
faitement réalisées par la loi du 28 juin 1833, qui se borne
à créer une caisse d'épargne au lieu d'une caisse de
retraite ; enfin, l'obligation formelle imposée au Gouverne
ment par l'article 29 de la loi du 15 mars 1850, portant :
« Une caisse de retraite sera substituée, par un règlement
« d'administration publique, aux caisses d'épargne des
« instituteurs. »

« Il est donc incontestable, poursuit la note, que l'Etat
« est formellement engagé à fonder un système qui assure
« une pension de retraite aux instituteurs primaires. Il
« ne peut y avoir divergence d'opinion que quant au
« choix du moyen le plus propre à atteindre ce but. Le
« passé sur ce point doit servir d'enseignement pour
« l'avenir. Les combinaisons tontinières sont, par essence,
« soumises à trop d'éventualités pour n'être pas pleines
« d'incertitude, surtout en les fondant pour des groupes
« isolés et restreints. Si l'Etat veut tenir ses engagements
« si longtemps ajournés envers les instituteurs, il n'y a
« pas à hésiter, il faut en venir au système de l'inscrip-
« tion directe au Trésor, et comprendre cette classe nom-
« breuse des serviteurs de l'Etat dans le cercle d'action
« de la loi sur les pensions civiles.

« Mais, si l'on consacre cet avantage en faveur des insti-
« tuteurs primaires, quelle raison plausible aurait-on de le
« refuser aux autres classes d'agents compris dans l'ap-
« plication de la loi nouvelle ? Comment exclurait-on ,

« par exemple, ces 14,000 facteurs ruraux dont l'admi-
« nistration des postes demande avec instance l'adjonc-
« tion (1)? Ces agents sont voués au plus rude labeur, et
« leur traitement moyen atteint à peine 500 francs.
« Lorsque l'Etat retraite depuis longtemps les douaniers,
« lorsqu'il va être conduit nécessairement à retraiter les
« instituteurs primaires, ne serait-il pas illogique et inhu-
« main de refuser la retraite aux facteurs ruraux, qui
« ont plus besoin que tous autres qu'on assure le pain de
« leur vieillesse, puisque toute épargne leur est interdite
« pendant la durée de leur activité? D'ailleurs, à l'égard
« de ces agents eux-mêmes, la question est déjà engagée.
« Une décision du 23 mars 1843 a admis les brigadiers
« et sous-brigadiers facteurs ruraux à participer au béné-
« fice du règlement général du 12 janvier 1825. Les em-
« barras de la caisse de retraite des finances n'ont pas
« permis d'aller plus loin ; mais le principe est posé, et
« ce que l'on a accordé aux sous-officiers de cette pha-
« lange d'agents ne peut être refusé aux simples soldats.
« En passant en revue la liste des adjonctions, on ren-
« contre les receveurs généraux et particuliers des finan-
« ces et les percepteurs des contributions directes, dont
« la position plus aisée pourrait, jusqu'à un certain point,
« justifier la pensée de les maintenir dans leur situation
« actuelle, qui ne leur confère pas de droit à pension (2).
« Mais une première objection se présente : c'est qu'en
« présence des termes généraux dans lesquels est conçue
« la loi de 1790, on trouve assez difficilement des motifs
« pour maintenir la règle qui les a jusqu'ici déclarés
« inhabiles à obtenir pension. Il ne faut pas perdre de vue,
« en outre, que si l'État consent à assumer les charges

---

(1) D'après la loi du 19 frimaire an 7, article 14, les postillons ont droit à une pension de retraite après vingt ans de service
comme postillons en rang, ou dans le cas d'un accident ou d'une
infirmité qui les mettrait dans l'impuissance de se procurer, par
un travail quelconque, les moyens d'exister. Cette retraite ne peut
être moindre de 150 francs ni plus forte que 200 francs. Elle peut
être réversible, en tout ou en partie, aux veuves et aux enfants.

Les postillons ne pouvant pas être considérés comme fonctionnaires ou employés du Gouvernement, la loi nouvelle ne leur est
pas applicable. L'article 14 de la loi du 19 frimaire an 7 reste
donc toujours en vigueur.

(2) Voir Conseil d'Etat, 13 février 1840, *Sanson*.

« résultant de l'extension du bienfait de la retraite aux
« fonctions les plus fatigantes et les moins rétribuées, il
« est juste, d'un autre côté, qu'il profite aussi des chances
« favorables que peuvent offrir les fonctions plus éle-
« vées, plus productives de retenues, et dans lesquelles
« le titulaire a la faculté de prolonger plus longtemps son
« activité. En fait, l'admission à la retraite de ces trois
« classes de comptables, qui composent un personnel de
« près de 8,000 agents, sera certainement pour l'Etat un
« avantage plutôt qu'un accroissement de dépense.
« Cette admission était consacrée par le dernier projet
« de loi. »

Plusieurs membres du Corps législatif avaient demandé
qu'un tableau des emplois donnant droit à pension d'après
la loi nouvelle fût annexé à la loi ou tout au moins au
règlement d'exécution. Mais le Gouvernement n'a pas
pensé qu'une énumération de ce genre fût possible ; il a
préféré poser une règle générale dont la jurisprudence du
conseil d'Etat déterminera au besoin l'application suivant
les circonstances. Il serait difficile de prévoir les difficultés auxquelles cette application pourra donner lieu ;
on peut toutefois faire remarquer que la loi a entendu
exclure les individus chargés de missions ou de travaux
temporaires, et n'accorder le bénéfice de la pension qu'aux
fonctionnaires ou employés appartenant au cadre permanent d'une administration publique, et consacrant à l'Etat
un service exclusif (1). Rétribution directe, service permanent, investiture régulière ; à ces caractères on recon-
naîtra les employés qui doivent profiter du bénéfice de la
loi et ceux qui en sont exclus.

Art. 4. Les fonctionnaires de l'enseignement, ré-

---

(1) On trouvera des précédents utiles à consulter dans la jurisprudence du Conseil d'Etat sur l'admissibilité des services, d'après
les anciens règlements (voir la seconde partie). Le Conseil d'Etat
a considéré comme inadmissibles les services rendus comme secrétaire d'un général en chef (17 mai 1833, *de Bourrienne*), ou
comme payeur aux armées, préposé du payeur général (29 juin
1849, *Morel, Fumeron d'Ardeuil*). En revanche, il a considéré
comme admissibles les services rendus dans une compagnie de
fournitures militaires, quand, d'après le marché, les employés de
cette compagnie devaient jouir des droits et avantages attachés au
titre d'employés du Gouvernement (6 mars 1833, *Collin*).

tribués, en tout ou en partie, sur les fonds départementaux et communaux, ou sur le prix des pensions payées par les élèves des lycées nationaux, ont droit à pension conformément aux dispositions de la présente loi, et supportent, sur leur traitement et leurs différentes rétributions, la retenue déterminée par l'article 3.

La même disposition est applicable aux fonctionnaires et employés attachés à l'administration de la dotation de la couronne et rétribués sur les fonds de la liste civile.

Il en est de même des fonctionnaires et employés qui, sans cesser d'appartenir au cadre permanent d'une administration publique, et en conservant leurs droits à l'avancement hiérarchique, sont rétribués, en tout ou en partie, sur les fonds départementaux ou communaux, sur les fonds des compagnies concessionnaires, et même sur les remises et salaires payés par les particuliers (1).

Aux termes de l'article précédent, le droit à pension n'appartient qu'aux fonctionnaires et employés rétribués directement par l'Etat. Notre article fait une exception en faveur d'un certain nombre de fonctionnaires qui, quoique institués par l'Etat ou par ses délégués, reçoivent un traitement payé en tout ou en partie sur les fonds départementaux ou communaux, ou même sur des fonds particuliers.

« La raison de l'exception, porte l'exposé de motifs, « c'est que les fonctionnaires dont il s'agit conservent leur « titre, qu'ils restent inscrits dans le cadre d'avancement

---

(1) Pour les retenues à exercer sur les traitements des fonctionnaires désignés dans le § 1er, voir *Règlement d'exécution*, art. 8-12, et, pour celles que doivent verser les fonctionnaires désignés au § 3, voir *Règlement d'exécution*, art. 13.

« hiérarchique, qu'ils continuent à être soumis à l'au-
« torité du ministre compétent, qui peut les rappe-
« ler et même les révoquer, suivant les circonstan-
« ces. Il faut ajouter que la faveur qui leur est faite
« n'est pas gratuite, car si, aux termes de l'article 7, leur
« pension ne doit être liquidée qu'en prenant pour base
« le traitement de leur grade, aux termes de l'article 4 ils
« supportent la retenue sur les différentes rétributions
« qu'ils reçoivent en dehors de leur administration. Cette
« disposition est juste : lorsqu'on autorise un fonction-
« naire public à accepter une position plus lucrative que
« celle que lui fournit le service auquel il est attaché, et
« que, malgré cela, on lui conserve son droit à l'avance-
« ment et son droit à pension, il est convenable que tou-
« tes les rétributions qu'il reçoit soient considérées comme
« un traitement soumis à retenue. »

Le deuxième paragraphe de notre article qui assimile
aux employés de l'Etat les employés de la liste civile, a
été introduit dans la loi par un amendement de la commission du Corps législatif. « Cette disposition, dit le rap-
« port de la commission, nous a paru de toute justice ;
« l'administration de la dotation de la couronne n'a pu
« composer son personnel qu'en appelant près d'elle divers
« fonctionnaires qui étaient déjà au service de l'Etat, et
« dont les traitements à ce titre ont été soumis à la retenue
« pour les pensions ; il était dès lors de toute équité de ne
« pas les priver des droits déjà acquis pour leurs services
« antérieurs. Dans tous les cas, les traitements qu'ils
« recevront de la liste civile seront soumis à la même
« retenue que ceux payés directement par l'Etat. »

La loi du 22 août 1790 posait un principe contraire.
L'article 13 du titre 1er portait : « La liste civile étant
« destinée au payement des personnes attachées au ser-
« vice particulier du roi et à sa maison, tant domestique
« que militaire, le Trésor public demeure déchargé de
« toutes pensions et gratifications qui peuvent avoir été
« accordées ou qui le seraient par la suite aux personnes
« qui auraient été, sont ou seront employées à l'un ou
« l'autre de ces services. »

Sous le premier Empire et sous la Restauration, les
pensions des employés de la liste civile ne pouvaient être
« acquittées qu'au moyen du fonds de retenue fait sur le
« traitement des employés. » (*Sénatus consulte du* 30 *janvier*
1810, *art.* 19 ; *loi du* 8 *novembre* 1814, *art.* 17.)

Le Gouvernement de la Restauration créa une caisse de vétérance pour l'acquittement de ces pensions ; mais, après 1830, cette caisse se trouva hors d'état de suffire aux charges dont elle était grevée. L'Etat vint à son secours par la loi du 29 juin 1835. Le Trésor public prit tout l'actif de la caisse de vétérance (environ quatre millions), et se chargea de payer toutes les pensions dans les limites d'un fonds annuel de 600,000 francs.

Une mesure semblable a été récemment prise à l'égard des employés de la liste civile du Gouvernement de Juillet. La loi du 8 juillet 1852 a ouvert un crédit de 320,000 fr. pour le payement d'indemnités viagères aux employés supprimés après dix ans de service. L'article 2 porte que les employés ou agents maintenus ou replacés dans les administrations publiques pourront compter pour leur retraite les services antérieurs dans la liste civile, *comme services propres au département ministériel qui les emploie*, à la charge par eux de prendre, dans un délai de quatre mois, l'engagement de verser le montant des retenues réglementaires qu'ils auraient eues à subir proportionnellement au traitement dont ils ont joui dans la liste civile. Les règles applicables à la fixation de ces indemnités ont été déterminées par un décret du 31 juillet 1852.

La loi du 8 juillet 1852 a ainsi reconnu de la manière la plus formelle que les employés de la liste civile devaient être considérés comme employés de l'Etat. La loi sur les pensions civiles consacre de nouveau ce principe (1).

Art. 5. Le droit à la pension de retraite est acquis par ancienneté à soixante ans d'âge et après trente ans accomplis de services.

Il suffit de cinquante-cinq ans d'âge et de vingt-cinq ans de services pour les fonctionnaires qui ont passé quinze ans dans la partie active.

La partie active comprend les emplois et grades indiqués au tableau annexé à la présente loi sous le n° 2.

---

(1) Voir encore les décrets des 24 novembre et 31 décembre 1852, rapportés dans la deuxième partie.

Aucun autre emploi ne peut être compris au service actif, ni assimilé à un emploi de ce service, qu'en vertu d'une loi.

Est dispensé de la condition d'âge, établie aux deux premiers paragraphes du présent article, le titulaire qui est reconnu par le ministre hors d'état de continuer ses fonctions.

Ces conditions sont empruntées aux articles 6 et 7 de l'ordonnance du 12 janvier 1825. (*V*. la seconde partie.) Elles sont depuis longtemps consacrées par l'expérience, et n'ont pas besoin de commentaires.

L'article 30 du règlement d'exécution prescrit en quelle forme doit être prononcée l'admission à la retraite d'un fonctionnaire qui n'a pas accompli la condition d'âge.

Si l'impossibilité d'être maintenu en activité résulte, pour ce fonctionnaire, d'un état d'invalidité morale inappréciable pour les hommes de l'art, sa situation est constatée par un rapport de ses supérieurs hiérarchiques.

Si l'incapacité de servir est le résultat de l'invalidité physique, l'acte d'admission à la retraite doit être appuyé d'un certificat des médecins qui ont donné leurs soins au fonctionnaire, et d'une attestation d'un médecin désigné par l'administration et assermenté, qui déclare que le fonctionnaire est hors d'état de continuer utilement l'exercice de són emploi.

Art. 6. La pension est basée sur la moyenne des traitements et émoluments de toute nature soumis à retenues, dont l'ayant droit a joui pendant les six dernières années d'exercice.

Néanmoins, dans les cas prévus par l'article 4, la moyenne ne pourra excéder celle des traitements et émoluments dont le fonctionnaire aurait joui s'il eût été rétribué directement par l'Etat.

D'après la loi du 22 août 1790, la pension devait être calculée sur le traitement moyen des trois dernières années. La plupart des règlements des caisses particulières établissaient la moyenne sur les trois ou quatre dernières années (1). Notre article prend les six dernières années(2).

La commission du Corps législatif avait proposé de calculer la moyenne sur dix ans, au lieu de six ; quelques membres avaient même demandé que la moyenne fût prise sur toutes les années de services. C'était méconnaître la nature de la pension de retraite qui n'est ni une rente viagère, ni un dividende dans une tontine, mais une rémunération due par l'Etat au fonctionnaire qui a bien servi. Cette rémunération doit être proportionnée à la position acquise du fonctionnaire au moment où il cesse ses fonctions. « On prend pour base de la liquidation, a dit un des commissaires du Gouvernement (3), une moyenne du traitement touché par le fonctionnaire ; mais il serait injuste d'établir cette moyenne sur toute la durée du service. Un employé entre à vingt ans dans l'administration, il a 1,200 francs de traitement ; par un avancement successif, il obtient des traitements toujours croissants, et, à la fin de sa carrière, il atteint son traitement le plus élevé. Si l'on faisait une moyenne de tous ces divers traitements, comme le plus élevé n'y figurerait que pour un petit nombre d'années, cette moyenne serait trop faible, et la pension établie en conséquence ne répondrait pas suffisamment aux habitudes de bien-être et aux besoins nouveaux de ce fonctionnaire ; le taux de sa pension ne lui fournirait pas les moyens de maintenir la dignité de sa position et de suffire aux besoins de sa famille. »

Les articles 26-28 du règlement d'exécution prévoient les difficultés auxquelles peut donner lieu le calcul du traitement moyen de certains fonctionnaires. (*V.* pour les conseillers référendaires à la Cour des comptes, les courriers des postes, et les principaux des colléges communaux, l'article 26 ; pour les membres du corps diplomatique et du corps enseignant en position d'inactivité,

---

(1) Voir l'ordonnance du 12 janvier 1825, art. 10.

(2) En Hollande, d'après une loi récente de 1846, la liquidation a lieu sur la moyenne des cinq dernières années ; en Angleterre, sur celle des trois dernières seulement.

(3) M. Steurm (*Séance du 16 mai 1853* ; Moniteur *du 18 mai*).

l'article 27, et pour les fonctionnaires et employés à remises et salaires, l'article 28.

Art. 7. La pension est réglée, pour chaque année de services civils, à un soixantième du traitement moyen.

Néanmoins, pour vingt-cinq ans de services entièrement rendus dans la partie active, elle est de la moitié du traitement moyen, avec accroissement, pour chaque année de services en sus, d'un cinquantième du traitement.

En aucun cas, elle ne peut excéder ni les trois quarts du traitement moyen, ni les maximum déterminés au tableau annexé à la présente loi sous le n° 3.

Aucune difficulté ne paraît pouvoir s'élever sur l'application de cet article (1).

Le projet de loi contenait un quatrième paragraphe ainsi conçu : « Lorsque la pension se trouve limitée par un maximum inférieur à la moitié du traitement moyen, la liquidation est opérée, pour chaque année de services civils, à raison d'un trentième du maximum pour les employés de la partie sédentaire, et à raison d'un vingt-cinquième pour les employés de la partie active. » Ce paragraphe, emprunté à l'article 13 de l'ordonnance du 12 janvier 1825, a été supprimé sur la demande de la commission du Corps législatif. On a pensé que cette liquidation exceptionnelle, applicable seulement aux pensions d'ancienneté, aurait pour unique effet de porter les pensions au delà du maximum fixé par la loi.

Art. 8. Les services dans les armées de terre et de mer concourent avec les services civils pour établir le droit à pension et seront comptés pour

---

(1) Voir l'ordonnance du 12 janvier 1825, art. 11.

leur durée effective, pourvu toutefois que la durée des services civils soit au moins de douze ans dans la partie sédentaire, ou de dix ans dans la partie active.

Si les services militaires de terre ou de mer ont été déjà rémunérés par une pension, ils n'entrent pas dans le calcul de la liquidation. S'ils n'ont pas été rémunérés par une pension, la liquidation est opérée d'après le minimum attribué au grade par les tarifs annexés aux lois des 11 et 18 avril 1831.

Cet article reproduit la règle posée par l'ordonnance du 3 mai 1818. (*V*. aussi l'ordonnance du 12 janvier 1825, art. 25.)

L'employé qui a douze ans de services civils dans la partie sédentaire, ou dix ans dans la partie active, peut compter ses services militaires de terre ou de mer pour parfaire les trente ou vingt-cinq ans exigés par l'article 5, et les vingt ou quinze ans exigés par l'article 11. Les services militaires ne sont comptés que pour leur durée effective, sans bénéfice de campagnes ni de navigation, mais ils sont admissibles à partir de dix-huit ans dans l'armée de terre, et de seize ans dans la marine. (*Lois* des 11 avril 1831, art. 2; et 18 avril 1831, art. 2; *loi* du 21 mars 1832, art. 32.)

Les services militaires ne sont confondus avec les services civils que pour établir le droit à une pension. Dans la liquidation de cette pension, les deux sortes de services ne se confondent jamais. En effet, de deux choses l'une : ou bien les services militaires ont été déjà rémunérés par une pension militaire, ou ils ne l'ont pas été. Dans le premier cas, l'employé qui a pu cumuler sa pension militaire avec son traitement civil, la cumule encore avec une pension civile, calculée sur des services civils seulement. Dans le second cas, une double liquidation a lieu, à savoir, pour les services civils d'après la loi actuelle, et pour les services militaires d'après le minimum attribué au grade par les tarifs annexés aux lois des 11 et 18 avril 1831.

Par exemple, un ancien militaire jouissant d'une pension de retraite soit pour ancienneté, soit pour blessures,

est admis dans une administration civile, où, après douze
ans de services (dans la partie sédentaire), il atteint l'âge
de soixante ans. Il a droit à une pension civile, qui se
cumulera avec sa pension militaire, mais qui sera liquidée
seulement sur les douze ans de services civils, c'est-à-dire
à douze fois le soixantième du traitement moyen des six
dernières années.

Supposons maintenant qu'après avoir servi quinze ans
dans l'armée comme sous-officier, un ancien militaire
obtienne un emploi civil où il serve encore quinze ans. Le
traitement moyen des six dernières années étant par
exemple de 1,200 francs, la pension sera liquidée ainsi
qu'il suit :

Pour les quinze années de services militaires, 15/30 du
minimum de la pension d'ancienneté attribuée aux sous-
officiers, soit 125 francs;

Et pour les quinze années de services civils, 15/60 du
traitement de 1,200 francs, soit 300 francs. — Total :
425 francs.

Tandis que si les quinze années de services militaires
étaient comptées comme services civils, la pension s'élèverait à 600 francs ;

La double liquidation prescrite par notre article entraîne donc une fâcheuse inégalité entre les fonctionnaires. Elle aggrave, pour ceux que le sort n'a pas favo-
risés, la charge déjà assez lourde du service militaire. Aussi
un député, M. Guyard-Delalain, avait proposé d'assimiler
entièrement dans la liquidation les services militaires et
les services civils. Cet amendement n'a pas été adopté,
sans doute dans la crainte d'imposer de nouvelles charges
au Trésor. La commission a d'ailleurs fait remarquer que
rémunérer les années de services militaires comme services
civils, ce serait donner plus que n'obtiendrait un militaire
auquel ses longs services auraient fait accorder la pension
de son grade, pension bien inférieure à ce que serait
le produit de ses années de services militaires multi-
pliées par le soixantième de son dernier traitement administratif.

Le service militaire admis dans la liquidation d'une
pension civile ne compte pas comme fait dans la partie
active. L'article 5 dit expressément que les emplois et
grades indiqués au Tableau n° 2 sont seuls compris dans
la partie active.

En conséquence un employé qui réunirait quinze ans de services militaires et dix ans seulement de services dans la partie active n'aurait pas droit à la pension pour vingt-cinq ans de services.

Et celui qui réunirait sept ans de services militaires et dix-huit ans de services dans la partie active aurait sans doute droit à la pension pour vingt-cinq ans de services, mais cette pension serait liquidée pour les sept ans de services militaires aux 7/30 du minimum de la pension du grade, et pour les dix-huit ans de services civils aux 18/60 du traitement moyen, tandis que d'après l'article 7, après vingt-cinq ans entièrement passés dans la partie active, la pension est liquidée à la moitié du traitement moyen.

Art. 9. Les services des employés des préfectures et des sous-préfectures rétribués sur les fonds d'abonnement sont réunis, pour l'établissement du droit à pension et pour la liquidation, aux services rémunérés conformément aux dispositions de la présente loi, pourvu que la durée de ces derniers services soit au moins de douze ans dans la partie sédentaire et de dix ans dans la partie active.

Les employés des préfectures et des sous-préfectures ne sont pas nommés directement par l'Etat. Ils sont nommés et institués par les préfets et les sous-préfets. Du reste, ils sont payés sur les fonds d'abonnement, et par conséquent sur les fonds de l'Etat. Dans presque tous les départements, des caisses spéciales de retraite ont été instituées en leur faveur, en exécution d'une circulaire ministérielle du 1er mai 1823 (1).

Le caractère d'agents du préfet et du sous-préfet n'a pas permis de comprendre ces employés dans la loi générale sur les pensions civiles. Les caisses spéciales, fondées dans leur intérêt, continuent d'exister; mais en même

______

(1) La caisse de retraite des employés de la préfecture de la Seine est régie par le décret du 4 juillet 1806, relatif aux pensions du ministère de l'intérieur. (*Décret du 1er février 1815 ; ordonnances des 8 janvier 1817 et 13 novembre 1822.*)

temps la loi n'a pu méconnaître que leurs services étaient rendus en réalité à l'État. Déjà, par un avis en date du 7 juin 1849, le conseil d'État avait décidé que le temps d'activité dans les administrations de préfecture devait être compté pour la liquidation des pensions régies par le décret du 4 juillet 1806. Cette jurisprudence a passé dans la loi nouvelle (1). En conséquence, les services rendus dans les bureaux de préfecture ou de sous-préfecture seront admis non-seulement dans le calcul des services, mais encore dans la liquidation de la pension, pourvu que les derniers services dans une administration publique se soient continués pendant douze ans dans la partie sédentaire ou pendant dix ans dans la partie active. Pour justifier cette mesure, on a fait valoir cette raison (2), qu'il est essentiel que des échanges puissent s'établir entre les bureaux des ministères et ceux des préfectures. L'intérêt de l'État se trouve ainsi engagé dans la question.

Art. 10. Les services civils rendus hors d'Europe par les fonctionnaires et employés envoyés d'Europe par le Gouvernement français sont comptés pour moitié en sus de leur durée effective, sans, toutefois, que cette bonification puisse réduire de plus d'un cinquième le temps de services effectifs exigé pour constituer le droit à pension.

Le supplément accordé à titre de traitement colonial n'entre pas dans le calcul du traitement moyen.

Après quinze années de services rendus hors d'Europe, la pension peut être liquidée à cinquante-cinq ans d'âge.

A l'égard des agents extérieurs du département des affaires étrangères et des fonctionnaires de l'en-

---

(1) Toutefois, par une décision du 22 février 1858 (*Farnaud*), le conseil d'État avait décidé que ces services n'étaient pas admissibles dans la liquidation d'une pension sur fonds généraux.

(2) Voir le procès-verbal de la séance du 17 mai 1853 du Corps législatif. (*Moniteur* du 18 mai.)

4.

seignement, le temps d'inactivité durant lequel ils ont été assujettis à la retenue est compté comme service effectif; mais il ne peut être admis dans la liquidation pour plus de cinq ans (1).

Cet article s'applique à tous les services rendus hors d'Europe, soit dans les possessions françaises, soit à l'étranger.

Il s'applique particulièrement aux services des consuls et agents diplomatiques français et à ceux des employés civils en Algérie. L'Algérie est dans les attributions du ministre de la guerre, et les pensions des employés civils dans cette colonie n'ont jamais été régies par la loi du 18 avril 1831 sur les pensions de la marine (2).

Aux termes de l'article 24 de la loi du 18 avril 1831, les pensions des magistrats des colonies et celles des fonctionnaires civils des colonies, autres que ceux qui sont compris dans l'organisation du département de la marine en France, sont payées, comme toutes les pensions de l'armée de mer, sur la caisse des Invalides de la marine. Elles sont liquidées comme les pensions des magistrats et fonctionnaires du même ordre en France, sauf les bénéfices résultant des articles 1, 4 et 7 pour les individus envoyés d'Europe (3).

Ces bénéfices sont les suivants:

Les magistrats et fonctionnaires civils qui réunissent ou six ans de navigation sur les vaisseaux de l'Etat, ou neuf ans, tant de navigation sur lesdits vaisseaux que de service dans les colonies, ont droit à la pension d'ancienneté après vingt-cinq ans accomplis de services effectifs. Toute-

---

(1) Voir *Règlement d'exécution*, art. 22 et 27.

(2) Sur les pensions des employés civils en Algérie, antérieurement à la loi nouvelle, voir l'ordonnance du 15 avril 1839, celle du 26 septembre 1842, art 27, et celle du 15 avril 1845, art. 28. Cette dernière disposition est ainsi conçue : « Tous les agents et employés des services coloniaux participeront aux charges et aux conditions de pensions de retraite stipulées par les règlements des ministères auxquels ils ressortissent par leurs attributions. » Voir aussi l'article 19 de l'arrêté du 9 décembre 1848.

(3) Il en était de même sous l'empire du décret du 11 fructidor an 11. (Conseil d'Etat, 19 mars 1820, *Collin de Bar*.)

fois le service des colonies ne motive cette réduction dans la durée légale des services que pour les individus envoyés d'Europe. (Art. 1er.)

Les fonctionnaires coloniaux envoyés d'Europe, et qui ont dix ans de services dans les colonies, sont admis à faire compter pour leur pension de retraite les années qu'ils ont passées dans un service civil donnant droit à pension, et dépendant d'un autre ministère. (Art. 4.)

Enfin les fonctionnaires coloniaux, qui ont le temps de services exigé pour la pension d'ancienneté, sont admis à compter en sus les bénéfices de campagne d'après les règles suivantes :

Est compté pour la totalité, en sus de sa durée effective, le service qui aura été fait :

1º En temps de guerre maritime à bord d'un bâtiment de l'Etat;

2º A terre, en temps de guerre, soit dans les colonies françaises, soit sur d'autres points hors d'Europe pour les individus envoyés d'Europe;

3º Le temps de captivité à l'étranger, quand le fonctionnaire colonial a été fait prisonnier sur un bâtiment de l'Etat.

Est compté pour moitié en sus de sa durée effective :

1º Le service en paix maritime à bord d'un bâtiment de l'Etat ;

2º Le service à terre en temps de paix soit dans les colonies françaises, soit sur d'autres points hors d'Europe, pour les individus envoyés d'Europe.

Rien n'est changé, par la loi nouvelle, à cet état de choses. C'est toujours sur la caisse des Invalides de la marine que seront payées les pensions des magistrats et des fonctionnaires civils coloniaux. Ces pensions seront désormais liquidées non plus d'après les anciens règlements, qui n'existent plus, mais d'après la loi nouvelle, en tenant compte des bénéfices que nous venons d'énumérer.

Il fallait toutefois prévoir le cas où un fonctionnaire colonial changerait de service et entrerait dans un service civil en France, où par exemple un magistrat des colonies serait nommé à une autre place en France, et serait ensuite admis par le ministre de la justice à faire valoir ses droits à la retraite. Notre article veut qu'en pareil cas il soit tenu compte au fonctionnaire de ses services coloniaux. Il n'exige pas, comme le fait l'article 9, que les services rendus en France aient duré un certain temps; il s'agit, en effet, de services civils qui ne changent pas de nature pour avoir été rendus dans les colonies.

A la différence des services militaires, qui ne sont jamais admis que pour leur durée effective dans la liquidation des pensions civiles, les services civils rendus dans les colonies ou hors d'Europe sont admis avec un bénéfice, c'est-à-dire pour moitié en sus de leur durée effective, sans toutefois que cette bonification puisse réduire de plus d'un cinquième le temps de service effectif exigé pour constituer le droit à pension. Ainsi douze ans de services dans les colonies, suivis de douze ans de services en France, donneront droit à la pension d'ancienneté comme trente ans de services en France (1).

L'article ajoute qu'après quinze années de services rendus hors d'Europe, la pension peut être liquidée à cinquante-cinq ans d'âge. Cette disposition a été introduite par un amendement de la commission du Corps législatif avec l'assentiment du Conseil d'Etat. Elle produit ce résultat singulier que le fonctionnaire rentré en France est mieux traité que le fonctionnaire resté dans les colonies. Ce dernier ne peut, en effet, obtenir pension qu'à soixante ans d'âge.

Enfin, le supplément accordé à titre de traitement colonial n'entre pas dans le calcul du traitement moyen des six dernières années (2).

Après avoir accordé un bénéfice aux services coloniaux, notre article admet encore un bénéfice d'un autre genre.

De même que les officiers de terre et de mer, les agents extérieurs du département des affaires étrangères ont des grades indépendants de leurs fonctions, et peuvent se trouver dans la position d'inactivité avec le simple traitement de leur grade. (V. l'ordonnance du 22 mai 1833.) La loi nouvelle, reproduisant l'article 5 de cette ordonnance, déclare que le temps d'inactivité, durant lequel ces agents ont été assujettis à la retenue, est compté comme service effectif, mais ne peut être admis dans la liquidation pour

---

(1) Ce fonctionnaire obtiendra ainsi une pension après vingt-quatre ans de services effectifs, tandis que, s'il était resté dans les colonies, il n'aurait pu en obtenir une qu'après vingt-cinq ans de services.

(2) Voir le *Règlement d'exécution*, art. 22.

plus de cinq ans. Cette disposition est étendue aux fonctionnaires de l'enseignement.

Lorsqu'un fonctionnaire, dans la position d'inactivité, est admis à la retraite, la moyenne de son traitement s'établit sur les six dernières années des services qu'il a rendus comme titulaire d'emploi avant sa mise en inactivité. (*Règlement d'exécution*, art. 27.)

Art. 11. Peuvent exceptionnellement obtenir pension, quels que soient leur âge et la durée de leur activité :

1° Les fonctionnaires et employés qui auront été mis hors d'état de continuer leur service, soit par suite d'un acte de dévouement dans un intérêt public, ou en exposant leurs jours pour sauver la vie d'un de leurs concitoyens, soit par suite de lutte ou combat soutenu dans l'exercice de leurs fonctions;

2° Ceux qu'un accident grave, résultant notoirement de l'exercice de leurs fonctions, met dans l'impossibilité de les continuer.

Peuvent également obtenir pension, s'ils comptent cinquante ans d'âge et vingt ans de services dans la partie sédentaire, ou quarante-cinq ans d'âge et quinze ans de services dans la partie active, ceux que des infirmités graves, résultant de l'exercice de leurs fonctions, mettent dans l'impossibilité de les continuer, ou dont l'emploi aura été supprimé.

Peuvent aussi obtenir pension les magistrats mis à la retraite en vertu du décret du 1er mars 1852, qui remplissent la condition de services indiquée dans le paragraphe qui précède.

Cet article est emprunté en grande partie à l'article 8 de l'ordonnance du 12 janvier 1825. La loi nouvelle prévoit seulement le cas de suppression d'emploi dont il n'était pas question dans l'ordonnance, elle rend aussi plus rigoureuses les conditions d'âge et de services exigées pour la pension à titre d'infirmités. Ces dispositions ne paraissent pas de nature à soulever de sérieuses difficultés. On peut d'ailleurs consulter les nombreuses décisions rendues par le conseil d'Etat, sur l'application de l'ordonnance précitée.

Ces expressions *peuvent obtenir pension* ne doivent pas être entendues en ce sens que le ministre aura un pouvoir discrétionnaire et absolu pour accorder ou refuser la pension exceptionnelle. La loi veut seulement exprimer la nécessité d'une appréciation préalable des circonstances donnant droit à une pension exceptionnelle. Mais cette appréciation faite par le ministre compétent peut toujours être déférée au conseil d'Etat par la voie contentieuse. Cette question a été souvent décidée sous l'empire des anciens règlements, conçus dans les mêmes termes.

D'après le dernier alinéa de notre article, les magistrats inamovibles mis à la retraite en vertu du décret du 1er mars 1852 peuvent obtenir pension après vingt ans de services (1).

Le décret du 1er mars 1852 a établi la limite d'âge pour les fonctions judiciaires. Il est ainsi conçu :

« Art. 1er. Sont mis de plein droit à la retraite les mem-
« bres de la cour de cassation, à l'âge de 75 ans accom-
« plis, les magistrats des cours d'appel et des tribunaux
« de première instance, à l'âge de 70 ans accomplis.

« Art. 2. Les magistrats mis à la retraite à raison de
« leur âge feront valoir leurs droits à une pension, con-
« formément aux lois et ordonnances existantes, sans
« être tenus de justifier d'infirmités contractées dans
« l'exercice de leurs fonctions.

« Art. 3. Les magistrats qui auront atteint l'âge fixé
« par l'article 1er ne cesseront leurs fonctions que lors-
« qu'ils auront été remplacés. »

Dans les cas spécifiés aux §§ 1 et 2, l'événement doit être constaté, au moment où il est survenu, par un procès-verbal en due forme dressé sur les lieux. A défaut de procès-verbal, cette constatation peut s'établir par un acte de notoriété rédigé sur la déclaration des témoins de

---

(1) Voir l'article 18, § 4.

l'événement, ou des personnes qui ont été à même d'en connaître et d'en apprécier les conséquences. Cet acte doit être corroboré par les attestations conformes de l'autorité municipale et des supérieurs immédiats du fonctionnaire.

Dans le cas prévu par le § 3, les infirmités et leurs causes doivent être constatées par les médecins qui ont donné leurs soins au fonctionnaire et par un médecin désigné par l'administration et assermenté. Ces certificats doivent être corroborés par l'attestation de l'autorité municipale et celle des supérieurs immédiats du fonctionnaire. (*Règlement d'exécution*, art. 35.)

Art. 12. Dans les cas prévus par le paragraphe 1° de l'article précédent, la pension est de la moitié du dernier traitement, sans pouvoir excéder les maximum déterminés au tableau n° 3.

Dans le cas prévu par le paragraphe 2°, la pension est liquidée, suivant que l'ayant droit appartient à la partie sédentaire ou à la partie active, à raison d'un soixantième ou d'un cinquantième du dernier traitement pour chaque année de services civils ; elle ne peut être inférieure au sixième dudit traitement.

Dans les cas prévus par les deux derniers paragraphes de l'article précédent, la pension est également liquidée à raison d'un soixantième ou d'un cinquantième du traitement moyen pour chaque année de services civils.

Cet article ne nous paraît pas exiger de commentaire ; nous ferons seulement remarquer que dans les deux premiers cas, c'est-à-dire quand l'employé est mis hors d'état de continuer son service, soit par une blessure, soit par un accident grave résultant notoirement de l'exercice de ses fonctions, la liquidation a pour base le dernier traitement, tandis que, dans le cas d'infirmités ou de suppression d'emploi, la loi considère le traitement moyen, c'est-

à-dire le traitement moyen des six dernières années
'exercice. (*V.* l'article 6.)

Toutefois, l'article 36 du règlement d'exécution porte
que la liquidation s'établira sur le traitement moyen
lorsqu'il sera plus favorable à l'employé que le dernier
traitement d'activité.

D'après le même article, quand l'employé mis exceptionnellement à la retraite par application des deux premiers paragraphes de l'article 11 de la loi aura des services militaires à faire valoir, il lui sera tenu compte de
ces services militaires d'après l'article 8, indépendamment
de la pension qui lui est accordée par l'article 12.

Art. 13. A droit à pension la veuve du fonctionnaire qui a obtenu une pension de retraite en vertu
de la présente loi, ou qui a accompli la durée de
services exigée par l'article 5, pourvu que le mariage ait été contracté six ans avant la cessation des
fonctions du mari.

La pension de la veuve est du tiers de celle que
le mari avait obtenue ou à laquelle il aurait eu droit.
Elle ne peut être inférieure à 100 francs, sans, toutefois, excéder celle que le mari aurait obtenue ou
pu obtenir.

Le droit à pension n'existe pas pour la veuve dans
le cas de séparation de corps prononcée sur la demande du mari.

Cet article et les trois suivants s'occupent de la veuve et
des enfants de l'employé.

Toute pension accordée à un ancien employé est réversible pour un tiers à la veuve du pensionnaire. Si l'employé est décédé dans l'exercice de ses fonctions, mais
réunissant la durée de services exigée pour la pension
d'ancienneté, la veuve obtient le tiers de la pension à
laquelle son mari aurait eu droit, alors même que ce
dernier serait décédé avant d'avoir atteint l'âge requis
par l'article 5.

La loi n'exige plus, comme le faisait l'ordonnance du 12 janvier 1825, que la pension accordée au mari ait été une pension d'ancienneté, ni que les trente ou vingt-cinq ans de services rendus aient été les premiers exclusivement civils, les seconds entièrement actifs.

La pension exceptionnelle accordée pour blessure ou infirmités n'en est pas moins réversible. Il en est de même de la pension dans la liquidation de laquelle sont entrés des services militaires, et de la pension accordée après vingt-cinq ans de services, dont quinze seulement dans la partie active.

La veuve n'a droit à pension que dans le cas où elle a été mariée six ans avant la cessation des fonctions du mari. Un mariage contracté par un employé après sa retraite, ou au moment de la prendre, ne saurait motiver la réversion. La loi ne considère que la veuve du fonctionnaire, et elle exige même que la vie commune ait duré un certain temps avant la cessation des fonctions. D'après les règlements antérieurs, la quotité de la pension de la veuve variait du tiers au quart; les pensions sur fonds généraux n'étaient même pas réversibles. La loi fixe la quotité de la réversion au tiers. Toutefois, la pension de la veuve ne peut être inférieure à 100 francs, à moins que la pension du mari ne fût elle-même inférieure à ce chiffre, auquel cas la réversion a lieu pour la totalité. Le droit de la femme est inhérent au droit du mari. La veuve n'a pas de droit distinct : d'où il résulte que, si la pension du mari a été mal liquidée, et que le mari ait accepté la liquidation sans réclamer, la veuve n'est pas recevable à demander de son chef une liquidation nouvelle (1).

L'article ajoute que la veuve n'a pas droit à pension quand la séparation de corps a été prononcée contre elle sur la demande du mari. On sait que la séparation de corps peut être demandée pour adultère, pour excès, sévices ou injures graves de l'un des époux envers l'autre, ou enfin pour condamnation de l'un des époux à une peine infamante. (*Code Napoléon*, art. 306, 229, 230,

---

(1) Jurisprudence constante du Conseil d'Etat. (Voir, 5 mai 1831, *de Champeaux*; 4 juillet 1834, *Meunier*; 10 juillet 1835, *Leroux*; 22 juillet 1835, *Boucault*; 16 novembre 1835, *Durand*; 4 décembre 1835, *Jacquette*; 4 février 1836, *Golzart*; 7 juin 1836, *Guezno de Penauster*; 11 avril 1837, *Brunet*; 17 novembre 1843, *du Teil.*)

231, 232.) L'époux contre lequel la séparation de corps a été prononcée perd tous les avantages que l'autre époux lui avait faits, soit par le contrat de mariage, soit depuis le mariage contracté. L'article 299 du Code Napoléon, qui décide ainsi en cas de divorce, est applicable au cas de séparation de corps. Dès lors, il est juste de décider, comme le fait notre article, que la femme contre laquelle la séparation de corps aura été prononcée, perdra tout droit à pension ; en effet, la loi n'accorde ce droit à la veuve que du chef de son mari, et à raison des services de ce dernier.

Les anciens règlements privaient la veuve séparée de corps de tout droit à pension, alors même que la séparation avait été prononcée contre le mari, sur la demande de la femme. C'était aller évidemment trop loin, et punir la femme des fautes du mari. La loi nouvelle a fait avec grande raison cesser cette anomalie.

L'effet du jugement qui a prononcé la séparation de corps cesse par la réconciliation des deux époux ; la communauté qui existait entre eux avant la séparation peut même être rétablie. (*Code Napoléon*, art. 1451.) Dès lors, l'indignité de la femme est effacée, et la réversion peut s'opérer à son profit. La jurisprudence du Conseil d'Etat s'est prononcée en ce sens en matière de pensions militaires, sur l'application de l'article 20 de la loi du 11 avril 1831, conçu dans les mêmes termes. (*V.* les décisions du 7 avril 1841, *Mazian ;* 14 juillet 1841, *Soyez ;* 15 juillet 1842, *Gervais ;* 12 janvier 1844, *Philipon.*)

Plusieurs des anciens règlements, et notamment l'ordonnance du 12 janvier 1825, privaient du droit à pension la veuve qui convolait en secondes noces. La loi nouvelle ne renferme aucune disposition de ce genre. Toutefois, si une veuve jouissant d'une pension épousait un étranger, son droit serait suspendu jusqu'au moment où elle recouvrerait la qualité de Française. (Art. 29 de la loi, combiné avec l'article 19 du Code Napoléon.)

Lorsqu'un fonctionnaire a disparu de son domicile, et que plus de trois ans se sont écoulés sans qu'il ait réclamé les arrérages de sa pension, la femme de ce fonctionnaire peut obtenir à titre provisoire la liquidation des droits de réversion ouverts en cas de décès de son mari. (*Règlement d'exécution*, art. 45.)

Art. 14. Ont droit à pension :

1° La veuve du fonctionnaire ou employé qui,

dans l'exercice ou à l'occasion de ses fonctions,
a perdu la vie dans un naufrage ou dans un
des cas spécifiés au paragraphe 1° de l'article 11,
soit immédiatement, soit par suite de l'événement;

2° La veuve dont le mari aura perdu la vie par un
des accidents prévus au paragraphe 2° de l'article 11,
ou par suite de cet accident.

Dans le premier cas, la pension est des deux
tiers de celle que le mari aurait obtenue ou pu obtenir par application de l'article 12 (premier paragraphe).

Dans le second cas, la pension est du tiers de
celle que le mari aurait obtenue ou pu obtenir en
vertu dudit article (deuxième paragraphe).

Dans les cas spécifiés au présent article il suffit
que le mariage ait été contracté antérieurement à
l'événement qui a amené la mort ou la mise à la retraite du mari.

Quand un employé est décédé dans l'exercice de ses
fonctions avant d'avoir accompli 30 ou 25 ans de services,
la veuve n'a pas droit à pension.

Notre article fait toutefois une exception en faveur de
la veuve de l'employé qui a perdu la vie dans l'exercice
ou à l'occasion de ses fonctions. Si cet employé eût survécu à ses blessures ou à l'accident éprouvé par lui, il
aurait obtenu une pension réversible sur sa veuve. Celle-
ci doit obtenir une pension, à plus forte raison, quand
son mari est mort par suite de ces blessures ou de cet
accident. Notre article lui accorde, suivant les cas, les
deux tiers ou le tiers de la pension exceptionnelle que
son mari aurait pu obtenir. Il suffit que le mariage soit
antérieur à l'événement.

Les seules difficultés qui puissent s'élever sur cet article
tiennent moins à l'interprétation de la loi qu'à l'appréciation des faits. Il suffit de renvoyer à cet égard aux précé-

dents de la jurisprudence rapportés sous les articles correspondants des anciens règlements.

La constatation de l'événement doit être faite par un procès-verbal en due forme dressé sur les lieux et au moment même. A défaut de procès-verbal, la constatation peut s'établir par un acte de notoriété rédigé sur la déclaration des témoins de l'événement ou des personnes qui ont été à même d'en connaître et d'en apprécier les conséquences. Cet acte doit être corroboré par les attestations conformes de l'autorité municipale et des supérieurs immédiats du fonctionnaire. (*Règlement d'exécution*, art. 35.)

Art. 15. Dans le cas où un employé, ayant servi alternativement dans la partie active et dans la partie sédentaire, décède avant d'avoir accompli les trente années de services exigées pour constituer le droit à pension de sa veuve, un cinquième de son temps de services dans la partie active est ajouté fictivement en sus du service effectif pour compléter les trente années nécessaires. La liquidation ne s'opère, néanmoins, que sur la durée effective des services.

La pension d'ancienneté n'est liquidée après vingt-cinq ans de services que dans le cas où, sur ces vingt-cinq années, il y en a eu quinze au moins de passées dans la partie active. L'employé qui a passé moins de quinze ans dans la partie active n'a droit à la pension d'ancienneté qu'à trente ans de services.

Toutefois, s'il décède avant d'avoir accompli ces trente ans, la loi tient compte à sa veuve, dans une certaine mesure, des services plus pénibles rendus par son mari.

Supposons, par exemple, qu'après dix ans passés dans le service actif, un employé passe dans la partie sédentaire de l'administration et y décède dans l'exercice de ses fonctions après dix-huit ans de services dans cette partie. A la rigueur, sa veuve n'a pas droit à la pension d'ancienneté; car il n'a que vingt-huit ans de services, et il n'est pas resté quinze ans dans la partie active; il est juste toutefois qu'on tienne compte à la veuve des dix ans que le mari a passés dans cette partie. Aux termes de la loi, ces dix ans seront comptés pour douze dans l'établissement du droit à pension, et au moyen de ce calcul équitable la veuve obtiendra une pension. Cette pension ne sera liquidée toutefois que sur vingt-huit années de services effectifs.

On remarquera que ce bénéfice est accordé à la veuve, non au mari. En effet, le mari peut continuer à remplir ses fonctions jusqu'à ce qu'il ait atteint le temps de services exigé, ou obtenir une pension exceptionnelle pour infirmités.

Art. 16. L'orphelin ou les orphelins mineurs d'un fonctionnaire ou employé ayant obtenu sa pension ou ayant accompli la durée de services exigée par l'article 5 de la présente loi, ou ayant perdu la vie dans un des cas prévus par les paragraphes 1° et 2° de l'article 14, ont droit à un secours annuel lorsque la mère est ou décédée, ou inhabile à recueillir la pension, ou déchue de ses droits.

Ce secours est, quel que soit le nombre des enfants, égal à la pension que la mère aurait obtenue ou pu obtenir conformément aux articles 13, 14 et 15. Il est partagé entre eux par égales portions, et payé jusqu'à ce que le plus jeune des enfants ait atteint l'âge de vingt et un ans accomplis, la part de ceux qui décéderaient ou celle des majeurs faisant retour aux mineurs.

S'il existe une veuve et un ou plusieurs orphelins mineurs provenant d'un mariage antérieur du fonctionnaire, il est prélevé sur la pension de la veuve, et sauf réversibilité en sa faveur, un quart au profit de l'orphelin du premier lit, s'il n'en existe qu'un en âge de minorité, et la moitié s'il en existe plusieurs.

3.

La pension du père, ou le droit qu'il avait à en obtenir une est réversible aux enfants orphelins légitimes comme à leur mère, et dans les mêmes cas, à condition que le mariage dont ils sont issus ait précédé la mise en retraite de leur père. (*Règlement d'exécution*, art. 34.)

Les orphelins ne peuvent exercer ce droit qu'après la mère, c'est-à-dire, comme porte notre article, lorsque la mère est décédée, ou inhabile à recueillir la pension, ou déchue de ses droits. La veuve est inhabile à recueillir la pension, quand elle a perdu la qualité de Française, pendant la privation de cette qualité (art. 29), ou dans le cas de séparation de corps prononcée contre elle sur la demande de son mari, et non suivie de réconciliation. (Art. 14.) Elle est déchue de ses droits quand elle a négligé d'adresser au ministre compétent sa demande de pension, avec pièces justificatives, dans les cinq ans à partir du décès de son mari. (Art. 22.)

Lorsqu'un fonctionnaire a disparu de son domicile, et que plus de trois ans se sont écoulés sans qu'il ait réclamé les arrérages de sa pension, les enfants qu'il a laissés peuvent, à défaut de sa femme, obtenir, à titre provisoire, la liquidation des droits de réversion qui leur seraient ouverts en cas de décès dudit fonctionnaire. (*Règlement d'exécution*, art. 45.)

Le secours annuel accordé aux orphelins, quel que soit leur nombre, est égal à la pension que la mère aurait obtenue ou pu obtenir en vertu des articles 13, 14 et 15.

Le reste de l'article ne paraît pas avoir besoin de commentaire. La règle qu'il consacre est empruntée à l'ordonnance du 12 janvier 1825, et à celle du 12 août 1846, avec ces deux différences que la loi nouvelle accorde le secours aux mineurs jusqu'à l'âge de vingt et un ans au lieu de seize, et déclare réversible aux mineurs la part de ceux qui décèdent ou qui deviennent majeurs.

Art. 17. Les pensions et secours annuels qui seront accordés conformément aux dispositions du présent titre sont inscrits au grand-livre de la dette publique.

Cet article ne fait que reproduire le principe fondamental de la loi. Nous renvoyons à ce que nous avons dit ailleurs.

Art. 18. Les fonctionnaires et employés en exercice au 1er janvier 1854 sont soumis aux retenues déterminées par l'article 3, et sont retraités d'après les règles ci-après :

Ceux qui étaient tributaires de caisses de retraite supprimées et ceux qui obtenaient pension sur fonds généraux sont liquidés dans les proportions et aux conditions réglées par la présente loi pour leurs services postérieurs au 1er janvier 1854 ; et pour les services antérieurs, conformément, soit aux règlements spéciaux, soit aux loi et décret des **22 août 1790** et **13 septembre 1806**, qui régissaient respectivement leur situation, sans que les maximum déterminés par la présente loi puissent être dépassés.

Toutefois les pensions des fonctionnaires et employés qui, au 1er janvier 1854, auront accompli la durée de services exigée par les règlements spéciaux, loi et décret précités, sont liquidées conformément à ces règlements, loi ou décret.

Les magistrats nommés avant le 1er janvier 1854, et mis à la retraite en vertu du décret du 1er mars 1852, auront droit à pension après quinze ans de services.

Les fonctionnaires et employés qui, antérieurement, ne subissaient pas de retenues et n'étaient pas placés sous le régime des loi et décret des **22 août 1790** et **13 septembre 1806**, sont admis à faire valoir la totalité de leurs services admissibles pour constituer leur droit à pension ; toutefois cette pension n'est liquidée que pour le temps pendant lequel ces fonctionnaires auront subi la retenue, et n'est réglée qu'à raison d'un cent-vingtième du traitement moyen par chaque année de services civils ; mais le montant de la pension ainsi fixé est alors augmenté d'un trentième pour chacune des années liquidées : cette base exceptionnelle cesse lorsque le titulaire se trouve dans les conditions voulues par l'article 5.

La loi nouvelle n'a pas d'effet rétroactif ; ses dispositions ne s'appliqueront qu'aux services rendus postérieurement au 1er janvier 1854. Il n'était pas inutile de s'expliquer sur ce point, car il était de principe que toute pension devait être intégralement liquidée d'après les réglements en vigueur au moment de la mise à la retraite de l'employé (1).

En conséquence, les pensions des employés qui, à cette époque, et quel que soit leur âge, auront accompli la durée de services exigée pour la pension d'ancienneté, soit par le réglement spécial qui les régit, soit par la législation relative aux pensions sur fonds généraux, seront liquidées comme par le passé, et d'après les mêmes règles. A quelque époque que ces employés soient admis à faire valoir leurs droits à la retraite, et quand même ils continueraient à servir plusieurs années sous l'empire de la loi nouvelle, il ne peut leur être fait aucune application de cette loi, ni pour aggraver ni pour améliorer leur position.

Il y a plus ; en vertu du principe que le droit de la veuve et des enfants est inhérent au droit du mari ou du père, et s'ouvre le même jour, la réversion de toute pension liquidée ou à liquider entièrement d'après les anciens réglements, en vertu du présent article, n'aura lieu que d'après ces mêmes réglements, quelle que soit d'ailleurs

---

(1) Conseil d'Etat, 18 avril 1821, *Brémontier* ; 16 novembre 1825, *Cantagrel* ; 31 mars 1843, *Deneux.*

l'époque à laquelle cette réversion ait lieu, et quand même les conditions de la loi nouvelle seraient plus favorables. La jurisprudence du conseil d'Etat s'est fixée en ce sens par plus de quarante décisions rendues sous l'empire de l'ordonnance de 1825.

Le législateur aurait pu s'arrêter là, car s'il doit maintenir les droits acquis, il n'est pas tenu de respecter les simples espérances. Toutefois on a pensé qu'il était juste d'aller plus loin et de laisser tous les services rendus antérieurement au 1er janvier 1854, sous l'empire des anciens règlements, et de séparer entièrement le passé et l'avenir au moyen d'une double liquidation.

En conséquence, la pension des employés en exercice au 1er janvier 1854, et n'ayant pas encore atteint à cette époque la durée de services exigée pour la pension d'ancienneté, sera liquidée, pour les services antérieurs, d'après les anciens règlements, et, pour les services postérieurs, d'après la loi nouvelle.

La liquidation des services antérieurs se fera sur la base du traitement moyen du nombre d'années exigé par le règlement, mais ces années seront les dernières années de l'activité de l'employé et non les dernières années antérieures au 1er janvier 1854. L'exposé de motifs explique clairement sur ce point l'intention du législateur. Nous ne pouvons mieux faire que de reproduire intégralement ces explications, qui donnent en même temps un exemple de double liquidation (1).

« Un employé comptant 15 ans de services au 1er jan-
« vier 1854 sera admis à la retraite après 30 ans d'exer-
« cice en 1869.

« Les services antérieurs à 1854 devront être liquidés
« d'après le règlement sous le régime duquel il est aujour-
« d'hui placé, et qui règle la pension sur la moyenne
« des trois dernières années d'activité. Le traitement de
« cet employé aura été, pendant les trois dernières années
« de son exercice, de 2,400 francs.

« Pendant les trois années antérieures, son traitement
« n'était que de 2,100 francs.

« La moyenne de trois ans est de 2,400 francs.

« La moyenne de six ans est de 2,250 francs.

« Il obtiendra, pour les quinze années antérieures à

----

(1) *Exposé de motifs*, Annexe n° 7.

« 1854, 15/60 du traitement moyen de 2,400 francs,
« ci... 600 fr.
 « Et pour les quinze années postérieures à
« 1854, 15/60 du traitement moyen de 2,250 fr.,
« ci... 562

         Total........... 1,162 fr.

 « Liquidé purement et simplement par appli-
« cation de la loi nouvelle, cet employé n'eût
« obtenu que la moitié du traitement moyen de
« 2,250 francs, ci........................... 1,125

 « Bénéfice résultant de la double liquidation. 37 fr.

 « On ne peut se méprendre sur l'intention de l'article 18;
« il a voulu conserver aux employés en exercice en 1854
« les avantages de liquidation que leur assurent les règle-
« ments actuels pour la partie de leurs services accom-
« plie sous le régime de ces règlements. Cette disposition
« serait complétement détournée de son but si, au lieu de
« liquider les services antérieurs à 1854 d'après la moyenne
« des trois dernières années d'activité, on les liquidait
« d'après la moyenne des trois dernières années d'exercice
« accomplies en 1854. En scindant ainsi les services de l'em-
« ployé, la liquidation de la première partie de son activité
« serait toujours calculée sur un traitement très-inférieur,
« et, au lieu d'assurer un bénéfice, l'article 18 imposerait
« une perte énorme aux employés qui auraient servi sous
« l'empire des règlements actuels, perte dont seraient
« affranchis ceux qui n'auraient servi que sous le régime
« de la loi nouvelle. C'est ce qu'il est facile de démontrer.
 « L'employé qui termine son activité avec un traitement
« de 2,400 francs, n'avait peut-être, à sa quinzième an-
« née d'exercice, qu'un traitement de 1,500 francs.
 « Si ce traitement était pris pour base de la liquidation
« des quinze années de services antérieurs à 1854, il n'en
« obtiendrait que les 15/60, ci.............. 375 fr.
 « Il obtiendrait en outre, pour quinze années
« de services postérieurs à 1854, 15/60 du trai-
« tement moyen des six dernières années de son
« activité (2,250 fr.), ci................ 562

 « Sa pension pour trente ans d'exercice ne

« serait que de........................... 937 fr.
    « On a vu qu'elle devait être, d'après le sys-
« tème de double liquidation bien entendu, de 1,162
____

    « La perte serait donc de près de 1/5....... 225 fr.

    « L'employé qui aurait été liquidé purement et simple-
« ment par application de la loi nouvelle obtiendrait, dans
« la position préindiquée.................... 1,125 fr.
    « La pension n'étant, dans l'hypothèse ci-
« dessus, que de.......................... 937
____

    « La perte serait de..................... 188
« Près de 1/6.

    « Il est évident que ce n'est pas là ce qu'a voulu l'ar-
« ticle 18 ; son texte, d'ailleurs, le dit positivement, en
« déclarant que les services antérieurs à 1854 seront
« liquidés d'après les règlements actuellement en vigueur.
« La moyenne à prendre pour base de la liquidation,
« d'après ces règlements, est nécessairement celle des
« trois ou quatre dernières années d'activité. La loi nou-
« velle, aussi bien que les règlements actuels, ne seraient
« pas exécutés si on prenait pour base de la liquidation
« la moyenne des trois ou quatre années expirant en
« 1854, qui ne seraient pas les dernières années de l'ac-
« tivité de l'ayant droit. »
Toutefois la double liquidation ne pourra pas avoir
pour effet de porter la pension au delà du maximum déterminé par la loi nouvelle, alors même que le maximum
déterminé par l'ancien règlement aurait été plus élevé.
Du reste, tous les fonctionnaires et employés en exercice
au 1er janvier 1854 seront soumis, à partir de ce jour, aux
retenues déterminées par l'article 3, alors même que par
leurs services antérieurs ils auraient droit acquis au
maximum de la pension, soit sur les anciennes caisses
de retenue, soit même sur fonds généraux.
Les magistrats nommés avant le 1er janvier 1854 et mis
à la retraite en vertu du décret du 1er mars 1852, à l'âge
de soixante-dix ou de soixante-quinze ans, auront droit à
pension après quinze ans de services. D'après le décret du
1er mars 1852 combiné avec l'ordonnance du 23 septembre
1814, il suffisait de dix ans. Notre article exige quinze ans

pour les magistrats nommés avant le 1er janvier 1854, et l'article 11 exige vingt ans pour les magistrats qui seront nommés depuis.

Cette faveur, bien atténuée par la loi nouvelle, se justifie par des raisons toutes spéciales. La magistrature se recrute en partie parmi les anciens avocats et officiers ministériels auxquels l'inamovibilité absolue permettait d'atteindre le temps de services exigé. Il était juste qu'en les soumettant à la limite d'âge on abaissât en leur faveur le chiffre légal de trente ans de services.

Le dernier alinéa de notre article est relatif aux fonctionnaires et employés qui n'avaient droit à pension ni sur fonds de retenue, ni sur fonds généraux et que la loi nouvelle admet à la pension en même temps qu'elle les soumet à la retenue.

Pour l'établissement du droit à pension, ces fonctionnaires pourront faire valoir l'intégralité de leurs services rendus, soit après, soit avant le 1er janvier 1854.

Mais dans la liquidation il ne sera tenu compte que des services postérieurs à cette époque. Les services antérieurs seront à cet égard considérés comme non avenus, à moins qu'ils n'aient été soumis à une retenue, dans le cas, par exemple, où avant de passer à un emploi non rémunéré par une pension, le fonctionnaire dont il s'agit aurait rempli un emploi donnant droit à pension.

Et comme, pendant la durée de leurs services antérieurs, ces fonctionnaires n'ont rien versé dans les anciennes caisses de retenue, ni sous la forme d'une retenue faite sur leurs traitements, ni comme chance tontinière, la loi introduit à leur égard une règle toute spéciale de liquidation. Cette disposition provient d'un amendement proposé par la commission du Corps législatif et accepté par le Gouvernement. Le projet de loi appliquait à cette classe de pension la base fixée par l'article 7. Voici comment s'exprime sur ce point le rapporteur de la commission :

« Pour nous rendre compte de la situation faite par le projet de loi, nous l'avons résumée en chiffres ; nous avons pris comme élément de nos calculs un traitement annuel de 6,000 francs. Le soixantième de ce traitement est de 100 francs, et le produit de la retenue de 5 p. 0/0 est de 300 francs.

« Ainsi, la liquidation de deux années de services donnera 200 francs pour le taux de la pension viagère contre un *versement de* 600 *francs en deux ans.* Pour cinq années, ce sera une pension de 500 francs contre un versement *de* 1,500 *francs en cinq ans,* et ainsi de suite jusqu'à trente années, mais avec cette différence, que plus on approchera des trente années, moins la proportion de cette pension, par rapport au capital versé, sera exagérée, car plus les versements primitifs seront éloignés de la date de la liquidation, plus le titulaire aura fourni à la caisse des pensions, puisqu'il aura contribué par une plus grande masse de capitalisation d'intérêts, et par des chances de décès au profit de la caisse des pensions. Cette appréciation nous a conduits à conclure que la base fixe d'*un soixantième* par année de services, équitable pour un fonctionnaire qui aurait supporté des retenues pendant trente années, ne serait pas rationnelle pour un fonctionnaire qui ne compterait que quelques années de services ; que, dès lors, la logique et la justice exigent que l'on introduise, dans la base de cette sorte de liquidation, une progression ascendante de la première année à la trentième. Cette solution nous a paru pouvoir être obtenue comme suit : prendre pour base fixe de la liquidation 1/120 du traitement moyen, que l'on multiplierait par le nombre d'années de services ayant subi la retenue ; ajouter ensuite à cette *première liquidation* 1/30 de la pension liquidée, multiplié par le nombre d'années liquidées, ce qui ferait que lorsque la liquidation aurait lieu à trente années, la pension pour un traitement moyen de 6,000 fr. se composerait :

« 1° De 1/120 de 6,000 fr., soit 50 fr. par trente années .... 1,500 fr.

« 2° De 1/30 de la pension de 1,500 fr., soit 50 fr. par trente années 1,500

« TOTAL 3,000

« Somme égale à 30/60 de 6,000 fr.

« Le même calcul, pour *cinq années* de services, donnerait :

« 1° 1/120 de 6,000 fr. par cinq années.   250 fr. 00 c.

« 2° 1/30 de 250 fr., soit 8 fr. 33 c. par cinq années 41   65

« TOTAL 291   65

« au lieu de 500 francs auxquels s'élèverait la pension,

si on la liquidait comme au projet de loi, à raison d'un soixantième.

« Le même calcul, appliqué à vingt années de services, donnera :

« 1° 1/120 de 6,000 fr., soit 50 fr. par vingt années........................	1,000 fr.	00 c.
« 2° 1/30 de 1,000 fr., soit 33 fr. 33. c. par vingt années.....................	666	60
« TOTAL.............	1,666	60

« au lieu de 2,000 francs auxquels s'élèverait la pension, si on la liquidait, comme au projet de loi, à raison d'un soixantième. »

L'article 37 du règlement d'exécution a complété cette disposition additionnelle, en décidant que pour les employés du service actif dont la pension se liquide par cinquantièmes et non par soixantièmes, la liquidation exceptionnelle de l'article 18 aurait lieu par centièmes, et que la bonification serait à leur égard d'un vingt-cinquième. Cette interprétation était nécessaire pour concilier l'article 18 avec les deux premiers paragraphes de l'article 7.

TITRE IV. — D. POSITIONS D'ORDRE ET DE COMPTABILITÉ.

Art. 19. Aucune pension n'est liquidée qu'autant que le fonctionnaire aura été préalablement admis à faire valoir ses droits à la retraite par le ministre au département duquel il ressortit.

Ce principe a toujours été admis en matière de pensions civiles, à la différence des pensions militaires.

« Entre les militaires et les fonctionnaires civils, disait un des commissaires du Gouvernement au Corps législatif (1), il y a cette différence que quand les premiers ont rempli les conditions exigées pour obtenir la pension de

____

(1) M. Vuitry (*Séance du 14 mai 1853*; Moniteur *des 16 et 17 mai.*)

retraite, l'État ne peut repousser la demande qui lui en est faite, tandis que, pour les fonctionnaires civils, jamais ce principe n'a été admis ; l'État peut les conserver dans leurs fonctions aussi longtemps que son intérêt l'exige ou que leurs forces le permettent. Lorsque la liquidation est faite, il y a dette de l'État : mais c'est à l'État qu'il appartient d'en déterminer l'échéance en accueillant la demande de mise à la retraite. »

D'après l'article 29 du règlement d'exécution, l'admission du fonctionnaire à faire valoir ses droits à la retraite est prononcée par l'autorité qui, aux termes des règlements, a qualité pour prononcer sa révocation. L'acte d'admission à la retraite spécifie les circonstances qui donnent ouverture au droit à la pension, et indique les articles de la loi applicables au fonctionnaire.

Art. 20. Il ne peut être concédé annuellement de pension, en vertu de la présente loi, que dans la limite des extinctions réalisées sur les pensions inscrites. Dans le cas, toutefois, où cette limite devrait être dépassée, par suite de l'accroissement de liquidation auquel donneront lieu les nouvelles catégories de fonctionnaires soumis à la retenue et appelés à la pension par l'article 3, l'augmentation de crédit nécessaire sera l'objet d'une loi spéciale.

Art. 21. Il sera rendu compte annuellement, lors de la présentation de la loi du budget, des pensions de retraite concédées et inscrites en vertu de la présente loi, en distinguant les charges antérieures et celles postérieures au 1er janvier 1854.

Le premier de ces deux articles ne fait que reproduire l'article 16 de la loi de finances du 15 mai 1850. Le second est un article additionnel proposé par le Conseil d'État d'accord avec la Commission.

En exécution de l'article 20, le ministre des finances arrête, chaque année, dans les premiers jours de janvier, l'état des extinctions réalisées dans le cours de l'année précédente, et dont le montant sert de base pour la fixation du crédit d'inscription de l'année courante. Un décret rendu sur le rapport du ministre des finances détermine, 1º la somme jusqu'à concurrence de laquelle ce crédit est employé; 2º la portion afférente à chacun des départements ministériels.

Le compte à rendre annuellement lors de la présentation de la loi du budget en exécution de l'article 21, comprend par ministère, et avec la distinction des pensions d'employés, de veuves et d'orphelins : 1º l'emploi du crédit d'inscription déterminé ainsi qu'il vient d'être dit; 2º la situation par accroissement et décroissement des pensions concédées et inscrites au 31 décembre de l'année expirée pour services terminés postérieurement au 18 janvier 1854 ; 3º la situation par accroissement et décroissement des pensions concédées et inscrites à la même date pour services terminés postérieurement au 1er janvier 1854. (*Règlement d'exécution*, art. 38 et 39.)

Art. 22. Toute demande de pension est adressée au ministre du département auquel appartient le fonctionnaire. Cette demande doit, à peine de déchéance, être présentée avec les pièces à l'appui dans le délai de cinq ans à partir de la promulgation de la présente loi, pour les droits ouverts antérieurement, et, pour les droits qui s'ouvriront postérieurement, à partir, savoir : pour le titulaire, du jour où il aura été admis à faire valoir ses droits à la retraite, ou du jour de la cessation de ses fonctions, s'il a été autorisé à les continuer après cette admission, et, pour la veuve, du jour du décès du fonctionnaire.

Les demandes de secours annuels pour les orphelins doivent être présentées dans le même délai à partir de la promulgation de la présente loi, ou du jour du décès de leur père ou de celui de leur mère.

Cet article est de droit nouveau. Les règlements antérieurs ne contenaient aucune disposition de ce genre applicable aux pensions civiles, et l'État ne pouvait opposer au réclamant d'autre prescription que celle de trente ans consacrée par le droit commun. (*Code Napoléon*, art. 2227, 2262.)

« Devait-on, disait le rapporteur de 1847 à la Chambre des députés, laisser indéfiniment le Trésor public ou les caisses spéciales de retraite sous le coup des demandes en concession que les intéressés différeraient à souhait ou qu'ils négligeraient de former? La régularité, qu'il est si important de maintenir dans les comptabilités financières, la nécessité de pouvoir reconnaître et constater jour pour jour les ressources effectives du Trésor et des caisses ne le permettaient pas. Un délai devait donc être assigné pendant lequel et à peine de déchéance toute demande serait formée et les pièces à l'appui produites. L'article 6 de la loi du 17 avril 1833 avait, pour les pensions militaires, fixé ce délai à cinq ans, à partir de l'ouverture du droit. L'expérience n'a révélé dans cette mesure aucun inconvénient; nous avons donc pensé, avec le Gouvernement, que le délai de cinq ans, délai de rigueur, devait être imposé pour former la demande en concession, savoir : au titulaire, à dater du jour de son admission à faire valoir ses droits ; et à la veuve ou aux enfants orphelins, à dater du jour du décès du titulaire. »

La déchéance est fatale. Elle court contre toutes personnes, capables ou incapables, et n'est interrompue que par la demande adressée au ministre compétent.

Elle court contre la veuve du jour du décès du fonctionnaire, et, contre les orphelins, du jour du décès de leur père ou de leur mère.

Il résulte des articles 16 et 22 combinés que le délai court aussi contre les orphelins du jour où la veuve est devenue inhabile à recueillir la pension ou a encouru la déchéance.

Mais il ne faut pas oublier que la veuve et les enfants tiennent leur droit du mari ou du père. En conséquence, la déchéance encourue par celui-ci est irrévocable même à l'égard de la veuve et des enfants.

Le règlement d'exécution énumère les pièces qui doivent être produites à l'appui de la demande, soit par les fonctionnaires, soit par les veuves et orphelins (art. 31 et 32), et dans le cas où le fonctionnaire était comptable (art. 33).

6.

Toute demande de pension doit être inscrite à sa date sur un registre spécial tenu dans chaque ministère. Un bulletin de cette inscription est délivré à la partie intéressée. (*Règlement d'exécution*, art. 42.)

Art. 23. Les pensions sont liquidées d'après la durée des services, en négligeant sur le résultat final du décompte les fractions de mois et de franc.

Les services civils ne sont comptés que de la date du premier traitement d'activité et à partir de l'âge de vingt ans accomplis. Le temps de surnumérariat n'est compté dans aucun cas.

D'après cet article les services *civils* ne sont admissibles qu'à partir de l'âge de vingt ans accomplis, mais les services militaires de terre ou de mer restent admissibles à partir de 18 ans ou de 16 ans. (*V.* commentaire de l'art. 8.)

Art. 24. La liquidation est faite par le ministre compétent, qui la soumet à l'examen du Conseil d'Etat avec l'avis du ministre des finances.

Le décret de concession est rendu sur la proposition du ministre compétent. Il est contre-signé par lui et par le ministre des finances.

Il est inséré au *Bulletin des lois.*

« Le ministre au département duquel appartient le
« fonctionnaire, dit l'exposé des motifs, reste juge de
« l'admission à la retraite. Il prononce sur le droit à pen-
« sion ; il opère la liquidation. Sa proposition est transmise
« au ministre des finances qui la soumet avec son avis
« au Conseil d'Etat. Celui-ci exprime son opinion sur les
« dissentiments qui ont pu s'élever. La décision est con-
« tre-signée par les deux ministres. Si la partie se croit
« lésée, elle peut se pourvoir au contentieux. Ces précau-
« tions nombreuses présentent toute espèce de garantie.
« Ce que le projet de loi fait à cet égard est à peu près
« la reproduction de ce que la loi du 25 mars 1817 a fait
« depuis longtemps, relativement aux pensions payées sur

« fonds généraux ; mais le projet de loi, proposant de ne
« plus maintenir les anciennes distinctions, et de payer
« toutes les pensions sur les fonds généraux du budget,
« il était naturel de généraliser la prescription de la loi
« de 1817 qui avait soumis les concessions de pensions à
« la révision du ministre des finances, représentant direct
« des intérêts du Trésor. Cette sage disposition non-seule-
« ment n'a causé aucun froissement dont on ait eu sérieu-
« sement à se plaindre, mais elle a prévenu des abus
« réels..... »

« Les motifs, plus ou moins spécieux, qui avaient fait
« placer les caisses sous l'autorité des ministres spéciaux
« n'existent plus. Une raison contraire est devenue do-
« minante : les caisses étant alimentées, pour la plus
« grande partie par les fonds du Trésor, il appartient au
« ministre qui représente le Trésor, de surveiller l'emploi
« des sommes qu'il fournit, et de constater la régularité
« des créances dont l'État est constitué débiteur. D'un
« autre côté, le grand-livre de la dette publique, sur le-
« quel les pensions doivent être inscrites, étant confié à
« la garde et à la responsabilité du ministre des finances,
« il ne semble pas possible de méconnaître le droit de ce
« ministre en ce qui concerne l'appréciation des titres
« qui y seront portés. »

Sous le régime de la loi du 25 mars 1817 et des ordonnances des 20 juin 1817 et 2 août 1820, les pensions sur
fonds généraux étaient d'abord concédées par décret
rendu sur le rapport du ministre compétent, mais elles
ne pouvaient être inscrites au Trésor qu'en vertu d'un
second décret rendu sur le rapport du ministre des
finances qui pouvait refuser l'inscription dans plusieurs
cas déterminés. La loi nouvelle simplifie cette marche en
prescrivant que tout décret de concession sera contre-signé
par le ministre compétent et par le ministre des finances,
d'où il suit que toute pension concédée est nécessairement
inscrite au Trésor. (*V.* l'art. 17.)

Le décret de concession est inséré au *Bulletin des lois.*

Si après avoir fait examiner les pièces produites, le ministre liquidateur pense que le réclamant ne réunit pas
les conditions exigées pour avoir droit à pension, il re-
fuse de procéder à la liquidation.

La décision ministérielle portant refus de liquider et
le décret de concession peuvent être déférés au Conseil

d'État par le réclamant, s'il pense qu'il a droit à une pension, ou que la liquidation n'a pas été régulièrement faite.

Le pourvoi au Conseil d'État doit être formé dans les trois mois par le ministère d'un avocat au Conseil d'État et à la Cour de cassation.

Quand le pourvoi est formé contre une décision ministérielle portant refus de liquider, le délai commence à courir du jour où le réclamant a reçu la notification de cette décision. Aucune formalité n'est prescrite pour cette notification qui a lieu ordinairement par une simple lettre missive.

Quand le pourvoi est formé contre le décret de concession, le délai court du jour où ce décret a été notifié à la partie intéressée ; cette notification peut résulter de la simple délivrance du certificat d'inscription (1), et même de l'insertion du décret au *Bulletin des lois* (2).

Tout acquiescement à la décision attaquée crée une fin de non recevoir contre le pourvoi (3). C'est acquiescer que de toucher, sans protestation ni réserves, les arrérages de la pension concédée, avant d'avoir formé le pourvoi.

Le délai est de trois mois francs, en sorte que si la notification a eu lieu le 1er janvier, le pourvoi doit être formé au plus tard le 2 avril.

Aucune réclamation, soit contre la décision portant refus, soit contre le décret de concession, ne peut être adressée au ministre. C'est au Conseil d'État seulement que le pourvoi doit être formé.

La décision attaquée doit être jointe au pourvoi à peine de nullité. Cette décision consiste, en général, dans la lettre adressée officiellement au réclamant par le ministre ou en son nom.

Le Conseil d'État ne rend pas, à proprement parler, de décision. Après avoir examiné l'affaire, tant en la forme qu'au fond, et comme juge d'appel, il prépare un projet de décret qui est soumis à l'approbation du chef de l'État,

---

(1) Voir, par exemple, Conseil d'État, 19 décembre 1821, *Allier*.

(2) Conseil d'État, 25 avril 1837, *Clermont Tonnerre*.

(3) Conseil d'État, 22 novembre 1826, *Huché* ; 15 avril 1828, *Ragé* ; 19 juillet 1833, *Marcel* et autres ; 14 novembre 1834, *Lemonnier* ; 7 juin 1836, *Guezno de Penauster* et autres.

et qui rejette la requête, ou renvoie le réclamant devant le ministre pour que sa pension soit liquidée sur les bases déterminées par le décret même.

Les articles 40 et 41 du décret du 9 novembre 1853 ont tracé la procédure de la liquidation et la forme du décret de concession. Ce décret mentionne les nom, prénoms, grade, date et lieu de naissance du pensionnaire la nature et la durée de ses services, la date des lois, décrets et ordonnances réglementaires, en vertu desquels la pension a été liquidée, la quotité du traitement qui a servi de base à la liquidation, la part de rémunération qui correspond aux services militaires, et celle qui correspond aux services civils, la limitation au maximum, la quotité de la pension, la date d'entrée en jouissance et le domicile de la partie, enfin la date de l'avis rendu par la section des finances, et, s'il y a lieu, celle de l'avis du Conseil d'État.

Art. 25. La jouissance de la pension commence du jour de la cessation du traitement, ou du lendemain du décès du fonctionnaire ; celle du secours annuel, du lendemain du décès du fonctionnaire ou du décès de la veuve.

Il ne peut, en aucun cas, y avoir lieu au rappel de plus de trois années d'arrérages antérieurs à la date de l'insertion au *Bulletin des lois* du décret de concession.

Aux termes de l'article 4 de l'arrêté du 15 floréal an 11, les pensions sur fonds généraux ne commençaient à courir que du premier jour du semestre qui suivait le jour de leur inscription au Trésor.

Cette disposition ne pouvait se justifier que par une nécessité financière. La nature même et le caractère alimentaire de la pension de retraite exigent qu'il n'y ait pas d'intervalle entre la jouissance du traitement d'activité et la jouissance de la pension. Aussi la plupart des règlements particuliers avaient admis le principe consacré par notre article. (*V.* l'article 42 de l'ordonnance du 12 janvier 1825.)

Toutefois la loi veut que le fonctionnaire admis à la

retraite ne soit pas négligent de ses propres intérêts. et tout en lui laissant cinq ans pour demander la liquidation de sa pension (art. 22), elle déclare que, en aucun cas, il ne pourra y avoir lieu au rappel de plus de trois années d'arrérages antérieurs à la date de l'insertion au *Bulletin des lois* du décret de concession.

L'article 47 du règlement d'exécution porte : « Lorsque l'intérêt du service l'exige, le fonctionnaire admis à faire valoir ses droits à la retraite peut être maintenu momentanément en activité, sans que la prolongation de ses services puisse donner lieu à un supplément de liquidation. Dans ce cas, la jouissance de sa pension part du jour de la cessation effective du traitement. »

Art. 26. Les pensions sont incessibles. Aucune saisie ou retenue ne peut être opérée du vivant du pensionnaire, que jusqu'à concurrence d'un cinquième pour débet envers l'État, ou pour des créances privilégiées, aux termes de l'article 2101 du Code Napoléon, et d'un tiers dans les circonstances prévues par les articles 203, 205, 206, 207 et 214 du même code.

Les pensions de retraite sont de véritables pensions alimentaires, e tpar suite incessibles et insaisissables (1). Ce principe est déjà posé dans l'article 13 de la déclaration du 7 janvier 1779 : « Nous avons déclaré et déclarons « toutes lesdites pensions et grâces viagères non saisis- « sables ni cessibles pour quelque cause et raison que ce « soit, sauf aux créanciers des pensionnaires à exercer « après leur décès sur les décomptes de leurs pensions « toutes les poursuites et diligences nécessaires pour la « conservation de leurs droits et actions, et sans préju-

---

(1) Un principe analogue régit les *traitements* des employés civils. La loi du 21 ventôse an 9 (12 mars 1801) porte : « Les traitements des fonctionnaires et employés civils seront saisissables jusqu'à concurrence du cinquième sur les premiers 1,000 francs, et toutes les sommes au-dessous, du quart sur les 5,000 francs suivants, et du tiers sur la portion excédant 6,000 francs, à quelque somme qu'elle s'élève, et ce, jusqu'à l'entier acquittement des créances. »

« dice des ordres particuliers qui pourraient être donnés
« par nos secrétaires d'État pour arrêter le payement
« de quelques-unes desdites grâces, ainsi qu'il en a été
« usé par le passé (1). »
Une exception fut introduite par la loi du 22 août 1791 :
« Les pensions et secours accordés par l'Assemblée natio
« nale, porte l'article 4, pourront être saisis, jusqu'à con
« currence de moitié de leur montant, par les créanciers
« des pensionnaires fondés en titre, pour eur entretien,
« nourriture et logement. »
Mais cette exception fut abrogée par la loi du 22 floréal
an 7 (art. 7 et 8), et par l'arrêté consulaire du 7 thermidor an 10, qui consacrèrent de nouveau le principe posé
par la déclaration du 7 janvier 1779.
Ce principe était-il applicable aux pensions sur fonds de
retenue? Des doutes s'élevèrent sur cette question, et bien
que, par un arrêt du 28 août 1815, la Cour de cassation
eût décidé l'affirmative, le Gouvernement se crut obligé
de trancher souverainement la difficulté par l'ordonnance
du 27 août 1817, ainsi conçue :
« Considérant que, aux termes des lois, les pensions
« payées par l'État sont incessibles et insaisissables, que
« les pensions sur fonds de retenue sont essentiellement
« de même nature que celles acquittées directement par
« le Trésor royal, et conséquemment qu'elles sont sou-
« mises à la même législation ;
« Art. 1er. Il ne sera reçu aucune signification de
« transport, cession ou délégation de pensions de retraite
« affectées sur des fonds de retenue.
« Art. 2. Le payement desdites pensions ne pourra être
« arrêté par aucune saisie ou opposition, à l'exception
« des oppositions qui pourraient être formées par le pro-
« priétaire du brevet de la pension. »
Les pensions civiles se trouvaient ainsi plus favorisées
que celles de l'armée et de la marine, qui sont passibles
de retenues jusqu'à un cinquième pour débet envers le
Trésor, et jusqu'à un tiers pour aliments, dans les circonstances prévues par les articles 203 et 205 du Code
Napoléon. (Lois du 11 avril 1831, art. 28, et du 18 avril
1831, art. 30.)

---

(1) Voir aussi les lettres patentes du 4 novembre 1785, art. 15.

La loi nouvelle va au contraire plus loin que les lois de 1831, puisqu'elle autorise la retenue du tiers ou du cinquième au profit de nouveaux créanciers.

L'État est autorisé à retenir un cinquième dans le cas où le pensionnaire est en débet.

Un cinquième peut être frappé d'opposition pour des créances privilégiées sur la généralité des meubles, aux termes de l'article 2101 du Code Napoléon. Ces créances sont les frais de justice, les salaires des gens de service pour l'année échue, et ce qui est dû sur l'année courante; les fournitures de subsistances faites au débiteur et à sa famille, savoir pendant les six derniers mois par les marchands en détail, tels que bouchers, boulangers et autres, et pendant la dernière année par les maîtres de pension et marchands en gros.

L'article 2101 donne encore un privilége aux frais funéraires et aux frais de dernière maladie; mais ces deux priviléges ne s'exerçant pas du vivant du pensionnaire, on ne les rappelle ici que pour mémoire.

Un tiers de la pension peut être affecté au payement des obligations imposées par les articles 203, 205, 206, 207 et 214 du Code Napoléon. Ainsi des oppositions peuvent être formées au nom des enfants du pensionnaire qu'il doit nourrir, entretenir et élever; au nom de son père, de sa mère et de ses autres ascendants lorsqu'ils sont dans le besoin; au nom de son beau-père et de sa belle-mère, ou de son gendre et de sa belle-fille, lorsqu'ils sont dans le besoin et que l'affinité subsiste encore. L'affinité cesse, aux termes de l'article 206 : 1° lorsque la belle-mère (ou la belle-fille) a convolé en secondes noces; 2° lorsque celui des époux qui produisait l'affinité, et les enfants issus de son union avec l'autre époux sont décédés. Enfin des oppositions peuvent être formées au nom de la femme du pensionnaire; aux termes de l'article 214, le mari est obligé de la recevoir et de lui fournir tout ce qui est nécessaire pour les besoins de la vie, suivant ses facultés et son état.

Ces créances sont les seules qui puissent légitimer une retenue ou une saisie, mais elles peuvent se présenter en concurrence.

Il faut suivre, en pareil cas, l'ordre des priviléges : en premier lieu l'État, puis les frais de justice, les salaires des gens de service, les fournitures de subsistances, enfin, en dernier lieu, les créances d'aliments.

Lorsqu'un cinquième est déjà retenu pour débet, ou pour une créance privilégiée, le créancier pour aliments peut encore former opposition sur la différence du cinquième au tiers, c'est-à-dire pour deux quinzièmes ; et, réciproquement, quand un tiers de la pension est saisi pour aliments, l'État ou les créanciers privilégiés ne peuvent saisir qu'un cinquième de la pension totale, soit les trois cinquièmes du tiers déjà saisi pour aliments. Les deux autres cinquièmes de ce tiers restent affectés à la créance alimentaire.

L'insaisissabilité cesse à la mort du pensionnaire. Les arrérages qui peuvent lui rester dus appartiennent à ses héritiers, et peuvent être intégralement saisis par tous ses créanciers.

Notre article porte que les pensions sont incessibles. Il est évident toutefois que le pensionnaire pourra céder ou déléguer le tiers ou le cinquième de sa pension aux créanciers qui auraient le droit de former opposition. Cette délégation peut être utile au pensionnaire pour éviter les frais de l'opposition et de l'instance en validité.

Art. 27. Tout fonctionnaire ou employé démissionnaire, destitué, révoqué d'emploi, perd ses droits à la pension. S'il est remis en activité, son premier service lui est compté.

Celui qui est constitué en déficit pour détournement de deniers ou de matières, ou convaincu de malversations, perd ses droits à la pension, lors même qu'elle aurait été liquidée ou inscrite.

La même disposition est applicable au fonctionnaire convaincu de s'être démis de son emploi à prix d'argent, et à celui qui aura été condamné à une peine afflictive ou infamante. Dans ce dernier cas, s'il y a réhabilitation, les droits à la pension seront rétablis

Le premier paragraphe de cet article n'a pas besoin d'explication. Il faut seulement remarquer qu'aux termes de l'article 3 l'employé réintégré après démission, destitution ou révocation doit subir de nouveau la retenue du douzième sur le montant de son traitement (1).

Les deux autres paragraphes renferment une innovation importante. Les règlements antérieurs ne contenaient, en effet, aucune disposition du même genre, et la jurisprudence du Conseil d'Etat avait considéré la pension liquidée comme un droit irrévocablement acquis. Accordée à titre d'aliments, elle était toujours due au pensionnaire, alors même que ce dernier était postérieurement convaincu de malversations, ou même encourait une condamnation à une peine emportant mort civile. La loi nouvelle déclare qu'en pareil cas les droits à la pension sont perdus.

La radiation d'une pension liquidée et inscrite ne peut être prononcée que par un décret rendu sur la proposition du ministre des finances, après avoir pris l'avis du ministre liquidateur, et après avoir consulté la section des finances du Conseil d'Etat. (*Règlement d'exécution*, art. 43.) Le décret de radiation, comme le décret de concession, peut être déféré au Conseil d'Etat par la voie contentieuse.

Aucune radiation de pension ne peut être prononcée, pour détournement de deniers ou de matières, avant que le déficit ait été reconnu et constaté par l'autorité compétente.

Notre article prive du droit à pension le fonctionnaire convaincu de s'être démis de son emploi à prix d'argent. C'est une sanction nouvelle donnée à la prohibition d'un fait contraire à l'ordre public et aux bonnes mœurs.

Les peines afflictives ou infamantes sont énumérées dans les articles 7 et 8 du Code pénal. Ce sont : la mort, les travaux forcés à perpétuité ou à temps, la déportation, la détention, la réclusion, le bannissement et la dégradation civique.

Cinq ans après l'expiration de la peine, le condamné peut être réhabilité. (*Code d'instruction criminelle*, art. 619 et suivants.) D'après l'article 633 du Code d'instruction criminelle : « La réhabilitation fera cesser pour l'avenir dans la personne du condamné toutes les incapacités qui

---

(1) Voir l'article 25 du *Règlement d'exécution*.

résultaient de la condamnation. » Notre article ne fait qu'appliquer ce principe, en déclarant que, si le condamné est réhabilité, ses droits à pension seront rétablis, bien entendu sans rappel des arrérages antérieurs.

Peu importe que la condamnation ait eu lieu contradictoirement ou par contumace. Dans tous les cas elle entraîne la perte du droit à pension. Seulement la condamnation par contumace peut être anéantie si le condamné se représente dans les délais fixés par la loi ; la pension rayée devra donc être rétablie si le condamné qui se représente est acquitté ou condamné à une peine simplement correctionnelle.

Art. 28. Lorsqu'un pensionnaire est remis en activité dans le même service, le payement de sa pension est suspendu.

Lorsqu'il est remis en activité dans un service différent, il ne peut cumuler sa pension et son traitement que jusqu'à concurrence de quinze cents francs.

Après la cessation de ses fonctions, il peut rentrer en jouissance de son ancienne pension, ou obtenir, s'il y a lieu, une nouvelle liquidation basée sur la généralité de ses services.

L'article 10 du titre 1er de la loi du 22 août 1790 portait : « Nul ne pourra recevoir en même temps une pension et « un traitement. Aucune pension ne pourra être accordée « sous le nom de traitement conservé et de retraite. » On ne tarda pas à revenir sur cette prohibition trop absolue. Le cumul d'une pension et d'un traitement fut autorisé jusqu'à mille livres par la loi du 8 thermidor an 2, et jusqu'à trois mille livres par celle du 24 messidor an 3.

Les lois de finances des 25 mars 1817 et 15 mai 1818 établirent de nouvelles règles.

L'article 27 de la loi du 25 mars 1817 portait : « Nul ne « pourra cumuler deux pensions ni une pension avec « un traitement d'activité, de retraite ou de réforme. Le « pensionnaire aura le choix de la pension ou du traite-

« ment le plus élevé. Néanmoins les pensions de retraite
« pour services militaires pourront être cumulées avec
« un traitement civil d'activité. »

Enfin, la loi du 15 mai 1818 compléta ces dispositions
par trois articles ainsi conçus :

Art. 13. « Pourront se cumuler les pensions et traitements
« de toute nature qui réunis n'excéderaient pas sept cents
« francs, et seulement jusqu'à concurrence de cette
« somme. Sont spécialement exceptées de la disposition
« des lois prohibitives du cumul les pensions ci-après
« accordées avec faculté expresse de cumul, savoir, etc.

Art. 14. « Tout pensionnaire sera tenu de déclarer dans
« son certificat de vie qu'il ne jouit d'aucun traitement
« sous quelque dénomination que ce soit, ni d'aucune
« autre pension ou solde de retraite soit à la charge de
« l'Etat, soit sur les fonds de la caisse des Invalides de la
« guerre ou de celle de la marine, sauf les cas d'exception
« déterminés par les articles qui précèdent (1), et par
« l'article 27 de la loi du 25 mars 1817 relatif aux pensions
« de retraite pour services militaires (2).

Art. 15. « Ceux qui, par de fausses déclarations, ou de
« quelque manière que ce soit, auraient usurpé plusieurs
« pensions ou un traitement avec une pension seront
« rayés de la liste des pensionnaires. Ils seront en outre
« poursuivis en restitution des sommes indûment per-
« çues. »

Ces dispositions ne s'appliquaient pas aux pensions
sur fonds de retenue, à moins que les règlements spéciaux ne continssent la même prohibition (3), ni aux
pensions et traitements payés par les départements et les
communes.

La prohibition a été généralisée par un décret du
13 mars 1848. « Nul, porte ce décret, ne pourra désormais
jouir d'un traitement d'activité et d'une pension de re

---

(1) L'article 12 autorisait le cumul jusqu'à 2,500 francs, pour
les pensions ecclésiastiques, et jusqu'à 6,000 francs, pour les pensions des académiciens et hommes de lettres.

(2) Les pensions militaires ou de la marine restent soumises à
la prohibition du cumul, quand des services civils ont été compris
dans la liquidation de ces pensions. (*Loi du 11 avril* 1831, *art.* 4
et 27; *loi du* 18 *avril* 1831, *art.* 29.)

(3) Voir l'ordonnance du 12 janvier 1825, art. 58.

traite servis l'un et l'autre soit par les fonds de l'Etat ou des communes, soit par les fonds de retenue. Le cumul continuera à avoir lieu dans tous les cas jusqu'à concurrence de 700 francs. » Une loi du 12 août 1848 fit revivre en faveur des anciens militaires l'exception dont ils avaient joui précédemment, à la charge d'une retenue progressive de 5 à 10 p. 0/0 sur leur traitement civil.

Ces deux dispositions ont été abrogées par l'article 27 de la loi de finances du 8 juillet 1852. On rentre ainsi sous l'empire de l'ancienne jurisprudence qui décidait avec raison qu'aucune disposition n'a interdit le cumul d'une pension de retraite payée sur les fonds du Trésor ou des caisses de retenue, et d'un traitement d'activité payé sur les fonds municipaux, et réciproquement (1).

Les articles 14 et 15 de la loi du 15 mai 1818 sont encore en vigueur. Le certificat de vie que tout titulaire de pension doit produire pour toucher les arrérages échus doit contenir la déclaration relative au cumul exigée par ces deux articles. (*Règlement d'exécution*, art. 46.)

Lorsqu'un pensionnaire est remis en activité, il en est immédiatement donné avis par le ministre compétent au ministre des finances pour que le payement de la pension soit suspendu, ou pour qu'il soit fait application des dispositions de l'article 31 sur le cumul. (*Règlement d'exécution*, art. 44.)

Art. 29. Le droit à l'obtention ou à la jouissance d'une pension est suspendu par les circonstances qui font perdre la qualité de Français, durant la privation de cette qualité.

La liquidation ou le rétablissement de la pension ne peut donner lieu à aucun rappel pour les arrérages antérieurs.

Cet article proposé par la commission du Corps législatif et accepté par le Gouvernement est emprunté à la loi sur les pensions militaires.

D'après les articles 17 et suivants du Code Napoléon,

---

(1) Conseil d'Etat, 17 mai 1826, *Laffon de Ladebat* ; 17 avril 1854, *Préfet de la Seine.*

la qualité de Français se perd, 1° par la naturalisation en pays étranger; 2° par l'acceptation, sans autorisation du chef de l'Etat, de fonctions publiques conférées par un gouvernement étranger ; 3° enfin, par tout établissement fait en pays étranger sans esprit de retour. La femme française qui épouse un étranger suit la condition de son mari sauf à recouvrer, si elle devient veuve, la qualité de Française; enfin, le Français qui, sans autorisation du chef de l'Etat, prend du service militaire chez l'étranger ou s'affilie à une corporation militaire étrangère perd sa qualité de Français. S'il y a contestation sur l'existence de ces circonstances les tribunaux civils sont seuls compétents pour y statuer. (Conseil d'Etat, 10 août 1844 et 27 avril 1847, *Clouet.*)

Celui qui avait perdu la qualité de Français peut la recouvrer. Dès lors, son droit qui n'était que suspendu revit à son profit, et sa pension doit être liquidée ou rétablie.

TITRE V. — DISPOSITIONS APPLICABLES AUX PENSIONS DE TOUTE NATURE.

Art. 30. Les pensions et secours annuels sont payés par trimestre; ils sont rayés des livres du Trésor après trois ans de non-réclamation, sans que leur rétablissement donne lieu à aucun rappel d'arrérages antérieurs à la réclamation.

La même déchéance est applicable aux héritiers ou ayants cause des pensionnaires qui n'auront pas produit la justification de leurs droits dans les trois ans qui suivront la date du décès de leur auteur.

D'après le droit commun (art. 2277 du *Code Napoléon*), les arrérages des rentes et pensions de toute nature se prescrivent par cinq ans. Notre article emprunté à l'article 8 de l'arrêté du 15 floréal an 11 et à l'article 40 de l'ordonnance du 12 janvier 1825, abrége la durée de cette prescription dans l'intérêt du Trésor et la réduit à trois ans.

D'après l'article 2277, le débiteur doit toujours payer les

arrérages des cinq dernières années qui ont précédé le jour de la demande. D'après notre article, quand un pensionnaire de l'État est resté trois ans sans réclamer les arrérages de sa pension, il est déchu de tout droit à ces arrérages et sa pension est même rayée des livres du Trésor. Il peut toujours la faire rétablir, mais les arrérages ne recommencent à courir que du jour du rétablissement.

Cette déchéance court contre toutes personnes, capables ou incapables. (*V* l'article 2278 du *Code Napoléon.*)

A la mort du pensionnaire, les arrérages échus et non perçus peuvent être touchés par les héritiers, dans un délai de trois ans à partir du décès de leur auteur, à la charge par eux de justifier de leur qualité. La loi nouvelle a abrogé la déchéance spéciale de six mois instituée à leur égard par l'article 10 de l'arrêté du 15 floréal an 11, en matière de pensions sur fonds généraux.

Notre article suppose que la pension est inscrite et que le pensionnaire a négligé de se présenter pour en toucher les arrérages. Quand une demande en liquidation de pension est formée dans le délai de cinq ans prescrit par l'article 22, il ne peut, aux termes de l'article 25, y avoir lieu au rappel de plus de trois années d'arrérages antérieurs à la date de l'insertion du décret de concession au *Bulletin des lois*, mais ces trois années d'arrérages peuvent être réclamées pendant trois autres années; en d'autres termes la déchéance édictée par l'article 30 ne commence à courir que du jour où le décret de concession a été inséré au *Bulletin des lois.*

Le payement des arrérages a lieu sur la production d'un certificat de vie notarié et contenant la déclaration relative au cumul, prescrite par les articles 14 et 15 de la loi du 15 mai 1818. (*Règlement d'exécution*, art. 46.)

31. Le cumul de deux pensions est autorisé dans la limite de six mille francs, pourvu qu'il n'y ait pas double emploi dans les années de services présentées pour la liquidation.

La disposition qui précède n'est pas applicable aux pensions que des lois spéciales ont affranchies des prohibitions du cumul.

L'article 28 autorise le cumul d'une pension avec un traitement jusqu'à la limite de 1,500 francs. L'article 31 permet de cumuler deux pensions dans la limite de 6,000 francs. C'est une dérogation remarquable apportée à la législation antérieure, dont nous avons donné l'analyse dans le commentaire de l'article 28 (1).

D'après cette législation, le cumul de deux pensions n'était permis que jusqu'à concurrence de 700 francs. Toutefois la prohibition ne s'appliquait pas aux pensions sur fonds de retenue, à moins que les règlements spéciaux ne continssent une disposition expresse à cet égard.

Le cumul d'une pension sur fonds de retenue, avec une pension sur fonds généraux, se trouvait même expressément permis par l'ordonnance du 8 juillet 1818.

Il a été décidé, sous l'empire de cette législation, que les indemnités temporaires accordées par la loi du 1er mars 1822 et par le décret du 2 mai 1848 aux employés réformés, étant payées sur fonds généraux, étaient incompatibles avec toute autre pension à la charge de l'Etat, et notamment avec une pension militaire (2).

De même la pension qu'une veuve d'employé obtenait, du chef de son mari, était incompatible avec toute autre pension ou traitement (3).

L'ordonnance du 20 juin 1817 avait prescrit la réunion, en une seule, des pensions dont le cumul était permis. Cette disposition a été abrogée par une ordonnance du 8 juillet 1818, qui a interdit la réunion. Elle ne peut s'opérer, quand même le pensionnaire y aurait intérêt (4).

Enfin on décidait que, quand un fonctionnaire touchait un traitement unique mais payé sur deux sortes de fonds, il devait lui être liquidé deux pensions qui, en réalité, n'en faisaient qu'une, et ne constituaient pas un cumul prohibé (5).

La loi nouvelle autorise le cumul dans la limite de 6,000 francs, et fait cesser ainsi la plupart des difficultés

---

(1) Voir aussi les articles 44 et 46 du *Règlement d'exécution*.
(2) Conseil d'Etat, 21 juin 1839, *Levavasseur;* 5 mars 1841, *Audriot;* 16 avril 1852, *Herbillon.*
(3) Conseil d'Etat, 6 juillet 1843, *Baud.*
(4) Conseil d'Etat, 11 août 1841, *Leschassier de Méry.*
(5) Conseil d'Etat, 28 juin 1851, *Baudesson de Richebourg.*

auxquelles donnait lieu la législation antérieure. Seulement il ne doit pas y avoir double emploi dans les années de service présentées pour la liquidation.

Cette disposition n'est pas applicable aux pensions accordées, avec dispense expresse de cumul par des lois spéciales. Telles sont la plupart des pensions accordées à titre de récompense nationale (1).

TITRE VI. — DISPOSITIONS SPÉCIALES.

Art. 32. Les dispositions de la loi du 22 août 1790 et du décret du 13 septembre 1806 continueront à être appliquées,

Aux ministres secrétaires d'Etat,

Aux sous-secrétaires d'Etat,

Aux membres du conseil d'Etat,

Aux préfets et sous-préfets.

Le système des pensions sur fonds de retenue, tel qu'il est établi par la loi nouvelle, suppose toujours une carrière régulièrement et hiérarchiquement suivie. S'il astreint le fonctionnaire au versement d'une retenue annuelle, il lui assure en échange des avantages certains ; alors même que le fonctionnaire n'a pas encore un droit acquis à la pension de retraite, les retenues qu'il a subies l'autorisent cependant à concevoir de légitimes espérances dont il ne peut pas être arbitrairement dépouillé. La loi devait donc faire une exception en faveur des fonctionnaires sur lesquels le Gouvernement doit conserver une indépendance absolue. Ces fonctionnaires, nommément désignés par notre article, sont au nombre de 491.

Les dispositions de la loi du 22 août 1790 et du décret du 13 septembre 1806 continueront à leur être appliquées, mais ils seront soumis aux règles d'ordre et de comptabilité introduites par la loi nouvelle qui abroge entièrement la loi du 15 germinal et l'arrêté du 15 floréal an 11. (*V.* dans la seconde partie le paragraphe relatif aux pensions sur fonds généraux.) Les seules dispositions restées

____

(1) Voir, par exemple, la loi du 13 décembre 1850.

en vigueur dans la loi du 22 août 1790 sont les articles 7, 17, 21 du titre 1er et 5 du titre II.

Art. 33. Lorsqu'un fonctionnaire aura passé d'un service sujet à retenue dans un service qui en est affranchi, ou réciproquement, la pension est liquidée d'après la loi qui régit son dernier service, à moins qu'il n'ait accompli dans le premier service les conditions d'âge et de durée de fonctions exigées.

Dans ce dernier cas, le fonctionnaire a le droit de choisir le mode de liquidation de sa pension.

Art. 34. Les dispositions des articles 19, 22, 23, 24, 25, 26, 27, 28, 29, 30 et 31 de la présente loi sont applicables au fonctionnaire dont la pension est liquidée conformément à la loi du 22 août 1790 et au décret du 13 septembre 1806.

Cet article et le précédent n'ont pas besoin de commentaire. On remarquera que parmi les articles applicables aux pensions qui continueront à être liquidées d'après la loi du 22 août 1790 et le décret du 13 septembre 1806 ne se trouve pas l'article 20. En conséquence, ces pensions peuvent toujours être concédées, alors même qu'il n'y aurait pas d'extinctions réalisées sur les pensions inscrites. Cette disposition a sans doute paru nécessaire pour laisser au Gouvernement toute sa liberté d'action à l'égard des fonctionnaires énumérés dans l'article 32.

Art. 35. Un règlement d'administration publique déterminera,

1° La portion des rétributions diverses qui peut être affranchie de la retenue mentionnée au paragraphe 1° de l'article 3 ;

2° La fixation des retenues mentionnées au paragraphe 3° du même article et des prélèvements autorisés sur les amendes et confiscations en matière de douanes, de contributions indirectes et de postes ;

3° Les formes à suivre pour déclarer l'incapacité du fonctionnaire dans le cas prévu par le dernier paragraphe de l'article 5 ;

4° Les formes et les délais dans lesquels seront justifiées les causes, la nature et les suites des blessures ou infirmités pouvant donner droit à pension ;

5° Le mode de constatation des circonstances de nature à ouvrir des droits aux veuves dans les cas prévus par les paragraphes 1° et 2° de l'article 14 ;

6° Les formes suivant lesquelles le fonctionnaire pourra être privé de sa pension dans les cas prévus par l'article 27 ;

Et 7°, celles suivant lesquelles aura lieu, entre les divers départements ministériels, la répartition du crédit alloué chaque année pour le service des pensions.

Ce règlement déterminera en outre les autres mesures propres à assurer l'exécution de la présente loi.

Le règlement d'administration publique, dont il est question dans cet article, porte la date du 9 novembre 1853. On le donne ici à la suite de la loi.

Art. 36. Sont abrogés : la loi du 15 germinal an 11, l'arrêté du 15 floréal an 11, le premier paragraphe de l'article 27 de la loi du 25 mars 1817, le premier paragraphe de l'article 13 de la loi du 15 mai 1818, et l'article 31 de la loi du 19 mai 1849, ainsi que les dispositions des lois, décrets, ordonnances ou règlements qui seraient contraires à la présente loi.

Nous avons déjà rapporté dans le commentaire de l'article 28 les dispositions des lois de finances de 1817 et de 1818. Quant aux autres dispositions abrogées par notre article, et dont la connaissance est encore utile pour les questions transitoires, on les trouvera dans la seconde partie au chapitre des pensions sur fonds généraux.

N° 1.

*Tableau des caisses de retraite supprimées à partir
du 1er janvier 1854.*

(Annexe de l'article 1er de la loi du 9 juin 1853.)

DÉPARTEMENTS MINISTÉRIELS.	NOMBRE DE CAISSES de retr. supprimées	DÉSIGNATION DES CAISSES DE RETRAITE SUPPRIMÉES.
Minist. d'État.	1	Caisse de retraite des employés de la Légion d'honneur.
Justice......	1	— de la magistrature, des bureaux du ministère et du Conseil d'État.
Aff. étrangèr.	1	— du ministère des affaires étrangères.
Instruction publique et cultes.	3	— des fonctionnaires et professeurs de l'université et des employés des bureaux du ministère.
		— des fonctionnaires et des principaux et régents des colléges communaux.
Intérieur, agriculture et commerce, et police générale.	7	— des employés des bureaux des cultes.
		— des employés des ministères de l'intérieur, de l'agriculture et du commerce, et de la police générale.
		— des professeurs et employés du Conservatoire impérial de musique.
		— des employés du service des prisons.
		— des employés des haras, dépôts d'étalons et écoles vétérinaires.
		— des vérificateurs et employés du service des poids et mesures.
		— des professeurs et employés des écoles d'arts et métiers.
		— des agents de l'intendance sanitaire de Marseille.
Travaux publ.	1	— des fonctionnaires et employés des ponts et chaussées et des mines.
Guerre..	5	— des employés des bureaux du ministère de la guerre et des commis entretenus pour le service des bureaux de l'intendance militaire.
		— des écoles militaires.
		— des poudres et salpêtres.
		— des écoles d'artillerie et du génie et des contrôleurs et réviseurs d'armes.
		— de l'École polytechnique.
A REPORTER	19	

DÉPARTEMENTS MINISTÉRIELS.	NOMBRE DE CAISSES de retr. supprimées	DÉSIGNATION DES CAISSES DE RETRAITE SUPPRIMÉES.
REPORT...	19	
Ministères d'État et de la maison de l'Empereur et des finances.	6	Caisse générale des pensions de retraite des fonctionnaires et employés des ministères d'État et de la maison de l'Empereur et des finances. (*Ordonnance du 12 janvier 1825 et décrets des 24 novembre et 31 décembre 1852.*) Caisse de retraite des greffe et archives de la Cour des comptes. — des caisses d'amortissement et des dépôts et consignations. — des courriers des postes. — des employés de l'ancienne chambre des pairs.
TOTAL..	25	

N° 2.

Tableau des emplois du service actif.
(Annexe de l'article 5 de la loi du 9 juin 1853.)

DOUANES.	CONTRIBUTIONS INDIRECTES ET TABACS.	FORÊTS DE L'ÉTAT et de la couronne.	POSTES.
Capitaines de brigade.	SERVICE GÉNÉRAL. Inspecteurs.	Gardes généraux adjoints.	Courriers et postulants courriers.
Lieutenants d'embarcation.	Sous-inspecteurs.		Facteurs de ville.
Lieutenants de 1re classe.	Contrôleurs de ville	Gardes à cheval.	
Lieutenants de 2e classe.	Contrôleurs recev. à cheval et à pied.	Brigadiers.	Brigadiers et sous-brigadiers facteurs ruraux.
Lieutenants de 3e classe.	Receveurs ambulants à cheval et à pied.	Gardes à pied.	Facteurs ruraux.

DOUANES.	CONTRIBUTIONS INDIRECTES ET TABACS.	FORÊTS DE L'ÉTAT et de la couronne.	POSTES.
Brigadiers à cheval et à pied.	Commis adjoints à cheval et à pied.	Gardes forestiers cantonniers.	Facteurs locaux.
Sous - brigadiers à cheval et à pied.	Commis aux exercices.		Chargeurs de malles.
Cavaliers et préposés d'ordonnance.	NAVIGATION. Commis adjoints à pied.		
Préposés.	Commis à pied.		
Patrons et sous-patrons.	GARANTIE. Contrôleurs.		
Matelots.	Sous-contrôleurs.		
Mousses.	Commis aux exercices.		
Préposés gardes - magasins.	CULTURE DES TABACS. Inspecteurs.		
Préposés concierges	Sous-inspecteurs.		
Préposés embal - leurs.	Contrôleurs. Commis.		
Préposés peseurs et plombeurs.	OCTROIS. Préposés en chef.		

Ce tableau est limitatif, et aucune modification n'y peut être faite qu'en vertu d'une loi. (*V.* l'article 5.)

Dans la discussion au Corps législatif, M. Monier de la Sizeranne a demandé si les employés des bureaux de poste ambulants établis sur les chemins de fer ne seraient pas considérés comme faisant un service actif. Voici en quels termes le commissaire du Gouvernement s'est expliqué sur cette question (1):

(1) Séance du 14 mai 1853, *Moniteur* des 16 et 17 mai.

« L'admission dans la catégorie du service actif a été réclamée par un grand nombre d'employés, et toutes ces demandes ont dû être écartées. Le principe du service actif ne repose pas seulement sur la donnée d'une activité plus ou moins grande, mais sur celle d'un service de jour et de nuit qui expose à des fatigues, à des maladies, à des dangers ceux qui en sont chargés. Les employés auxquels on vient de faire allusion ont sollicité depuis longtemps, mais toujours en vain, la faveur d'être compris dans le service actif. En effet, leur assimilation aux courriers manque d'exactitude. Leur service est moins fatigant. Il a lieu dans l'intérieur d'un wagon et ne les expose à aucun péril. Il importe de conserver au service actif les conditions et les limites qui lui ont été judicieusement assignées. Etendre ces limites ce serait aggraver d'une manière notable les charges du Trésor. »

N° 3.

Tableau des maximum des pensions.

(Annexe de l'article 7 de la loi du 9 juin 1853.)

DÉSIGNATION des FONCTIONS, GRADES ET QUOTITÉS DES TRAITEMENTS.	MAXIMUM DES PENSIONS.
1re SECTION.	
Agents diplomatiques et consulaires.	
	fr.
Ambassadeurs...................................	12,000
Ministres plénipotentiaires de 1re classe.............	10,000
Ministres plénipotentiaires de 2e classe, et directeurs des travaux politiques.................................	8,000
Chargés d'affaires en titre........................	6,000
Premiers secrétaires d'ambassade ou de légation de 1re classe et sous-directeurs des travaux politiques...	5,000
Tous autres secrétaires d'ambassade ou de légation....	4,000
Consuls généraux................................	6,000
Consuls de 1re classe.............................	5,000
Consuls de 2e classe.............................	4,000
Premier drogman et secrétaire interprète à Constantinople...................................	5,000

DÉSIGNATION des FONCTIONS, GRADES ET QUOTITÉS DES TRAITEMENTS.	MAXIMUM DES PENSIONS.
	fr.
Second drogman à la même résidence et premiers drogmans des consulats généraux..........................	3,000
Tous autres drogmans, chanceliers d'ambassade et de légation.................................	2,400
Chanceliers des consulats généraux....................	2,400
Agents consulaires (vice-consuls), Français de nation et rétribués directement sur le trésor, au moyen d'une allocation ordonnancée en leur nom..................	2,000
Chanceliers de consulat..........................	1,800
2ᵉ SECTION.	
Magistrats de l'ordre judiciaire et de la Cour des comptes, fonctionnaires de l'enseignement et ingénieurs des ponts et chaussées et des mines.	2/3 du traitement moyen, sans pouvoir dépasser 6,000 francs.
3ᵉ SECTION.	
Fonctionnaires et employés des administrations centrales et du service intérieur des différents ministères. Agents et préposés de toutes classes autres que ceux compris dans les deux sections ci-dessus.	
Traitements.... de 1,000 fr. et au-dessous.........	750 fr.
de 1,001 à 2,400.................	2/3 du traitement moyen, sans pouvoir descendre au-dessous de 750 fr.
de 2,401 à 3,200.................	1,600
de 3,201 à 8,000.................	1/2 du traitement moyen.
de 8,001 à 9,000.................	4,000
de 9,001 à 10,500................	4,500
de 10,501 à 12,000...............	5,000
au-dessus de 12,000..............	6,000
FONCTIONNAIRES ET AGENTS A SALAIRES ET REMISES.	
Conservateurs des hypothèques et receveurs de l'enregistrement et du timbre de 1ʳᵉ classe..............	3,000
Conservateurs des hypothèques et receveurs de l'enregistrement et du timbre de 2ᵉ classe..............	2,000
Courriers et postulants courriers des postes............	1,200

L'exposé de motifs du projet de loi contient sur les maximum une note qui a paru devoir être reproduite ici comme formant le commentaire naturel du Tableau n° 3. (V. *Exposé de motifs,* Annexe n° 4.)

« La loi de 1790 a fixé un maximum général de
« 10,000 francs, que les lois subséquentes ont abaissé à
« 6,000 francs, sauf le bénéfice du cinquième en sus
« accordé par la loi de 1831 aux pensions militaires, qui
« peuvent ainsi atteindre au maximum de 7,200 francs.
« Le maximum de 6,000 francs déterminé pour les pen-
« sions à titre gratuit a été adopté aussi pour les pen-
« sions à titre onéreux. Mais ce n'était là qu'une limite
« supérieure, et il restait à régler les maximum spéciaux
« applicables aux positions intermédiaires et aux emplois
« inférieurs. La loi militaire a pris le grade pour base de
« cette délimitation. A raison de la variété infinie des em-
« plois dans l'ordre civil, on ne pouvait prendre d'autre base
« que le traitement. En principe, d'ailleurs, la rémunéra-
« tion est une : salaire pendant l'activité, pension après le
« service rendu. Il s'ensuit que, pour toutes les pensions et
« surtout pour les pensions à titre onéreux, la pension est
« la continuation du traitement. Il s'ensuit encore que les
« maximum spéciaux doivent être établis de manière à
« assurer, au temps du repos, une rémunération propor-
« tionnelle au traitement de l'activité. Toutefois on ne
« pouvait adopter une proportion invariable entre la pen-
« sion et le traitement, sans tomber dans l'inconvénient
« grave de donner des pensions trop élevées aux positions
« supérieures, et de n'en accorder que d'insuffisantes
« aux emplois faiblement rétribués. Dans l'intérêt même
« du service, on devait, en outre, tenir compte de la na-
« ture de certaines fonctions et de la modicité relative de
« leur rétribution, eu égard aux obligations qu'elles im-
« posent et à la situation sociale qu'elles créent. Le Ta-
« bleau n° 3 a été formé dans l'intention de ménager ces
« intérêts si complexes. Il établit, dans la troisième sec-
« tion, les maximum de droit commun qui abaissent la
« proportion relative de la pension à raison de l'élévation
« même du traitement. Il consacre, dans les deux pre-
« mières sections, les exceptions reconnues indispen-
« sables pour certaines catégories de fonctionnaires à
« part. »

8.

Voici en quels termes la note justifie ces exceptions :

« Agents diplomatiques et consulaires.

« Les ambassadeurs, les ministres plénipotentiaires, les
« consuls, les chanceliers et les drogmans, classés dans
« la première section, sont voués à un service extérieur
« qui les condamne à une expatriation constante. Repré-
« sentants de la France à l'étranger, ils sont obligés à
« avoir une tenue de maison considérable, et les émolu-
« ments assez élevés qu'ils reçoivent leur suffisent à
« peine pour soutenir la dignité de leur position. Dans
« toutes les autres carrières administratives, la retraite est
« en rapport avec le traitement d'activité, et elle en re-
« présente généralement la moitié. Dans les emplois in-
« férieurs, la proportion relative est même des deux tiers,
« et va parfois jusqu'aux trois quarts. Pour les ambassa-
« deurs et les ministres plénipotentiaires, qui sont les
« seuls fonctionnaires dont la pension puisse dépasser le
« maximum général de 6,000 francs, la fixation supé-
« rieure de leur maximum présente encore une dispro-
« portion énorme entre la retraite et le traitement, et l'on
« ne peut rien voir d'exagéré dans la disposition qui ra-
« mènera à une pension de 12,000 francs le fonctionnaire
« qui a touché 200,000 francs comme ambassadeur à
« Londres, ou 150,000 francs comme ambassadeur à
« Saint-Pétersbourg. La concession faite aux agents di-
« plomatiques des rangs supérieurs ne peut d'ailleurs
« avoir aucune conséquence onéreuse pour le Trésor,
« puisque le cadre d'activité de ces fonctionnaires ne se
« compose que de 30 personnes. Quant aux consuls, aux
« chanceliers et aux drogmans, les maximum de quotité
« fixe qui leur sont attribués ont particulièrement pour
« objet de maintenir, même au temps de la retraite, la
« hiérarchie des emplois ; mais ils ne dépassent pas, eu
« égard au traitement d'activité, la proportion des pen-
« sions concédées aux fonctionnaires de tout ordre. Ces
« maximum ne sont que la reproduction de ceux que con-
« fère aux mêmes agents l'ordonnance réglementaire en
« vigueur du 19 novembre 1823, et les conséquences ne
« sont pas à redouter au point de vue financier, puisque
« le nombre des fonctionnaires qui sont aptes à en invo-
« quer le bénéfice, n'est que de 330 environ. »

« *Magistrats de l'ordre judiciaire.*

« On entre généralement fort tard dans la magistrature,
« et l'on n'y est admis qu'après des études longues et
« dispendieuses qui entament souvent le patrimoine de
« ceux qui embrassent cette carrière. L'avancement y est
« lent, et les émoluments très-modiques. Les magistrats
« ne peuvent réussir à se constituer une pension en rap-
« port avec leurs besoins, qu'en prolongeant leur activité
« pour jouir des bénéfices de liquidation attachés aux
« années de services rendus par delà 30 ans. Pour
« la bonne administration de la justice, ces bénéfices
« offrent un double avantage : ils déterminent les magis-
« trats à prolonger leur carrière au delà de 30 ans dans
« l'âge de la maturité et de l'expérience, et, d'un autre
« côté, ils les engagent à renoncer à leurs fonctions dans
« l'âge des infirmités, alors que, leur maximum étant
« atteint, ils pourraient néanmoins, bien que hors d'état
« de participer aux travaux de leur tribunal, conserver
« leur siége jusqu'à la limite d'âge posée par le décret du
« 1er mars 1852. Les magistrats sont nombreux (6,300
« environ); cependant la dépense de leurs pensions sera
« toujours relativement moindre que dans les autres ser-
« vices, parce qu'ils ne prennent en général leur retraite
« que fort tard ; d'où il suit que les pensions annuelle-
« ment concédées sont moins nombreuses et leur durée
« de jouissance plus courte.....»

« *Magistrats de la Cour des comptes.*

« Les considérations qui précèdent s'appliquent, sous
« tous les rapports, aux magistrats de la Cour des comp-
« tes, au nombre de 95. On doit même ajouter, en faveur
« de ceux-ci, qu'ils obtiennent aujourd'hui, *à titre gratuit*
« des pensions qui peuvent s'élever, d'après le décret de
« 1806, aux deux tiers de leurs émoluments, et que la
« moindre chose que puisse faire pour eux la loi nouvelle,
« en les assujettissant à la retenue, c'est de leur conserver
« le maximum qu'ils peuvent atteindre dans l'état actuel
« des choses sans subir aucun prélèvement sur leur
« traitement. »

« *Fonctionnaires de l'enseignement.*

« La législation depuis longtemps en vigueur dans le
« département de l'instruction publique permet aux
« fonctionnaires de l'enseignement d'obtenir une pension
« égale à leur traitement fixe après 38 ans d'exercice,
« maximum que la loi nouvelle réduit aux deux tiers. Il
« est vrai de dire que cette loi, en assujettissant à la re-
« tenue la partie variable des émoluments des professeurs,
« et en la faisant entrer dans la composition du traitement
« moyen, aura pour conséquence d'élever le taux de la
« pension des membres du corps enseignant. Mais cet
« accroissement sera acheté par l'augmentation propor-
« tionnelle du montant de la retenue. La difficulté des
« épreuves auxquelles sont assujettis les aspirants au
« professorat, les études incessantes auxquelles ils sont
« obligés de se livrer pour se tenir au courant des pro-
« grès de l'enseignement, les fatigues inhérentes à l'exer-
« cice de ces pénibles fonctions, veulent qu'on assure à
« ceux qui les ont exercées, une retraite honorable et qui
« puisse diriger vers cette carrière les intelligences d'élite
« et les esprits droits.

« Les fonctionnaires de l'enseignement, en ne compre-
« nant sous cette dénomination que les professeurs atta-
« chés à l'instruction supérieure et secondaire, ne se-
« raient qu'au nombre de 6,500 environ. Mais cette caté-
« gorie peut s'accroître des 43,000 instituteurs primaires
« qui doivent être compris dans le cercle d'action de la loi. »

« *Ingénieurs des ponts et chaussées et des mines.*

« Les ingénieurs des ponts et chaussées et des mines
« sont choisis parmi les sujets les plus distingués de
« l'Ecole polytechnique. Ceux de leurs condisciples qui
« embrassent la carrière militaire, y obtiennent, moyen-
« nant une retenue de 2 p. 0/0, une pension que la loi
« de 1831 élève souvent à une proportion très-supérieure
« aux deux tiers du traitement d'activité. Il serait con-
« traire à toute équité que des serviteurs de l'Etat, ayant
« traversé les épreuves du même noviciat, n'eussent pas,
« dans la carrière civile, au prix d'une retenue de 5 p. 0/0,
« une pension à peu près égale à celle qu'ils eussent
« pu obtenir dans la carrière militaire, au prix d'une

« retenue de 2 p. 0/0. Le maximum spécial fixé en
« faveur des ingénieurs ne s'applique d'ailleurs qu'à
« 800 fonctionnaires environ. »

« *Fonctionnaires de toutes classes, autres que ceux compris*
dans les deux catégories d'exception.

« La 3e section du tableau des maximum embrasse dans
« sa généralité tous les fonctionnaires qui ne sont pas
« l'objet des exceptions consacrées par la 1re et la 2e sec-
« tion. Les maximum de cette classe sont applicables à
« 97,000 employés des différents ministères et des diffé-
« rents services administratifs. L'échelle de ces maximum
« est empruntée, sauf quelques modifications sans im-
« portance, au règlement du 12 janvier 1825, sous le
« régime duquel sont aujourd'hui placés les 53,000 agents
« du département des finances qui sont assujettis à la
« retenue. La loi de la majorité devient ainsi celle de la
« minorité des autres ministères. Ces maximum sont
« combinés dans l'intention de favoriser les petits em-
« plois qui peuvent atteindre les trois quarts du traite-
« ment, et de faire porter les réductions sur les emplois
« de moyenne importance qui sont limités à la moitié,
« et sur les fonctions supérieures qui sont circonscrites
« dans une limite inférieure à la moitié. Au point de vue
« des résultats économiques, ces fixations assez rigou-
« reuses seront les dispositions les plus fructueuses de la
« loi. Dans les ministères autres que celui des finances,
« le taux des maximum est généralement des deux tiers.
« Il ne sera désormais que de la moitié dans les emplois
« de quelque valeur. C'est, conséquemment, une perte
« de 25 p. 0/0 qu'auront à subir les employés auxquels
« la durée de leurs services permettrait d'atteindre les
« maximum actuels. A cette perte déjà considérable vien-
« dra s'ajouter celle résultant du changement introduit
« dans le calcul de la moyenne du traitement, qui sera
« dorénavant établie sur les six dernières années d'exer-
« cice, au lieu de l'être sur trois années dans les mi-
« nistères autres que celui des finances, et sur quatre
« années dans ce dernier département. On voit par ce
« rapprochement que la sécurité que doit donner aux
« employés l'inscription directe de leur pension à la
« charge du Trésor public ne sera pas sans compensation. »

« *Conservateurs des hypothèques et receveurs de l'enregistre-*
ment et du timbre.

« Le Tableau n° 3 est clos par l'indication des maximum
« spéciaux aux conservateurs des hypothèques et aux
« receveurs de l'enregistrement et du timbre, et, dans
« un ordre inférieur d'emplois, aux courriers des postes.
« L'administration de l'enregistrement, en organisant,
« en l'an 4, sa caisse de retraite, avait senti la néces-
« sité d'imposer aux conservateurs et aux receveurs, ré-
« tribués par des émoluments variables, des maximum
« de pension fixes. En les soumettant au mode de rému-
« nération proportionnelle, on serait arrivé en effet, dans
« un grand nombre de cas, à fixer les pensions de ces
« classes de comptables à un taux beaucoup plus élevé
« que celles de leurs supérieurs dans l'ordre hiérarchi-
« que. Le taux fixe de ces maximum est donc, en prin-
« cipe, une bonne conception. Reprenant les fixations
« déterminées par les arrêtés des 4 brumaire an 4 et
« 5 thermidor an 5, l'ordonnance du 12 janvier 1825 a
« réglé ces maximum comme suit :

« Conservateurs des hypothèques des chefs-lieux de
« département............................. 2,000 fr.
    « Conservateurs des hypothèques des chefs-
« lieux d'arrondissement...................... 1,500
    « Receveurs de l'enregistrement des chefs-
« lieux de département....................... 2,000
    « Receveurs de l'enregistrement des chefs-
« lieux d'arrondissement et de canton....... 1,000

« Ces fixations sont depuis longtemps et avec raison
« critiquées. Elles ne sont en rapport ni avec le montant
« des salaires et des remises frappées de la retenue, ni
« avec la situation hiérarchique des comptables auxquels
« elles sont appliquées. D'un autre côté, la distinction
« établie entre les agents des chefs-lieux de département
« et ceux des chefs-lieux d'arrondissement ne représente
« plus, par suite du déplacement qui s'est opéré dans les
« centres d'affaires et d'industrie, la supériorité réelle
« des emplois de la première catégorie sur ceux de la
« seconde.
« Il est certain que le conservateur des hypothèques
« de Paris et ceux de quelques autres grandes villes,

« auxquels leurs salaires assurent une rétribution très-
« élevée, aux prix d'une grande responsabilité, ne sont
« pas suffisamment retraités, en ne recevant qu'une mo-
« dique pension de 2,000 francs. Il est non moins certain
« que tel de ces agents touche dans un chef-lieu d'arrondis-
« sement des émoluments bien plus considérables que tel
« autre dans un chef-lieu de département, et que le
« maximum actuel est, dans ce cas, en désaccord avec
« les principes qui veulent que la pension soit réglée à
« raison du traitement, c'est-à-dire dans la proportion
« des retenues versées.....

« Au lieu de classer les conservateurs et les rece-
« veurs d'après les localités où ils exercent, on les
« a classés exclusivement d'après l'importance des
« perceptions réalisées. Cette classification divise ces
« agents en deux catégories. Un tiers des emplois de con-
« servateur et de ceux de receveur est rangé dans la
« première classe, et les deux tiers restants, dans la se-
« conde. Un maximum de 3,000 fr. est attribué à la pre-
« mière classe; un maximum de 2,000 fr., à la seconde.
« Telle est la combinaison proposée au Tableau n° 3 an-
« nexé au projet de loi. Elle semble concilier les conve-
« nances du service, les intérêts du Trésor et ceux des
« deux classes d'agents auxquels elle s'applique. Elle serait
« d'ailleurs d'une exécution simple et facile, et plus con-
« forme que la fixation actuelle au principe qui veut que
« la rémunération soit proportionnée à la responsabilité
« qui s'attache aux fonctions et au montant des retenues
« versées.

« *Courriers des postes.*

« L'instruction générale sur le service des postes, qui
« contient le règlement des pensions des courriers, divi-
« sait les maximum attribués à ces agents en deux
« classes : 1,200 fr. pour les courriers de première sec-
« tion, c'est-à-dire pour ceux attachés aux routes dont
« le point de départ était Paris; 1,000 fr. pour les cour-
« riers de deuxième section, c'est-à-dire pour ceux atta-
« chés à des routes qui avaient tout autre point de départ.
« Cette distinction, qui n'a plus aucune raison d'être par
« suite des modifications profondes qu'a fait subir au
« service des malles l'extension des chemins de fer et de

« tous les moyens de locomotion, a été effacée par le
« décret présidentiel du 6 février 1849, qui a ramené
« tous les courriers au maximum commun de 1,200 fr.
« Le projet de loi ne propose aucune modification au
« taux de ce maximum, qui est réglé dans une sage pro-
« portion, eu égard à la classification hiérarchique des
« emplois de cette nature. Mais les courriers obtiennent
« l'avantage très-important de conserver ce même maxi-
« mum avec une retenue de 5 p. 0/0 au lieu d'une rete-
« nue de 20 p. 0/0. »

II. — DÉCRET DU 9 NOVEMBRE 1853,

PORTANT RÈGLEMENT D'ADMINISTRATION PUBLIQUE POUR
L'EXÉCUTION DE LA LOI DU 9 JUIN 1853, SUR LES
PENSIONS CIVILES.

TITRE Ier.—SUPPRESSION DES CAISSES DE RETRAITE ET INSCRIPTION
DES PENSIONS AU GRAND-LIVRE DE LA DETTE PUBLIQUE.

Art. 1er. A partir du 1er janvier 1854, la caisse des
dépôts et consignations cessera d'être chargée du service
des pensions imputées sur les caisses de retraite supprimées par l'article 1er de la loi du 9 juin 1853.

Elle continuera néanmoins, jusqu'au 1er mai 1854, à
effectuer le payement des arrérages et décomptes d'arrérages afférents à l'année 1853 et années antérieures, et
elle fera également recette des retenues portant sur lesdites années.

A partir du 1er mai 1854, les arrérages antérieurs au
1er janvier de ladite année seront, jusqu'au terme de
prescription, payés aux caisses du Trésor public par im-
putation sur le crédit spécial de dépense affecté chaque
année au service des pensions civiles. Les retenues arrié-
rées, dévolues aux caisses de retraite supprimées, ou
provenant de leur liquidation, seront portées au chapitre

spécial qui sera ouvert au budget des recettes de l'année courante sous le titre désigné à l'article 5.

La caisse des dépôts et consignations arrêtera, au 1er juillet 1854, la situation des caisses de retraite supprimées, et versera au Trésor leur solde en numéraire et leurs autres valeurs actives.

Les inscriptions de rentes appartenant à ces caisses seront annulées.

Un procès-verbal de clôture et de remise du service sera dressé contradictoirement entre un délégué du ministre des finances, le directeur général de la caisse des dépôts et consignations et un membre de la commission de surveillance placée près de cet établissement, désigné par elle à cet effet.

2. L'inscription au grand-livre de la dette publique des pensions existantes au 1er janvier 1854, à la charge des caisses de retraite supprimées, aura lieu d'après les états certifiés et transmis au ministre des finances par les ministres des divers départements. Ces états, conformes au modèle ci-annexé sous le nº 1, énonceront, pour chaque pension, la date, la nature et les motifs de l'acte qui l'aura constituée. Ils seront divisés en deux catégories :

1° Pensions liquidées et en cours de payement ;

2° Pensions liquidées, mais dont le payement sera suspendu pour cause de remplacement des titulaires, ou pour tout autre motif.

Des états dressés dans la même forme seront successivement transmis pour l'inscription des pensions en cours de liquidation au 1er janvier 1854.

3. Les titulaires des pensions de retraite inscrites au grand-livre de la dette publique, en exécution de l'article 2 de la loi du 9 juin 1853, recevront à l'échéance du premier trimestre 1854, en échange de l'ancien titre, un certificat d'inscription au Trésor, délivré par le ministère des finances.

4. Le payement de ces pensions aura lieu aux échéances des 1er janvier, 1er avril, 1er juillet et 1er octobre, et sera fait par les payeurs du Trésor, sur les justifications, dans les formes et sous les garanties déterminées pour les pensions inscrites sur les fonds généraux de l'Etat.

A partir du 1er janvier 1854,

Les pensions civiles concédées en vertu de la loi du 22 août 1790 et du décret du 13 septembre 1806

Les pensions ecclésiastiques,

Les pensions de veuves de militaires et les pensions de donataires cesseront d'être payées par semestre, et seront acquittées par trimestre aux échéances susindiquées.

Il en sera de même des pensions des douanes précédemment payées par mois par les receveurs principaux de cette administration.

TITRE II. — PERCEPTION DES RETENUES.

5. Les traitements ou allocations passibles de retenues, qui sont acquittés par les comptables du Trésor, sont portés pour le brut dans les ordonnances et mandats, et il y est fait mention spéciale des retenues à exercer pour pension.

Les comptables chargés du payement de ces ordonnances ou mandats les imputent en dépense pour leur montant intégral, et ils constatent en recette les retenues opérées au crédit du budget de chaque exercice et à un compte distinct intitulé : *Retenues sur traitements pour le service des pensions civiles.*

6. Les traitements des fonctionnaires des services qui ont une comptabilité spéciale, tels que l'administration de la dotation de la couronne, la Légion d'honneur, les chancelleries consulaires, les caisses d'amortissement et des dépôts et consignations ou autres, sont portés pour le brut dans des mandats délivrés sur les caisses particulières chargées de l'acquittement des dépenses de ces services, et il y est fait mention spéciale des retenues à exercer.

Les décomptes et retenues sont établis sur les états mensuels de traitements. Un bordereau récapitulatif de ces retenues, visé par l'ordonnateur, est remis par lui, comme titre de perception, au receveur des finances, à qui il en fait en même temps verser le montant. Un duplicata de ce bordereau récapitulatif est adressé, par l'ordonnateur de chaque service, au ministre des finances.

Les règles établies par le présent article, en ce qui concerne les bordereaux fournis par les ordonnateurs, comme titre de perception, ne sont pas applicables aux retenues sur les émoluments des receveurs de communes et d'établissements de bienfaisance, lesquelles doivent être soumises aux dispositions spéciales de l'article 20.

7. Les retenues afférentes aux traitements tant fixes qu'éventuels des fonctionnaires des lycées sont précomptées chaque mois ou chaque trimestre, à l'instant du payement, par l'économe, et par lui versées à la caisse du receveur des finances.

A l'appui de chaque versement, et comme titre de perception, l'économe fournit au receveur une expédition des états de traitements certifiée par le proviseur et visée par le recteur.

8. Les retenues à exercer sur les traitements des fonctionnaires des écoles secondaires de médecine et de pharmacie, et des colléges communaux en régie, au compte des villes, sont précomptées de la même manière par le receveur municipal et par lui versées dans la caisse du receveur des finances, auquel il remet, comme titre de perception, une expédition des états de traitements certifiée par le directeur de l'école ou par le principal, et visée par le recteur.

9. A l'égard des colléges communaux où le pensionnat est au compte des principaux, le montant des retenues est précompté par le receveur municipal sur les différents termes de la subvention allouée par la ville à l'établissement. A cet effet, le principal remet au receveur, chaque mois ou chaque trimestre, selon que les traitements sont acquittés mensuellement ou trimestriellement, un état des traitements dressé en double expédition, certifié par lui et visé par le recteur. Le traitement attribué au principal, pour le décompte de la retenue qu'il doit subir, sera calculé sur le traitement du régent le mieux rétribué, augmenté d'un quart.

Une des deux expéditions est produite par le receveur municipal au receveur des finances pour justifier le versement des retenues.

Dans les colléges auxquels la ville n'alloue pas de subvention, les retenues sont précomptées par le principal et versées directement par lui dans la caisse du receveur des finances, à qui il remet une expédition de l'état des traitements, certifiée comme il a été dit ci-dessus.

10. Les retenues acquises au Trésor sur le traitement des instituteurs communaux, quelle que soit l'origine des rétributions dont ce traitement se compose, sont prélevées par le receveur municipal lors du payement, lequel a lieu sur la production de mandats délivrés par le maire et

indiquant le montant brut des rétributions, les retenues à exercer et le net à payer.

Lorsque l'instituteur est autorisé à percevoir lui-même la rétribution scolaire, conformément au deuxième paragraphe de l'article 41 de la loi du 15 mars 1850, il remet le vingtième de cette rétribution au receveur municipal, qui le verse, avec les autres retenues acquises au Trésor, dans la caisse du receveur des finances.

A l'appui des versements effectués, le receveur municipal produit des copies des mandats de payement, et, en outre, lorsque la rétribution scolaire a été perçue par l'instituteur, une copie du rôle de rétribution.

11. Indépendamment des pièces mentionnées à l'article précédent, le receveur municipal adresse tous les trois mois au receveur des finances, pour être transmis au sous-préfet, un bordereau récapitulatif des sommes recouvrées dans le cours du trimestre, pour traitement de l'instituteur, et des retenues dont elles ont été frappées au profit du Trésor.

Le sous-préfet, après avoir, de concert avec l'inspecteur des écoles primaires, opéré le rapprochement de l'état des mutations du personnel avec les bordereaux remis par le receveur des finances, arrête et transmet au préfet, en double expédition, un tableau général des traitements et rétributions de toute nature afférents aux instituteurs communaux de l'arrondissement, et des retenues qui ont été exercées sur ces traitements et rétributions pendant le trimestre écoulé.

Ce tableau est vérifié par le préfet, qui en adresse une expédition, visée de lui, au ministre de l'instruction publique et des cultes.

12. Tous les trois mois, le ministre de l'instruction publique fait parvenir au ministre des finances un état récapitulatif, par catégorie de fonctionnaires, des retenues acquises au Trésor pour tous les services de l'instruction publique.

Cet état indique le total brut des traitements qui ont été payés, et le montant des retenues qui ont dû être précomptées par les payeurs ou versées dans les caisses des receveurs des finances.

En ce qui concerne les instituteurs communaux, cette production n'a lieu que tous les six mois. L'état est dressé par arrondissement.

13. Les fonctionnaires et employés rétribués sur d'autres fonds que ceux de l'État, qui ont néanmoins droit à pension conformément au dernier paragraphe de l'article 4 de la loi du 9 juin 1853, supportent la retenue sur l'intégralité de leurs rétributions.

Ceux qui sont placés en France et en Algérie doivent effectuer le versement de cette retenue, par trimestre et dans les premiers jours du trimestre qui suit le trimestre échu, à la caisse du receveur des finances; ils transmettent la déclaration de ce versement au ministre du département auquel ils ressortissent. Ceux qui résident à l'étranger sont tenus de faire acquitter, pour leur compte, les retenues qui les concernent, et de faire faire en même temps la déclaration ci-dessus prescrite : ils sont autorisés à faire un seul versement par année.

Les ministres transmettent, chaque trimestre, au ministre des finances, des états nominatifs par département desdits fonctionnaires et employés; ces états, indiquant le traitement applicable à chaque agent et la retenue à exercer, sont transmis, comme titre de perception à recouvrer, aux receveurs des finances.

14. Pour les services tels que celui des haras, dans lesquels les traitements et salaires sont, comme les autres dépenses, payés par les comptables à titre d'avance et sauf justification ultérieure, l'ordonnancement des retenues a lieu tous les trois mois, au profit du Trésor, par l'administration centrale.

La vérification et la liquidation définitive des décomptes de retenues perçues sur les agents des chancelleries diplomatiques et consulaires sont faites par le ministère des affaires étrangères, lors du règlement des comptes desdites chancelleries.

15. Le compte général des retenues exercées pour le service des pensions civiles, établi par ministères et administrations, est annexé au compte définitif des recettes publié par le ministre des finances pour chaque exercice.

16. Les fonctionnaires et employés ne peuvent obtenir, chaque année, un congé ou une autorisation d'absence de plus de quinze jours sans subir une retenue. Toutefois un congé d'un mois sans retenue peut être accordé à ceux qui n'ont joui d'aucun congé et d'aucune autorisation d'absence pendant trois années consécutives.

Pour les congés de moins de trois mois, la retenue est

de la moitié au moins et des deux tiers au plus du traitement.

Après trois mois de congé consécutifs ou non, dans la même année, l'intégralité du traitement est retenue, et le temps excédant les trois mois n'est pas compté comme service effectif pour la pension de retraite.

Si, pendant l'absence de l'employé, il y a lieu de pourvoir à des frais d'intérim, le montant en sera précompté, jusqu'à due concurrence, sur la retenue qu'il doit subir.

La durée du congé, avec retenue de la moitié au moins et des deux tiers au plus du traitement, peut être portée à quatre mois pour les fonctionnaires et employés exerçant hors de France, mais en Europe ou en Algérie, et à six mois, pour ceux qui sont attachés au service colonial ou aux services diplomatique et consulaire hors d'Europe.

Sont affranchies de toute retenue les absences ayant pour cause l'accomplissement d'un des devoirs imposés par la loi.

En cas d'absence pour cause de maladie dûment constatée, le fonctionnaire ou l'employé peut être autorisé à conserver l'intégralité de son traitement pendant un temps qui ne peut excéder trois mois. Pendant les trois mois suivants, il peut obtenir un congé avec la retenue de la moitié au moins et des deux tiers au plus du traitement.

Si la maladie est déterminée par l'une des causes exceptionnelles prévues aux premier et deuxième paragraphes de l'article 11 de la loi du 9 juin 1853, le fonctionnaire peut conserver l'intégralité de son traitement jusqu'à son rétablissement ou jusqu'à sa mise à la retraite.

Les membres des cours et tribunaux qui n'ont pas joui des vacances peuvent obtenir, en une ou plusieurs fois dans l'année, un congé d'un mois sans retenue.

Ce congé pourra être de deux mois pour les magistrats composant la chambre criminelle de la Cour de cassation.

Il n'est dérogé par le présent article ni aux dispositions des articles 18 et 17 des décrets des 13 octobre et 24 décembre 1851, concernant la mise en disponibilité, pour défaut d'emploi, des ingénieurs des ponts et chaussées et des ingénieurs des mines (1), ni aux règles spéciales con-

____

(1) *Décret du 13 octobre 1851, portant règlement sur le service des ponts et chaussées :*

Art. 18, § 1er : La disponibilité est prononcée d'office par le

cernant la mise en inactivité des agents extérieurs du département des affaires étrangères et des fonctionnaires de l'enseignement.

17. Le fonctionnaire ou l'employé qui s'est absenté ou qui a dépassé la durée de ses vacances ou de son congé, sans autorisation, peut être privé de son traitement pendant un temps double de celui de son absence irrégulière.

Une retenue qui ne peut excéder deux mois de traitement peut être infligée, par mesure disciplinaire, dans le cas d'inconduite, de négligence ou de manquement au service.

Les dispositions du présent article ne sont applicables ni aux magistrats, qui restent soumis, quant aux peines disciplinaires, aux prescriptions des articles 50 et 56 de la loi du 20 avril 1810, 35 du décret du 28 septembre 1807, et 3 du décret du 19 mars 1852, ni aux membres du corps enseignant, qui restent soumis aux articles 33 de la loi du 15 mars 1850, et 3 du décret du 9 mars 1852 (1).

---

ministre ; elle comprend les ingénieurs mis en non-activité pour défaut d'emploi ou pour cause de maladie ou d'infirmités temporaires entraînant cessation de travail durant plus de trois mois.

§ 2 : L'ingénieur en disponibilité a droit à la moitié du traitement affecté à son grade, sans aucun accessoire. Il peut obtenir les deux tiers de ce traitement lorsque la disponibilité a pour cause le défaut d'emploi.

Il conserve ses droits à la retraite.

Décret du 24 *décembre* 1851, *portant règlement sur le service des mines,* art. 17 : Même disposition.

(1) *Loi du* 20 *avril* 1810 *sur l'organisation de l'ordre judiciaire,* art. 50 : Si l'avertissement reste sans effet, le juge sera soumis, par forme de discipline, à l'une des peines suivantes, savoir : la censure simple, la censure avec réprimande, la suspension provisoire. La censure avec réprimande emportera de droit privation de traitement pendant un mois; la suspension provisoire emportera privation de traitement pendant sa durée.

Art. 56 : Dans tous les cas, il sera rendu compte au grand-juge ministre de la justice, par les procureurs généraux, de la décision prise par les cours impériales, quand elles auront prononcé ou confirmé la censure avec réprimande, ou la suspension provisoire; la décision ne sera mise à exécution qu'après avoir été approuvée par le grand-juge. Néanmoins, en cas de suspension provisoire, le juge sera tenu de s'abstenir de ses fonctions, jusqu'à ce que le grand-juge ait prononcé, sans préjudice du droit que l'article 82 du sénatus-consulte du 16 thermidor an 10 donne au grand-juge

Il n'est pas dérogé par le présent article aux dispositions des articles 20 et 21 du décret du 13 octobre 1851, con-

---

de déférer le juge inculpé à la Cour de cassation, si la gravité des faits l'exige.

Décret du 28 septembre 1807, contenant organisation de la Cour des comptes, art. 35 : Le premier président pourra appeler ceux des référendaires qui ne rempliront pas leur devoir, et leur donner les avertissements nécessaires. Il pourra même, en cas de récidive, après avoir entendu le référendaire en présence des présidents et du procureur général, le censurer. Enfin si, par la gravité des circonstances, il y a lieu à la privation temporaire de traitement, ou à la suppression de fonctions, il en fera son rapport au ministre des finances.

Décret du 19 mars 1852, sur la mise à la retraite et la discipline des membres de la Cour des comptes, art. 5 : La Cour des comptes peut, d'office ou sur la réquisition du procureur général, prononcer contre ceux de ses membres qui auraient manqué aux devoirs de leur état ou compromis la dignité de leur caractère : 1° la censure; 2° la suspension des fonctions; 3° la déchéance.

Loi du 15 mars 1850, sur l'enseignement, art. 33 : Le recteur peut, suivant les cas, réprimander, suspendre avec ou sans privation totale ou partielle du traitement. pour un temps qui n'excédera pas six mois, ou révoquer l'instituteur communal. — L'instituteur révoqué est incapable d'exercer la profession d'instituteur, soit public, soit libre, dans la même commune.—Le conseil académique peut, après l'avoir entendu ou dûment appelé, frapper l'instituteur communal d'une interdiction absolue, sauf appel devant le conseil supérieur de l'instruction publique, dans le délai de dix jours à partir de la notification de la décision. Cet appel n'est pas suspensif.—En cas d'urgence, le maire peut suspendre provisoirement l'instituteur communal, à charge de rendre compte dans les deux jours au recteur.

Décret du 9 mars 1852, sur l'instruction publique, art. 3 : Le ministre, par délégation du président de la République, nomme et révoque les professeurs de l'Ecole nationale des chartes, les inspecteurs d'académie, les membres des conseils académiques qui procédaient précédemment de l'élection, les fonctionnaires et professeurs des écoles préparatoires de médecine et de pharmacie, les fonctionnaires et professeurs de l'enseignement secondaire public, les inspecteurs primaires, les employés des bibliothèques publiques, et, généralement, toutes les personnes attachées à des établissements d'instruction publique appartenant à l'Etat. — Il prononce directement et sans recours, contre les membres de l'enseignement secondaire public, la réprimande devant le conseil académique; la censure devant le conseil supérieur; la mutation;

cernant les ingénieurs des ponts et chaussées, ni à celles des articles 19 et 20 du décret du 24 décembre 1851, concernant les ingénieurs des mines (1).

18. La retenue prescrite par les deux articles précédents s'exerce sur les rétributions de toute nature constituant l'émolument personnel passible de la retenue de 5 p. 0/0 aux termes du paragraphe 2 de l'article 3 de la loi du 9 juin 1853.

19. Les agents politiques et consulaires supportent les retenues déterminées par l'article 3 de la loi du 9 juin 1853 sur l'intégralité des premiers vingt mille francs de leurs émoluments personnels, sur les quatre cinquièmes des seconds vingt mille francs, sur les trois cinquièmes des troisièmes vingt mille francs, sur les deux cinquièmes des quatrièmes vingt mille francs, et enfin, sur le cinquième de tout ce qui excède quatre-vingt mille francs.

20. Les percepteurs des contributions directes qui sont en même temps receveurs municipaux et receveurs d'établissements de bienfaisance sont appelés au bénéfice de la loi du 9 juin 1853 pour l'ensemble de leur gestion, et soumis aux retenues prescrites par l'article 3 de ladite loi pour la totalité de leurs émoluments personnels payés, soit sur les fonds de l'Etat, soit sur ceux des communes.

Les liquidations établies sur les mandats de payement, en ce qui concerne les retenues sur les remises attribuées

---

la suspension des fonctions, avec ou sans privation totale ou partielle de traitement ; la révocation.—Il peut prononcer les mêmes peines contre les membres de l'enseignement supérieur, à l'exception de la révocation, qui est prononcée, sur sa proposition, par un décret du président de la République.

(1) *Décret du* 13 *octobre* 1851, *portant règlement sur le service des ponts et chaussées*, art. 20, § 1er : Le retrait d'emploi est prononcé par le ministre, comme mesure disciplinaire. — § 2 : L'ingénieur en retrait d'emploi ne reçoit aucun traitement, ou reçoit seulement les deux cinquièmes de son traitement d'activité, sans aucun accessoire ; ses droits à l'avancement sont suspendus ; il conserve ses droits à la retraite.

Art. 21 : Les droits à la retraite ne sont conservés aux ingénieurs en disponibilité, en congé illimité, ou en retrait d'emploi, qu'à la charge par eux de verser successivement les retenues imposées par les règlements au profit de la caisse des pensions, et calculées sur le montant intégral du traitement d'activité de leur grade.

Décret du 24 *décembre* 1851, *portant règlement sur le service des mines*, art. 19 et 20 : Mêmes dispositions.

aux percepteurs comme agents de l'Etat, constatent et justifient les recettes à effectuer à ce titre par les receveurs des finances.

Quant aux retenues sur les émoluments des mêmes agents, en qualité de receveurs de communes et d'établissements de bienfaisance, le receveur des finances de chaque arrondissement forme, tous les trois mois, au vu des liquidations individuelles, un décompte des sommes dues pour le trimestre et dont il fait opérer le versement. Des décomptes généraux sont établis en outre, pour l'exercice, par les soins des receveurs particuliers et du receveur général, et les résultats en sont soumis à la certification du préfet. Les décomptes trimestriels et d'exercice constituent les titres de perception.

21. Sont affranchies des retenues prescrites par l'article 3 de la loi du 9 juin 1853 les sommes payées à titre d'indemnité pour frais de représentation et de stations navales, de gratifications éventuelles, de salaires de travail extraordinaire, d'indemnités pour missions extraordinaires, d'indemnités de perte, de frais de voyage, d'abonnements et d'allocations pour frais de bureau, de régie, de table et de loyer, de supplément de traitement colonial et de remboursement de dépenses.

Sont considérées comme payées à titre de frais de voyages, les indemnités attribuées aux présidents d'assises, et comme payées à titre de frais de bureau, les indemnités attribuées aux procureurs impériaux des chefs-lieux de département et aux juges de paix de Paris pour traitements des secrétaires.

22. Pour les fonctionnaires et employés envoyés d'Europe dans l'Algérie ou dans les colonies, le traitement normal assujetti à la retenue est fixé, dans chaque grade, d'après le traitement de l'emploi correspondant ou qui lui est assimilé en France. Dans les emplois qui se divisent en plusieurs classes en France et qui ne sont pas soumis à cette classification dans les colonies, le traitement normal est réglé d'après celui de la première classe du grade en France. Le surplus constitue le supplément de traitement colonial, qui est exempt de la retenue.

23. Pour les fonctionnaires et employés qui sont rétribués par des remises et des salaires variables, la retenue du premier douzième des augmentations s'exerce en se reportant au dernier prélèvement subi par le titulaire, soit

à titre de premier mois de traitement, soit à titre de premier douzième d'augmentation, et la différence existant entre la moyenne du traitement frappé de la dernière retenue et celle des émoluments afférents au nouvel emploi constitue l'augmentation passible de la retenue du premier douzième.

24. Les prélèvements sur les amendes et confiscations en matière de douanes, de contributions indirectes et de postes, qui doivent être versés au Trésor au compte des pensions civiles, aux termes de l'article 35 de la loi du 9 juin 1853, sont exercés dans les proportions déterminées au tableau ci-annexé sous le n° 2.

25. Le fonctionnaire démissionnaire, révoqué ou destitué, s'il est réadmis dans un emploi assujetti à la retenue, subit de nouveau la retenue du premier mois de son traitement et celle du premier douzième des augmentations ultérieures.

Celui qui, par mesure disciplinaire ou par mutation volontaire d'emploi, est descendu à un traitement inférieur, subit la retenue du premier douzième des augmentations ultérieures.

Le fonctionnaire placé dans la situation indiquée par le dernier paragraphe de l'article 10 de la loi du 9 juin 1853 est assujetti à la retenue sur son traitement d'inactivité ; mais il ne subit pas la retenue du premier douzième lorsqu'il est rappelé à un emploi actif.

COMPOSITION DU TRAITEMENT MOYEN.

26. Pour déterminer la base de liquidation des pensions des conseillers référendaires de la Cour des comptes, on divise par leur nombre le fonds annuel qui leur est réparti à titre de préciput et de récompense de travaux.

La somme produite par cette division est réunie au traitement fixe, pour former le total des émoluments sur lesquels la pension est liquidée.

Le montant annuel des salaires payés aux courriers et postulants courriers des postes est divisé par leur nombre, et le produit de cette division forme le traitement moyen à prendre pour base du calcul de la pension des agents de cette classe.

A l'égard des principaux des colléges communaux qui administrent le pensionnat à leur compte, le traitement moyen est réglé sur le traitement du régent le mieux rétribué, surévalué d'un quart.

27. A l'égard des agents extérieurs du département des affaires étrangères et des fonctionnaires de l'enseignement qui sont admis à la retraite dans la position d'inactivité prévue par le quatrième paragraphe de l'article 10 de la loi du 9 juin 1853, le traitement moyen s'établit sur les six années de services qu'ils ont rendus, comme titulaires d'emploi, avant leur mise en inactivité.

28. Le traitement moyen des agents qui sont rétribués par des salaires ou remises variables sujettes à liquidation est établi sur les six années antérieures à celle dans le cours de laquelle cesse l'activité.

TITRE III. — JUSTIFICATION DU DROIT A PENSION, MODE DE LIQUIDATION.

29. L'admission du fonctionnaire à faire valoir ses droits à la retraite est prononcée par l'autorité qui, aux termes des règlements, a qualité pour prononcer sa révocation.

L'acte d'admission à la retraite spécifie les circonstances qui donnent ouverture au droit à la pension, et indique les articles de la loi applicables au fonctionnaire.

30. Lorsque l'admission à la retraite a lieu avant l'accomplissement de la condition d'âge imposée par l'article 5 de la loi du 9 juin 1853, cette admission est prononcée dans les formes suivantes :

Si l'impossibilité d'être maintenu en activité résulte pour le fonctionnaire d'un état d'invalidité morale inappréciable pour les hommes de l'art, sa situation est constatée par un rapport de ses supérieurs dans l'ordre hiérarchique.

Si l'incapacité de servir est le résultat de l'invalidité physique du fonctionnaire, l'acte prononçant son admission à la retraite doit être appuyé, indépendamment des justifications ci-dessus spécifiées, d'un certificat des médecins qui lui ont donné leurs soins et d'une attestation d'un médecin désigné par l'administration et assermenté, qui déclare que le fonctionnaire est hors d'état de continuer utilement l'exercice de son emploi.

31. Le fonctionnaire admis à la retraite doit produire, indépendamment de son acte de naissance et d'une déclaration de domicile,

1° Pour la justification des services civils :

Un extrait dûment certifié des registres et sommiers de l'administration ou du ministère auquel il a appartenu, énonçant ses nom et prénoms, sa qualité, la date et le lieu de sa naissance, la date de son entrée dans l'emploi avec traitement, la série de ses grades et services, l'époque et les motifs de leur cessation et le montant du traitement dont il a joui pendant chacune des six dernières années de son activité.

Cet extrait est dressé dans la forme du modèle ci-annexé sous le n° 3.

Lorsqu'il n'aura pas existé de registres, ou que tous les services administratifs ne se trouveront pas inscrits sur les registres existants, il y sera suppléé, soit par un certificat du chef ou des chefs compétents des administrations où l'employé aura servi, relatant les indications ci-dessus énoncées, soit par un extrait des comptes et états d'émargement certifié par le greffier de la Cour des comptes.

Les services civils rendus hors d'Europe sont constatés par un certificat distinct délivré par le ministre compétent. Ce certificat, conforme au modèle ci-annexé sous le n° 4, énonce, pour chaque mutation d'emploi, le traitement normal du grade et le supplément accordé à titre de traitement colonial.

A défaut de ces justifications, et lorsque, pour cause de destruction des archives dont on aurait pu les extraire, ou du décès des fonctionnaires supérieurs, l'impossibilité de les produire aura été prouvée, les services pourront être constatés par acte de notoriété.

2° Pour la justification des services militaires de terre et de mer :

Un certificat directement émané du ministère de la guerre ou de celui de la marine.

Les actes de notoriété, les congés de réforme et les actes de licenciement ne sont pas admis pour la justification des services militaires. Lorsque des actes de cette nature sont produits, ils sont renvoyés au ministère de la guerre ou à celui de la marine, qui les remplace, s'il y a lieu, par un certificat authentique.

Les services des employés de préfecture et de sous-préfecture sont justifiés par un certificat du préfet ou du sous-préfet, constatant que le titulaire a été rétribué sur des fonds d'abonnement, et ce certificat doit être visé par le ministre de l'intérieur.

32. Les veuves prétendant à pension fournissent, indé-

pendamment des pièces que leur mari aurait été tenu de produire :

1° Leur acte de naissance ;

2° L'acte de décès de l'employé ou du pensionnaire ;

3° L'acte de célébration du mariage ;

4° Un certificat de non-séparation de corps, et, si le mariage est antérieur à la loi du 8 mai 1816, un certificat de non-divorce ;

5° Dans le cas où il y aurait eu séparation de corps, la veuve doit justifier que cette séparation a été prononcée sur sa demande.

Les orphelins prétendant à pension fournissent, indépendamment des pièces que leur père aurait été tenu de produire :

1° Leur acte de naissance ;

2° L'acte de décès de leur père ;

3° L'acte de célébration de mariage de leurs père et mère ;

4° Une expédition ou un extrait de l'acte de tutelle ;

5° En cas de prédécès de la mère, son acte de décès.

En cas de séparation de corps, expédition du jugement qui a prononcé la séparation, ou un certificat du greffier du tribunal qui a rendu le jugement ;

En cas de second mariage, acte de célébration.

Les veuves ou orphelins prétendant à pension produisent le brevet délivré à leur mari ou père, lorsqu'il est décédé en jouissance de pension, ou une déclaration constatant la perte de ce titre.

33. Si le fonctionnaire a été justiciable direct de la Cour des comptes, soit en deniers, soit en matières, il doit produire un certificat de la comptabilité générale des finances ou du ministère compétent, constatant, sauf justification ultérieure du quitus de la Cour des comptes, que la vérification provisoire de sa gestion ne révèle aucun débet à sa charge.

Si le prétendant à pension n'est pas justiciable direct de la Cour des comptes, sa situation en fin de gestion est constatée par un certificat du comptable supérieur duquel il relève.

34. Les enfants orphelins des fonctionnaires décédés pensionnaires ne peuvent obtenir des secours à titre de réversion qu'autant que le mariage dont ils sont issus a précédé la mise à la retraite de leur père.

35. Dans les cas spécifiés aux paragraphes 1er et 2 de l'article 11, 1er et 2 de l'article 14 de la loi du 9 juin 1853, l'événement donnant ouverture au droit à pension doit être constaté par un procès-verbal en due forme dressé sur les lieux et au moment où il est survenu. A défaut de procès-verbal, cette constatation peut s'établir par un acte de notoriété rédigé sur la déclaration des témoins de l'événement ou des personnes qui ont été à même d'en connaître et d'en apprécier les conséquences. Cet acte doit être corroboré par les attestations conformes de l'autorité municipale et des supérieurs immédiats du fonctionnaire.

Dans le cas d'infirmités prévu par le troisième paragraphe de l'article 11 de la loi du 9 juin, ces infirmités et leurs causes sont constatées par les médecins qui ont donné leurs soins au fonctionnaire et par un médecin désigné par l'administration et assermenté. Ces certificats doivent être corroborés par l'attestation de l'autorité municipale et celle des supérieurs immédiats du fonctionnaire.

36. Dans les cas exceptionnels prévus par les premier et deuxième paragraphes dudit article 11, il est tenu compte à l'employé de ses services militaires de terre et de mer, suivant le mode spécial de rémunération réglé par l'article 8 de la loi, indépendamment de la liquidation déterminée pour les services civils par les deux premiers paragraphes de l'article 12.

La liquidation s'établit, dans les mêmes cas, sur le traitement moyen, lorsqu'il est plus favorable à l'employé que le dernier traitement d'activité.

37. Les fonctionnaires et employés classés dans la partie active, qui, antérieurement à la loi du 9 juin 1853, ne subissaient pas de retenues et n'étaient pas placés sous le régime des loi et décret des 22 août 1790 et 13 septembre 1806, sont liquidés à raison de 1/100 du traitement moyen pour chaque année de services assujettis à la retenue dans la partie active, et le montant de la pension ainsi fixée est augmenté de 1/25 par chacune des années liquidées.

TITRE IV. — DISPOSITIONS D'ORDRE ET DE COMPTABILITÉ.

38. En exécution de l'article 20 de la loi du 9 juin 1853, le ministre des finances arrête chaque année, dans les

premiers jours de janvier, l'état des extinctions réalisées dans le cours de l'année précédente, et dont le montant sert de base pour la fixation du crédit d'inscription de l'année courante.

Un décret rendu sur le rapport du ministre des finances détermine :

1° La somme jusqu'à concurrence de laquelle ce crédit est employé ;

2° La portion afférente à chacun des départements ministériels.

39. Le compte à rendre annuellement, lors de la présentation de la loi du budget, en exécution de l'article 21 de la loi du 9 juin 1853, comprend par ministère, et avec la distinction des pensions d'employés, de veuves et d'orphelins :

1° L'emploi du crédit d'inscription qui a été déterminé conformément aux dispositions de l'article précédent;

2° La situation, par accroissement et décroissement, des pensions concédées et inscrites au 31 décembre de l'année expirée pour services terminés avant le 1er janvier 1854;

3° La situation, par accroissement et décroissement, des pensions concédées et inscrites à la même date pour services terminés postérieurement au 1er janvier 1854.

40. En exécution de l'article 24 de la loi du 9 juin 1853, le ministre compétent réunit les pièces justificatives du droit à pension, arrête la liquidation, et, après l'avoir communiquée au ministre des finances, la soumet, avec l'avis de ce ministre, à l'examen de la section des finances du Conseil d'Etat.

Sur l'avis de cette section, le ministre liquidateur prépare le décret de concession, qui doit être contro-signé par le ministre des finances.

41. Les décrets de concession, conformes au modèle ci-annexé sous le n° 5, mentionnent les nom, prénoms, grade, date et lieu de naissance du pensionnaire, la nature et la durée de ses services, la date des lois, décrets et ordonnances réglementaires en vertu desquels la pension a été liquidée, la quotité du traitement qui a servi de base à la liquidation, la part de rémunération afférente aux services militaires et celle afférente aux services civils, la limitation au maximum, la quotité de la pension, la date d'entrée en jouissance et le domicile de la partie. Ces décrets indiquent, en outre, la date de l'avis rendu par la

section des finances, et, s'il y a lieu, celle de l'avis du Conseil d'Etat.

Lorsque ces décrets sont collectifs, ils doivent être divisés en deux catégories, comprenant distinctement les pensions pour services terminés avant le 1er janvier 1854, et celles concédées pour services terminés postérieurement à cette date.

42. La date de la présentation de la demande en liquidation est constatée par son inscription sur un registre spécial tenu dans chaque ministère. Un bulletin de cette inscription est délivré à la partie intéressée.

43. Lorsqu'un fonctionnaire dont la pension est liquidée ou inscrite se trouve dans l'un des cas prévus par les deux derniers paragraphes de l'article 27 de la loi du 9 juin 1853, sa perte du droit à la pension est prononcée par un décret rendu sur la proposition du ministre des finances, après avoir pris l'avis du ministre liquidateur et après avoir consulté la section des finances du Conseil d'Etat.

44. Lorsqu'un pensionnaire est remis en activité, il en est immédiatement donné avis par le ministre compétent au ministre des finances, pour que le payement de la pension soit suspendu, ou pour qu'il soit fait application des dispositions de l'article 31 de la loi du 9 juin relatives au cumul.

45. Lorsqu'un fonctionnaire a disparu de son domicile, et que plus de trois ans se sont écoulés sans qu'il ait réclamé les arrérages de sa pension, sa femme ou les enfants qu'il a laissés peuvent obtenir, à titre provisoire, la liquidation des droits de réversion qui leur seraient ouverts par les articles 13 et 16 de la loi du 9 juin 1853, en cas de décès dudit pensionnaire.

46. Tout titulaire d'une pension inscrite au Trésor doit produire, pour le payement, un certificat de vie délivré par un notaire, conformément à l'ordonnance du 6 juin 1839, lequel certificat contient, en exécution des articles 14 et 15 de la loi du 15 mai 1818, la déclaration relative au cumul (1).

---

(1) Dispositions relatives aux certificats de vie :
Ordonnance du 6 juin 1859. « Art. 1er... Tous les notaires « du royaume, indistinctement, sont autorisés à délivrer les certi-

La rétribution fixée par le décret du 21 août 1806 et l'ordonnance du 20 juin 1817, pour la délivrance des certificats de vie, est modifiée ainsi qu'il suit :

Pour chaque trimestre à percevoir ,

	fr. c.
De 600 francs et au-dessus.............	0 50
De 600 à 301 francs.................	0 35
De 500 à 101 francs.................	0 25
De 100 à 50 francs.................	0 20
Au-dessous de 50 francs.............	0 00

« ficats nécessaires pour le payement des rentes viagères et pen-
« sions sur l'Etat. »

Décret du 21 *août* 1806. « Art. 5. Les notaires..... devront
« tenir registre des têtes viagères et des pensionnaires auxquels
« ils auront délivré des certificats de vie. Ce registre énoncera,
« outre les noms, prénoms et la date de la naissance des rentiers
« et pensionnaires, le montant de la rente ou de la pension et le
« domicile.

« Art. 6. Les notaires.... donneront connaissance au ministre
« des finances des décès qui surviendront parmi les rentiers et
« pensionnaires inscrits sur leur registre.

« Art. 7. Ils adresseront, en outre, au même ministre, le
« 1er mars de chaque année, la liste des rentiers et pensionnaires
« qui, dans le cours de l'année qui aura précédé, n'auraient pas
« réclamé un certificat de vie.

« Art. 9. Les notaires.... seront garants et responsables en-
« vers le Trésor public de la vérité des certificats de vie par eux
« délivrés, soit qu'ils aient ou non exigé des parties requérantes
« l'intervention de témoins pour attester l'individualité, sauf, dans
« tous les cas, leur recours contre qui de droit.

« Art. 10. Les certificats de vie délivrés aux rentiers et pen-
« sionnaires seront conformes aux modèles annexés au présent
« décret. (Voir *Instructions du ministre des finances du* 27 *juin*
« 1839.) Ils ne seront point sujets à enregistrement et seront ex-
« pédiés sur papier du timbre de 25 centimes (aujourd'hui 35 cen-
« times [*Loi du* 28 *avril* 1816]).

« Art 11. Les certificats de vie des rentiers et pensionnaires
« résidant hors de l'empire seront délivrés par les chancelleries de
« nos légations et consulats, qui se conformeront aux dispositions
« du présent décret pour la formation et l'envoi des listes, et la
« notification des décès des rentiers et pensionnaires.

« Art. 12. Dans le cas où le domicile desdits rentiers et pen-
« sionnaires, en pays étranger, serait éloigné de plus de six lieues
« de la résidence de nos envoyés ou consuls, les certificats de vie

47. Lorsque l'intérêt du service l'exige, le fonctionnaire
admis à faire valoir ses droits à la retraite peut être maintenu momentanément en activité, sans que la prolongation de ses services puisse donner lieu à un supplément
de liquidation. Dans ce cas, la jouissance de sa pension
part du jour de la cessation effective du traitement.

48. Notre ministre secrétaire d'Etat au département des
finances est chargé de l'exécution du présent décret.

« pourront, comme par le passé, être délivrés par les magistrats
« du lieu ; mais ils ne seront admis au Trésor public que revêtus
« de la légalisation de nosdits envoyés ou consuls, faisant men-
« tion de cet éloignement (ou de ceux des puissances étrangères et
« amies résidant dans ces pays [*Ordonnance du 30 juin 1814,*
« *art. 4*]). »

Décret du 23 septembre 1806. « Art. 1er. Les rentiers via-
« gers et pensionnaires de l'Etat qui, par cause de maladie ou
« d'infirmité, ne pourront se transporter au domicile du notaire...
« lui adresseront une attestation du maire de leur commune, visée
« du sous-préfet ou du juge de paix, constatant leur existence,
« leur maladie ou infirmité.

« Art. 2. Les notaires..... sont autorisés à délivrer, sur le vu
« de cette attestation, le certificat exigé par l'article 1er de notre
« décret du 21 août 1806, pour le payement des rentes viagères et
« pensions, dans lequel ils feront mention détaillée de ladite
« attestation, qui restera déposée entre leurs mains et ne pourra
« servir pour un autre semestre. »

Quant aux déclarations exigées par les articles 14 et 15 de la
loi du 15 mai 1818, voir le commentaire de l'article 23 de la loi.

TABLEAU

TABLEAU N° 1.

MINISTÈRE d ___________

CAISSE DE RETRAITE d ___________

Tableau des pensions imputées sur les fonds de la caisse des retraites de ___________ *et qui doivent être inscrites au grand-livre de la dette publique, à partir du 1er janvier 1854, en exécution de l'article 2 de la loi du 9 juin 1853 sur les pensions civiles.*

NUMÉROS		NOMS et prénoms des pensionnaires.	GRADE ou emploi.	DATE et lieu de naissance	MOTIFS de la conces-sion.	DURÉE des services.	PENSION annuelle.	DATE de jouis-sance.	LOIS, ARRÊTÉS, ordonnances ou décrets de concession.		LOIS, ordon-nances, décrets ou arrêtés pris pour base de la liquida-tion.	DOMICILE des pension-naires.	OBSERVATIONS.
d'ordre.	d'inscription.								Nature de l'act constitutif.	Date.			

1re CATÉGORIE. PENSIONS LIQUIDÉES ET EN COURS DE PAYEMENT AU 1er JANVIER 1854.

TOTAL.

2e CATÉGORIE. PENSIONS LIQUIDÉES, MAIS DONT LE PAYEMENT EST SUSPENDU POUR CAUSE DE REMPLACEMENT DES TITULAIRES OU POUR TOUT AUTRE MOTIF.

TOTAL.

RÉCAPITULATION.

1re CATÉGORIE............ Pensions montant à......
2e CATÉGORIE............ Pensions montant à......
TOTAL GÉNÉRAL.... Pensions montant à......

TABLEAU N° 2.

Tableau portant fixation des prélèvements à exercer, pour le service des pensions, sur les amendes, les saisies et les confiscations en matière de douanes, de contributions indirectes et de postes.

DOUANES.

PRODUIT NET DES AMENDES, SAISIES ET CONFISCATIONS.

Affaires suivies à la requête des douanes.	Toutes saisies ou contraventions en matière ordinaire (sans exception).	17 p. 0/0 du produit net........ 25 p. 0/0 sur les parts dévolues au fonds commun, aux chefs et saisissants, en tant que ces derniers font partie du département des finances.........	Ordonnance du 21 mai 1817. Arrêté du Gouvernement en date du 29 mars 1849.
	Saisies constatées en vertu du titre VI de la loi du 28 avril 1816.........	17 p. 0/0 du produit net........ 25 p. 0/0 sur les parts dévolues à la caisse de réserve, au fonds commun, aux chefs et aux saisissants, en tant que ces derniers font partie du département des finances.	Arrêté du 9 fructidor an 5 (art. 17). Ordonnance du 17 juillet 1816. Arrêté du Gouvernement en date du 29 mars 1849.
	Saisies de poudres à feu effectuées à l'importation.............. Produit net des préemptions.................	25 p. 0/0........	Loi du 13 fructidor an 5 (art. 23). Ordonnance du 21 mai 1817. Décision ministérielle du 10 juin 1848. Décision administrative du 10 juillet 1849.
	Produit net des amendes adjugées à titre de réparations civiles, à l'occasion d'actes de rébellion et voies de fait exercées contre les préposés des douanes...........	25 p. 0/0 à exercer exclusivement sur les parts dévolues aux employés qui ont éprouvé les sévices et au receveur poursuivant.....	Arrêté du 9 fructidor an 5 (art. 22).

Affaires suivies à la requête des douanes (*suite*).	Produit net des amendes édictées pour simple fait d'injures et oppositions.	17 p. 0/0 sur le produit net...... / 25 p. 0/0 sur les parts des chefs et verbalisants	Ordonnance du 21 mai 1817. Décision administrative du 28 octobre 1840.	
	Saisies faites par des étrangers aux administrations financières......	17 p. 0/0 sur le produit net.....	Arrêté du 9 fructidor an 5. Ordonnance du 21 mai 1817. Circulaire du 25 du même mois.	
Affaires suivies à la requête d'autres administrations.	Sur la portion allouée aux employés des douanes, lorsque l'administration poursuivante n'a pas déjà effectué elle-même le prélèvement	25 p. 0/0 de la somme allouée aux employés...	Ordonnance du 21 mai 1817. Arrêté du 29 mars 1849. Décision ministérielle du 7 novembre 1827. Décision ministérielle du 19 juin 1841.	

CONTRIBUTIONS INDIRECTES.

—

Produit net des amendes, saisies et confiscations.	Affaires suivies à la requête de la régie des contributions indirectes.	Quand les saisissants sont tous admis au partage	1/4 du produit net..	Article 1er de l'arrêté ministériel du 17 oct. 1816.
		Quand les saisissants sont tous exclus du partage	1/3 du produit net..	Article 240 de la loi du 28 avril 1816. Article 4 de l'arrêté ministériel du 17 oct. 1816.
		Quand une partie des saisissants (les préposés étrangers à la régie) est admise au partage, et quand l'autre partie (les employés de la régie et certains magistrats) est exclue du partage.	1/4 du produit net..	Article 1er de l'arrêté ministériel du 17 oct. 1816. Décision ministérielle du 28 octobre 1832.

Produit net des amendes, saisies et confiscations (suite).	Affaires suivies à la requête de la régie des contributions indirectes (suite).	Et de plus sur la somme qui est déterminée quant aux employés de la régie et aux magistrats, comme si les uns et les autres étaient admis au partage..............	1/3 de la somme allouée aux employés et aux magistrats...	Article 240 de la loi du 28 avril 1816. Article 4 de l'arrêté ministérie du 17 oct. 1816. Décision ministérielle du 22 octobre 1832.
		Sur le montant de la confiscation en matière de garantie........	1/40 de la valeur des objets confisqués ...	Article 104 de la loi du 19 brumaire an 6. Décision ministérielle du 11 octobre 1822.
	Affaires suivies à la requête d'autres administrations.	Sur la portion allouée aux employés de la régie, lorsque l'administration poursuivante n'a pas déjà effectué elle-même le prélèvement............	1/4 de la somme allouée aux employés.	Article 1er de l'arrêté ministériel du 17 oct. 1816. Décision ministérielle du 7 novembre 1827. Décision ministérielle du 19 juin 1841.
Acquits-à-caution non déchargés ou incomplétement déchargés.	Vins, cidres, poirés et hydromels.		Le quintuple droit..	
	Eaux-de-vie, esprits, liqueurs et fruits à l'eau-de-vie.......... Sels..................... Sucres....................		Le second droit.....	Article 6 de l'ordonnance du 6 septembre 1815.
	Tabacs fabriqués (exportation).. Poudres à feu (exportation)		Moitié de la somme à exiger des soumissionnaires.	

—

POSTES.

La totalité des amendes imposées aux entrepreneurs du transport des dépêches, par application du cahier des charges de l'adjudication du transport des lettres, et de celles imposées aux directeurs et employés.

EXTRAIT
DES REGISTRES
du personnel.

MINISTÈRE de

TABLEAU
N° 3.

REGISTRE
1.°

État des services de M....... ex-....... à...... département
d....... né le....... à....... département d........ entré
en fonctions le.......et admis à faire valoir ses droits à la
retraite à partir du....... .

LIEUX OÙ LES FONCTIONS ont été exercées.		NATURE des fonctions et emplois.	DATES de l'entrée en exercice.	DURÉE DES SERVICES.			OBSERVATIONS.
Départements.	Résidences.			Ans.	Mois.	Jours.	
A DÉDUIRE	Surnumérariat.....			..			
	Services avant l'âge de 20 ans.........			..			
	Interruptions			..			
				..			
	Services effectifs admissibles..						

Traitement fixe de chacune des   dernières années d'activité.

	Ans.	Mois.	Jours.		
Du				A raison de par année	
Du					
Total.....				....	

~ L'année moyenne est de..

Vu :   Pour extrait conforme aux registres du personnel et aux états
de traitement du ministère de

Le   Paris, ce   18
                      Le

EXTRAIT
DES REGISTRES
du personnel.
—
REGISTRE
1.°

MINISTÈRE de
—————

SERVICES CIVILS RENDUS HORS D'EUROPE.
(Art. 10 de la loi du 9 juin 1853.)
—————

TABLEAU
N° 4.

État des services de M....... ex-...... à....... département d ...... né le....... à....... département d....... entré en fonctions le....... et dont l'activité hors d'Europe a cessé le.......

LIEUX où les fonctions ont été exercées.	NATURE des fonctions et emplois.	DATES de l'entrée en exercice.	DURÉE des services.			TRAITE-MENT normal du grade.	SUPPLÉ-MENT accordé à titre de traite-ment colonial.	OBSERVATIONS.
			Ans.	Mois.	Jours.			
À DÉDUIRE : Surnumérariat.... Services avant l'âge de 20 ans...... Interruptions			. . . .					
Services effectifs admissibles. Bonification de moitié en sus.								
TOTAL.....								

Traitement normal de chacune des   dernières années d'activité.

		Ans.	Mois.	Jours.		
Du					A raison de par année........	
Du						
TOTAL.......					....	

L'année moyenne est de....

VU:

Pour extrait conforme aux registres du personnel et aux états de traitement du ministère de

Le

Paris, ce
Le

18

TABLEAU N° 5.

NAPOLÉON, par la grâce de Dieu et la volonté nationale, EMPEREUR DES FRANÇAIS, à tous présents et à venir, SALUT.

Vu les articles   de la loi du 9 juin 1853, sur les pensions civiles ;

Vu (*viser les lois et règlements spéciaux applicables*)

Vu l'avis de notre ministre secrétaire d'Etat des finances en date du   , portant qu'il a reconnu la légalité des liquidations

NU-MÉ-ros d'or-dre.	NOMS ET PRÉNOMS des pensionnaires.	DATES ET LIEUX de naissance.	GRADES.	NATURE ET DURÉE des services.	DATES des lois, décrets et ordonnances en vertu desquels la pension a été liquidée.

2. Ces pensions seront inscrites au Trésor public avec jouissance du jour indiqué à chaque article du tableau qui précède.

3. Nos ministres secrétaires d'Etat aux départements de   et des finances sont chargés, chacun en ce qui le concerne, de l'exécution du présent décret, qui sera inséré au *Bulletin des lois*.

comprises dans le présent décret et la possibilité d'en imputer le montant sur le crédit d'inscription ouvert

La section des finances de notre Conseil d'Etat entendue;
Sur le rapport de notre ministre secrétaire d'Etat au département de

AVONS DÉCRÉTÉ ET DÉCRÉTONS ce qui suit:

ART. 1ᵉʳ. Les　　　　　　liquidations de pensions civiles comprises
pour une somme totale de
au tableau ci-après sont approuvées.

QUOTITÉ du traitement pris pour base de la liquidation.	LIQUIDATION			LIMITATION de la pension au maximum du grade.	QUOTITÉ reversible aux veuves ou aux orphelins.	FIXATION définitive de la pension	DATES de jouissance.	DOMICILE des pensionnaires.	OBSERVATIONS.
	des services militaires	des services civils.	TOTAL.						
.	.								
				Total.					

Fait à

Par l'Empereur:

Le ministre secrétaire d'Etat au
département des finances,

Le ministre secrétaire d'Etat au
département

FIN DE LA PREMIÈRE PARTIE.

IIᵉ PARTIE.

LÉGISLATION ANCIENNE.

I.

PENSIONS CIVILES SUR FONDS GÉNÉRAUX.

1º **LOI DU 22 AOUT 1790** (1).

L'Assemblée nationale considérant que, chez un peuple
libre, servir l'État est un devoir que tout citoyen est tenu
de remplir, et qu'il ne peut prétendre de récompense
qu'autant que la durée, l'éminence et la nature de ses

---

(1) La loi du 22 août 1790 est le point de départ de toute la législation sur les pensions. Plusieurs de ses dispositions sont encore
en vigueur. (Voir *l'article 52 de la loi nouvelle.*) On la donne
ici tout entière, à l'exception des mesures transitoires et des
dispositions relatives, soit aux pensions de la guerre et de la marine, soit aux récompenses pécuniaires promises aux artistes, savants et gens de lettres. On doit rappeler, toutefois, que la plus
grande partie de cette loi n'a plus qu'un intérêt historique.

Les fonctionnaires obtenant pension sur fonds généraux, au moment de la promulgation de la loi nouvelle, étaient au nombre de
3,529 seulement, dont 592 dépendant du ministère de l'instruction
publique; 1,455 du ministère de l'intérieur, de l'agriculture et du
commerce; 1,337 du ministère de la guerre, et 157 du ministère
des finances. (*Annexe nº 1 au projet de loi présenté le 15 février 1855.*) On peut citer les ministres, les sous-secrétaires d'É-
tat, les directeurs généraux des administrations, les conseillers
d'État et maîtres des requêtes, les conseillers à la Cour des
comptes, les préfets, les sous-préfets, les conseillers de préfecture,
les commissaires de police, les agents des lignes télégraphiques,
les employés des monnaies, les professeurs et savants attachés au
Collège de France, au Muséum d'histoire naturelle, au Bureau des
longitudes, à l'Observatoire de Marseille et à l'École des langues
orientales vivantes.

services lui donnent des droits à une reconnaissance particulière de la nation ; que, s'il est juste que, dans l'âge des
infirmités, la patrie vienne au secours de celui qui lui a
consacré ses talents et ses forces, lorsque sa fortune lui
permet de se contenter de grâces honorifiques, elles doivent lui tenir lieu de toute autre récompense, décrète ce
qui suit :

TITRE Ier. — RÈGLES GÉNÉRALES SUR LES PENSIONS ET AUTRES RÉCOMPENSES POUR L'AVENIR.

Art. 1er. L'État doit récompenser les services rendus au
corps social, quand leur importance et leur durée méritent ce témoignage de reconnaissance. La nation doit
aussi payer aux citoyens le prix des sacrifices qu'ils ont
faits à l'utilité publique.

Art. 2. Les seuls services qu'il convient de récompenser
sont ceux qui intéressent la société entière. Les services
qu'un individu rend à un autre individu ne peuvent être
rangés dans cette classe qu'autant qu'ils sont accompagnés
de circonstances qui en font réfléchir l'effet sur tout le
corps social.

Art. 3. Les sacrifices dont la nation doit payer le prix
sont ceux qui naissent des pertes qu'on éprouve en dé-
fendant la patrie, ou des dépenses qu'on a faites pour lui
procurer un avantage réel et constaté.

Art. 4. Tout citoyen qui a servi, défendu, illustré, éclairé
sa patrie, ou qui a donné un grand exemple de dévouement à la chose publique, a des droits à la reconnaissance
de la nation, et peut, suivant la nature et la durée de ses
services, prétendre aux récompenses.

Art. 5. Les marques d'honneur décernées par la nation
seront personnelles et mises au premier rang des récompenses publiques.

Art. 6. Il y aura deux espèces de récompenses pécuniaires, les pensions et les gratifications. Les premières
sont destinées au soutien du citoyen qui les aura méri-
tées ; les secondes à payer le prix des pertes souffertes,
des sacrifices faits à l'utilité publique.

Art. 7. (1). Aucune pension ne sera accordée à qui que

____

(1) Aux termes de la loi interprétative du 22 août 1791, cet ar-

ce soit avec clause de réversibilité ; mais dans le cas de défaut de patrimoine, la veuve d'un homme mort dans le cours de son service public pourra obtenir une pension alimentaire, et les enfants être élevés aux dépens de la nation, jusqu'à ce qu'elle les ait mis en état de pourvoir eux-mêmes à leur subsistance.

Art. 8. Il ne sera compris dans l'état des pensions que ce qui est accordé pour récompense de services. Tout ce qui sera prétendu à titre d'indemnité, de dédommagement, comme prix d'aliénation, ou pour toutes autres causes semblables, sera placé dans la classe des dettes de l'Etat et soumis aux règles qui seront décrétées pour la liquidation des créanciers de la nation.

Art. 9. On ne pourra jamais être employé sur l'état des pensions qu'en un seul et même article ; ceux qui auraient usurpé, de quelque manière que ce soit, plusieurs pensions, seront rayés de la liste des pensionnaires, et privés des grâces qui leur auraient été accordées.

Art. 10. Nul ne pourra recevoir en même temps une pension et un traitement. Aucune pension ne pourra être accordée sous le nom de *traitement conservé* et de *retraite.*

Art. 11. Il ne pourra être concédé de pension à ceux qui jouissent d'appointements, gages ou honoraires, sauf à leur accorder des gratifications s'il y a lieu.

Art. 12. Un pensionnaire de l'Etat ne pourra recevoir de pensions ni sur la liste civile, ni d'aucune puissance étrangère.

Art. 13. La liste civile étant destinée au payement des personnes attachées au service particulier du roi et à sa maison tant domestique que militaire, le Trésor public demeure déchargé de toutes pensions et gratifications qui

---

ticle s'entend « des veuves et enfants des militaires et autres fonctionnaires publics qui, étant actuellement employés, meurent de blessures reçues dans l'exercice de leurs fonctions, ou de maladies que l'on constatera avoir été causées par l'exercice des mêmes fonctions. »

Ces dispositions ne confèrent pas un droit à la veuve du fonctionnaire. Le gouvernement a un pouvoir discrétionnaire pour accorder ou refuser, et son refus ne peut être déféré au Conseil d'Etat par la voie contentieuse. (Conseil d'Etat, 17 juin 1820, *Grattery;* 22 avril 1842, *Bessières;* 9 juin 1842, *Champ.*)

peuvent avoir été accordées, ou qui le seraient par la suite, aux personnes qui auraient été, sont ou seront employées à l'un ou l'autre de ces services.

Art. 14. Il sera destiné à l'avenir une somme de douze millions de livres, à laquelle demeurent fixés les fonds des pensions, dons et gratifications, savoir dix millions pour les pensions, et deux millions pour les dons et gratifications. Dans le cas où le remplacement des pensionnaires décédés ne laisserait pas une somme suffisante pour accorder des pensions à tous ceux qui pourraient y prétendre, les plus anciens d'âge et de service auront la préférence, les autres l'expectative, avec l'assurance d'être les premiers employés successivement.

Art. 15. Au delà de cette somme il ne pourra être payé ni accordé pour quelque cause, sous quelque prétexte ou dénomination que ce puisse être, aucunes pensions, dons et gratifications, à peine contre ceux qui les auraient accordés ou payés d'en répondre en leur propre et privé nom.

Art. 16. Ne sont compris dans la somme de dix millions affectée aux pensions, les fonds destinés aux invalides, aux soldes et demi-soldes tant de terre que de mer, sur la fixation et distribution desquels fonds l'Assemblée se réserve de statuer, ni les pensions des ecclésiastiques qui continueront d'être payées sur les fonds qui y seront affectés.

Art. 17. Aucun citoyen, hors le cas de blessures reçues ou d'infirmités contractées dans l'exercice de fonctions publiques, et qui le mettent hors d'état de les continuer, ne pourra obtenir de pension qu'il n'ait trente ans de services effectifs, et ne soit âgé de cinquante ans; le tout sans préjudice de ce qui sera statué par les articles particuliers relatifs aux pensions de la marine et de la guerre.

Art. 18. Il ne sera jamais accordé de pension au delà de ce dont on jouissait à titre de traitement ou appointement dans le grade que l'on occupait. Pour obtenir la retraite d'un grade, il faudra y avoir passé le temps qui sera déterminé par les articles relatifs à chaque nature de service. Mais, quel que fût le montant de ces traitements et appointements, la pension, dans aucun cas, sous aucun prétexte, et quels que puissent être le grade ou les fonctions du pensionné, ne pourra jamais excéder la somme de dix mille livres.

Art. 19. La pension accordée à trente ans de services sera du quart du traitement, sans toutefois qu'elle puisse être moindre de cent cinquante livres.

Art. 20. Chaque année de services ajoutée à ces trente ans produira une augmentation progressive du vingtième des trois quarts restant des appointements et traitements, de manière qu'après cinquante ans de services, le montant de la pension sera de la totalité des appointements et traitements, sans que néanmoins, comme on l'a dit ci-devant, cette pension puisse jamais excéder la somme de dix mille livres.

Art. 21. Le fonctionnaire public, ou tout autre citoyen au service de l'Etat, que ses blessures ou infirmités obligeront de quitter son service ou ses fonctions avant les trente années expliquées ci-dessus, recevra une pension déterminée par la nature et la durée de ses services, le genre de ses blessures et l'état de ses infirmités.

Art. 22. Les pensions ne seront accordées que d'après les instructions fournies par les directoires de département et de district, et sur l'attestation des officiers généraux et autres agents du pouvoir exécutif et judiciaire, chacun dans la partie qui le concerne.

Art. 23. A chaque session du Corps législatif, le roi lui fera remettre la liste des pensions à accorder aux différentes personnes qui, d'après les règles ci-dessus, seront dans le cas d'y prétendre. A cette liste sera jointe celle des pensionnaires décédés et des pensionnaires existants. Sur ces deux listes envoyées par le roi à la législature, elle rendra un décret approbatif des nouvelles pensions qu'elle croira devoir être accordées; et lorsque le roi aura sanctionné ce décret, les pensions accordées dans cette forme seront les seules exigibles et les seules payables par le Trésor public.

Art. 24. Les gratifications seront accordées d'après les mêmes instructions et attestations portées dans l'article 22; chaque gratification ne sera donnée que pour une fois seulement; et s'il en est accordé une seconde à la même personne, elle ne pourra l'être que par une nouvelle décision et pour cause de nouveaux services. Dans tous les cas, les gratifications seront déterminées par la nature des services rendus, des pertes souffertes, et d'après les besoins de ceux auxquels elles seront accordées.

Art. 25. A chaque session il sera présenté un état des

gratifications à accorder, et des motifs qui doivent en déterminer la concession et le montant. L'état de celles qui seront jugées devoir être accordées sera pareillement décrété par l'Assemblée législative. Après que le roi aura sanctionné le décret, les gratifications accordées dans cette forme seront aussi les seules payables par le Trésor public.

Art. 26. Néanmoins, dans les cas urgents, le roi pourra accorder provisoirement des gratifications : elles seront comprises dans l'état qui sera présenté à la législature ; et si elle les juge accordées sans motifs ou contre les principes décrétés, le ministre qui aura contre-signé les décisions sera tenu d'en verser le montant au Trésor public.

Art. 27. L'état des pensions, tel qu'il aura été arrêté par l'Assemblée nationale, sera rendu public ; il sera imprimé en entier tous les dix ans ; et tous les ans, dans le mois de janvier, l'état des changements survenus dans le cours des années précédentes, ou des concessions de nouvelles pensions et gratifications, sera pareillement livré à l'impression.

TITRE II.—RÈGLES PARTICULIÈRES CONCERNANT LES RÉCOMPENSES PÉCUNIAIRES QUI PEUVENT ÊTRE ACCORDÉES A CEUX QUI ONT SERVI L'ÉTAT DANS LA GUERRE, DANS LA MARINE, DANS LES EMPLOIS CIVILS, DANS LES SCIENCES, LES LETTRES ET LES ARTS.

Art. 1er à 4 (1).

Art. 5. Le taux de la pension qu'on obtiendra après avoir servi l'État dans les emplois civils pendant trente années effectives, sera réglé sur le traitement qu'on avait dans le dernier emploi, pourvu qu'on l'ait occupé pendant trois années entières.

Les années de services qu'on aurait remplies dans les emplois civils hors de l'Europe seront comptées pour deux années lorsque les trente ans de services effectifs seront d'ailleurs complets (2).

---

(1) Ces articles sont relatifs aux pensions de la marine et de la guerre.

(2) Les articles suivants sont relatifs aux pensions des artistes, savants et gens de lettres. Le titre III contient des mesures transitoires au sujet des pensions accordées avant 1789.

2° LOI DU 15 GERMINAL AN 11 (5 AVRIL 1803) (1).

Art. 1er. Il ne sera pendant cinq ans créé, chaque année, de pensions que pour une somme égale à la moitié des extinctions survenues pendant l'année.

Art. 2. Aucune pension ne pourra excéder six mille francs.

Art. 3. Le fonds des pensions fera, chaque année, un article particulier de la loi sur les dépenses publiques.

Art. 4. Ne sont pas comprises dans les dispositions de l'article 1er les soldes de retraite, les anciennes pensions restant à liquider, ni les pensions à payer sur les fonds formés par des retenues faites dans diverses administrations sur les traitements des employés.

3° ARRÊTÉ DU GOUVERNEMENT DU 15 FLORÉAL AN 11 (5 MAI 1803) (2).

Art. 1er. Toutes les demandes de pension autres que les soldes de retraite seront adressées au ministre du département dans lequel les réclamants ont fait leur dernier service.

Art. 2. Les décisions du Gouvernement sur les rapports que les ministres lui feront de ces demandes seront ou un *admis à l'examen*, avec renvoi au conseil général de la liquidation, pour proposer, s'il y a lieu, la quotité de la pension, ou un *accordé*, avec fixation de la pension.

Art. 3. Les pensions accordées en conformité des articles précédents seront inscrites pour le montant de leur fixation, et payées intégralement.

Art. 4 (3). Les pensions ne commenceront à courir que

---

(1) Entièrement abrogée par l'article 36 de la loi nouvelle, qui reproduit, du reste, les principes posés dans les articles 2 et 3.

(2) Cet arrêté est entièrement abrogé par l'article 36 de la loi nouvelle ; mais plusieurs de ses dispositions et les décisions auxquelles elles ont donné lieu peuvent encore être utilement rapprochées de cette loi.

(3) Voir, par exemple : Conseil d'Etat, 20 avril 1835, *Alibert;* 17 juin 1835, *Stoclet*. La déchéance était encourue, alors même que la liquidation avait duré plusieurs années, que le pensionnaire avait fait toutes ses diligences et que le retard provenait du fait

du premier jour du semestre qui suivra leur inscription au Trésor public.

Art. 5. Toutes les pensions autres que les soldes de retraite ne pourront être inscrites au Trésor public qu'autant qu'elles auront été comprises sur les états du directeur général de la liquidation, et d'après l'approbation de ces états par le premier consul.

Art. 6. Toutes les demandes de pensions, à raison de services qui n'ont pas continué depuis le 1er janvier 1792, ne seront pas admises.

Art. 7. Toutes les demandes de pensions pour services continués depuis le 1er janvier 1792, portées au conseil général de liquidation, seront par lui renvoyées au ministre du département auquel elles appartiennent.

Art. 8. Le conseil général de la liquidation continuera seulement à liquider les pensions qui avaient été précédemment accordées, en se conformant aux lois des 19 juin 1793 et 9 vendémiaire an 6.

Art. 9 (1). Les pensions dont les arrérages n'auront pas été réclamés pendant trois années à compter de l'échéance du payement dernier seront censées éteintes, et ne seront plus portées dans les états de payement. Si les pensionnaires se présentent après la révolution desdites trois années, les arrérages n'en commenceront à courir qu'à compter du premier jour du semestre qui suivra celui dans lequel ils auront obtenu le rétablissement de leurs pensions.

Art. 10 (2). Les héritiers et ayants cause des pensionnaires

de l'administration. (Conseil d'Etat, 5 mai 1837, *de Waters;* 22 février 1838, *Farnaud;* 30 novembre 1850, *Poinsot;* 28 juin 1851, *Sapia* et *Baudesson de Richebourg.*) Il en était ainsi alors même qu'il s'agissait d'une pension pour infirmités et que les retards provenaient des justifications nouvelles exigées par la loi du 19 mai 1849. (Conseil d'Etat, 17 mai 1850, *Leroy.*)

(1) Voir Conseil d'Etat, 27 février 1847, *Régnier.* Mais une réclamation suffisait pour arrêter l'effet de la déchéance, alors même qu'elle n'avait pas été suivie de payement. (Conseil d'Etat, 26 avril 1847, *Taillandier.*)

(2) C'est à l'administration du Trésor public en la personne du ministre des finances, que devait être faite la notification prescrite par l'article 10. Ainsi, la notification du décès faite à la chancellerie du sceau des titres, en exécution de l'article 12 des statuts du 4 mai 1809 sur les majorats, était insuffisante pour empêcher la

qui ne fourniront pas l'extrait mortuaire de leur auteur
dans le délai de six mois, à compter de son décès, seront
déchus de tous droits aux arrérages alors dus.

***

4° DÉCRET DU 13 SEPTEMBRE 1806.

Art. 1er. En exécution de la loi du 15 germinal an 11,
tout prétendant à pension adressera sa demande et les
pièces justificatives au chef de l'administration à laquelle
il appartient, et celui-ci adressera le tout, avec son avis,
au ministre de son département.

Art. 2. Il sera tenu, dans chaque ministère, un registre
de ces demandes, où elles seront portées par ordre de
dates et de numéros, et, chaque année, dans le courant
de février, les ministres nous en feront les rapports.

Art. 3. La pension ne pourra être liquidée s'il n'y a
trente ans de services effectifs (1) et soixante ans d'âge (2),

---

déchéance (Conseil d'Etat, 21 décembre 1837, *Delamalle*); mais il
suffisait que cette notification fût faite au ministre des finances,
quoique en une autre qualité que celle de représentant du Trésor
public. (Conseil d'Etat, 30 novembre 1850, *de Goyon*.)—On décidait qu'il n'y avait pas lieu d'excepter le cas où le pensionnaire
est mort en pays étranger, et que l'article 2277 du Code Napoléon
n'avait pas dérogé à l'article 10 de l'arrêté du 15 floréal an 11.
(Avis du Conseil d'Etat du 14 février 1807, approuvé le 16 mars,
et Conseil d'Etat, 1er février 1851, *Boyan*.)

(1) Les services dont il est question dans cet article doivent être
des services rendus dans une administration publique ressortissant
au Gouvernement. Par exemple, étaient admissibles les services
rendus comme ministre d'Etat, membre du conseil privé sous la
restauration (Conseil d'Etat, 29 mars 1853, *Benoist*); mais étaient
considérés comme inadmissibles les services rendus dans les bureaux d'une préfecture. (Conseil d'Etat, 22 février 1858, *Farnaud*.)

Les services militaires entrent dans la liquidation des pensions
sur fonds généraux. Ils sont liquidés à part, conformément à l'ordonnance du 3 mai 1818, et le bénéfice des années de campagne
doit être alloué lorsque l'employé a plus de trente ans de services,
dont vingt ans au moins de services militaires. (Loi du 11 avril 1831,
art. 1, 4 et 7; Conseil d'Etat, 30 novembre 1850, *Cuson et Poinsot*.)

(2) Il est évident que les soixante ans d'âge doivent être accomplis au moment où l'employé cesse ses fonctions. Il ne suffirait
pas que cet âge fût atteint au moment où la pension est demandée.
(Conseil d'Etat, 15 août 1823, *Keppler*.)

à moins que ce ne soit pour cause d'infirmités (1). Elle sera liquidée au sixième du traitement dont le pétitionnaire aura joui pendant les quatre dernières années de son service.

Art. 4. Chaque année de services ajoutée aux trente ans effectifs produira une augmentation à la pension. Cette augmentation sera du trentième des cinq sixièmes restants.

Art. 5. La pension ne pourra être liquidée au-dessus, soit de 1,200 fr. pour les traitements qui n'excéderont pas 1,800 fr., soit des deux tiers des traitements qui seront au-dessus de 1,800 fr., soit enfin de 6,000 fr., à quelque somme que monte le traitement.

Art. 6. Les dispositions ci-dessus ne sont point applicables aux employés des ministères et des administrations dont les pensions sont acquittées au moyen de retenues, et conformément à des règlements particuliers arrêtés par nous (2), à l'exception, néanmoins, de ceux qui auraient

---

(1) On peut consulter comme exemples de pensions sur fonds généraux, accordées ou refusées pour cause d'infirmités, les décisions suivantes du Conseil d'Etat : 10 septembre 1855, *de Waters ;* 28 novembre 1859, *de Petriconi ;* 9 juin 1842, *Poirier ;* 28 juillet 1852, *Jourdan.* D'après cette dernière décision, il suffit que les infirmités aient été contractées dans l'exercice des fonctions; il n'est pas nécessaire qu'elles soient le résultat de cet exercice.

D'après la loi de finances du 19 mai 1849, articles 2, 27 et 51, pour obtenir une pension sur fonds généraux, à titre d'infirmités, il fallait faire constater les infirmités par trois médecins désignés par le ministre compétent et assermentés par-devant le juge de paix. Le Conseil d'Etat, avant de donner son avis sur la liquidation, pouvait faire procéder à une nouvelle vérification par trois autres médecins. De plus, les demandeurs étaient tenus de justifier, par leur état de fortune, que les secours de l'Etat leur étaient nécessaires. Ces dispositions sont expressément abrogées par l'article 56 de la loi nouvelle.

La législation des pensions sur fonds généraux n'accorde pas de pension à l'employé dont l'emploi est supprimé ou qui est remplacé pour cause politique, à moins qu'il ne justifie d'infirmités. (Conseil d'Etat, 7 juin 1856, *Guichard de Montguers ;* 28 novembre 1859, *de Petriconi.*)

(2) Les employés tributaires des caisses de retenue ne peuvent réclamer une pension sur fonds généraux, lorsqu'ils sont réformés avant d'avoir rempli les conditions exigées pour la pension par

pris leur retraite avant que lesdits règlements eussent été rendus.

5° LOI DE FINANCES DU 25 MARS 1817.

Art. 26. A l'avenir, aucune pension nouvelle à la charge de l'Etat ne pourra être inscrite au Trésor qu'en vertu d'une ordonnance dans laquelle les motifs et les bases légales en seront établis, et qui aura été insérée au *Bulletin des lois* (1).

---

le règlement particulier de leur administration. (Conseil d'Etat, 21 janvier 1842, *Morisset*, et 7 juin 1856, *Guichard de Montguers*.)

(1) Voir l'ordonnance du 2 août 1820. L'ordonnance qui doit être insérée au *Bulletin des lois* est celle qui concède la pension et non celle qui en ordonne l'inscription au Trésor public. Toutes les ordonnances de concession doivent viser les lois et règlements en vertu desquels la pension a été liquidée, et mentionner l'accomplissement de toutes les formalités prescrites.

De ces dispositions combinées, il résulte que le ministre des finances peut refuser l'inscription en plusieurs cas; par exemple, pour défaut de fonds libres, ou pour irrégularité de l'ordonnance de concession en la forme, ou pour absence de motifs dans cette ordonnance, ou enfin quand la pension accordée constitue un cumul prohibé. Les décisions du ministre des finances en pareille matière peuvent-elles être déférées au Conseil d'Etat? Le Conseil d'Etat s'est d'abord prononcé pour la négative (31 juillet 1822, *Arnault*); mais il est revenu plus tard, et avec raison, sur cette jurisprudence (23 février 1850, *de la Rochefoucauld*; 28 juin 1851, *de Ségur Dupeyron et Baudesson de Richebourg*). Toutefois si, avant que le décret de concession ait été rendu, le ministre des finances a émis un avis négatif sur le projet de liquidation qui lui est soumis par le ministre liquidateur, cet avis ne constitue pas une décision qui puisse être déférée au Conseil d'Etat par la voie contentieuse (6 janvier 1849, *Delamarre*).

Du reste, le ministre des finances ne peut ni refuser l'inscription, par le motif que les faits qui ont servi de base à la liquidation ont été mal appréciés (28 juin 1851, *Sapia*), ni inscrire de son chef une pension différente de la pension concédée. Il ne peut, sans excès de pouvoirs, substituer sa décision personnelle à la décision du chef de l'Etat. (23 février 1850, *de la Rochefoucauld*.)

Ce système est à peu près reproduit par l'article 24 de la loi nouvelle.

II.

PENSIONS CIVILES SUR FONDS DE RETENUE.

1° CAISSE DE RETRAITE

DES EMPLOYÉS DE LA LÉGION D'HONNEUR.

(Ordonnance du 16 mai 1816.)

TITRE Iᵉʳ. — FIXATION DES RETENUES.

Art. 1ᵉʳ. A compter du 1ᵉʳ janvier 1816, il sera fait une retenue de 3 p. 0/0 (1) sur les traitements des employés dans les bureaux de la grande chancellerie de l'ordre de la Légion d'honneur, pour former un fonds de pensions de retraite et secours en faveur de ceux qui en seront susceptibles, ou de leurs veuves et orphelins.

Art. 2. Le montant net des traitements pendant les vacances d'emploi qui n'excéderont pas un mois sera ajouté au fonds des retraites et aura la même destination.

Art. 3. On ajoutera au fonds de retraite la somme qui restera disponible chaque année, par suite de décès ou d'extinction quelconque sur la somme de 40,000 francs que nous avons accordée par notre ordonnance du 8 août 1814, pour des pensions, laquelle somme de 40,000 francs figurera dans les budgets annuels de la Légion d'honneur.

TITRE II.—CONDITIONS D'ADMISSION.

Art. 4. Les demandes de pensions seront adressées à notre grand chancelier, qui les examinera et vérifiera les titres à l'appui, et, chaque année, sur son rapport, les pensions seront fixées par nous d'après les bases ci-après déterminées.

Art. 5. Il ne sera accordé de pensions que jusqu'à concurrence des fonds libres sur le montant des retenues et sur ceux appliqués à la même destination par les articles 2 et 3.

---

(1) Portée plus tard à 5 p. %.

Art. 6. Les employés des bureaux de la grande chancellerie pourront, après trente ans de services effectifs, ou, lorsqu'au terme de vingt-cinq ans de pareils services, ils auront atteint l'âge de soixante ans, obtenir une pension de retraite pour laquelle on comptera tout le temps d'activité dans l'état militaire et dans les autres administrations publiques qui ressortissaient au Gouvernement, quoique étrangères à celle dans laquelle les employés se trouvent placés, et sous la condition qu'ils auront au moins dix ans de services dans la grande chancellerie.

La pension pourra cependant être accordée avant trente ans de services ou vingt-cinq ans de services et soixante ans d'âge, à ceux que des accidents ou des infirmités rendraient incapables de continuer les fonctions de leur place, ou qui, par le fait de la suppression de leur emploi, se trouveraient réformés après dix ans de services et au-dessus (1).

Art. 7. Pour déterminer la fixation de la pension, il sera fait une année moyenne du traitement fixe dont les réclamants auront joui pendant les trois dernières années de leur service.

Art. 8. La pension accordée après trente ans de services, ou vingt-cinq ans de services et soixante ans d'âge, ne pourra excéder la moitié de la somme réglée par l'article précédent : elle s'accroîtra du vingtième de cette moitié pour chaque année de services au-dessus desdits trente ans ou vingt-cinq ans, sans que, dans aucun cas, la retraite puisse excéder la somme de 6,000 francs pour les chefs de division, de 4,000 francs pour les chefs de bureau, de 3,000 francs pour les sous-chefs, et de 2,000 francs pour les autres employés.

Art. 9. La pension accordée avant trente ans de services dans les cas prévus par le second paragraphe de l'article 6, sera, pour dix ans de services, du sixième du traitement fixé conformément à l'article 7 : elle s'accroîtra d'un soixan-

---

(1) Un employé réformé par mesure d'économie a droit à une pension pour suppression d'emploi. Vainement le ministre prétendrait-il qu'il n'y a pas eu suppression d'emploi, ni organisation nouvelle des bureaux, qu'on s'est contenté de remplacer l'employé par un surnuméraire. (Conseil d'État, 21 janvier 1842, *Soulan.*)

12.

tième de ce traitement pour chaque année de services au-dessus de dix ans.

Art. 10. Dans le cas de réforme par suite d'organisation, de suppression d'emploi ou infirmités, les employés qui n'auront pas dix ans de services dans la grande chancellerie n'auront pas droit à une pension; mais ils recevront, sur la décision de notre grand chancelier, la totalité de la retenue qu'ils auront supportée, sans qu'il leur soit tenu compte des intérêts.

Art. 11. La veuve d'un employé ne peut prétendre à une pension qu'autant que son mari est mort dans l'exercice de son emploi, ou jouissant d'une pension de retraite sur les fonds de retenue ; qu'elle aura été mariée cinq ans avant la mort de l'employé décédé en activité, ou avant la retraite de l'employé non pensionné, et qu'elle ne contractera pas de nouveau mariage (1).

Art. 12. La pension de la veuve sera du quart de la pension de retraite à laquelle son mari aurait eu droit, ou dont il aura joui. Elle pourra s'élever à la moitié de la pension si la veuve est âgée de cinquante ans au moment du décès de son mari, ou s'il laisse à sa charge un ou plusieurs enfants au-dessous de vingt ans.

Art. 13. Les deux tiers de la pension dont la veuve jouira jusqu'à la date d'un nouveau mariage, ou jusqu'à sa mort, seront réversibles, à cette époque, à titre de secours annuel, aux enfants nés de son mariage avec l'employé décédé ; et si l'employé est mort veuf, les orphelins qu'il laissera, quel que soit leur nombre, recevront également, à titre de secours annuel, les deux tiers de la pension à laquelle leur mère aurait eu droit, si elle avait survécu à son mari.

Art. 14. Le secours annuel se distribuera par égales portions entre les orphelins, et s'éteindra à mesure que chacun aura atteint sa vingtième année.

____

(1) Une pension accordée à un employé de la chancellerie de la Légion d'honneur antérieurement au règlement du 16 mai 1816 n'est pas réversible à la veuve de cet employé quand l'ordonnance de concession n'énonce pas la réversibilité. (Conseil d'Etat, 20 novembre 1840, *Perrotte*.)

TITRE III.—Suspension ou privation du droit a la pension de
retraite.

Art. 15. Nul employé démissionnaire n'a droit de prétendre au remboursement des retenues exercées sur son
traitement, ni à aucune indemnité, à moins d'une décision
spéciale de notre grand chancelier ; mais si, par la suite,
il était admis à rentrer dans les bureaux de la grande
chancellerie, le temps de son premier service compterait
pour la pension.

Art. 16. Tout employé destitué perd ses droits à la pension, quand il aurait le temps nécessaire pour l'obtenir :
il ne peut prétendre au remboursement des sommes retenues sur son traitement pour la pension, ni à aucune indemnité.

Art. 17. Les surnuméraires et les auxiliaires ne comptent point parmi les employés de la grande chancellerie,
ne sont assujettis à aucune retenue et n'auront droit à aucune pension de retraite (1).

2° CAISSE DE RETRAITE

DE LA MAGISTRATURE, DES BUREAUX DU MINISTÈRE DE LA JUSTICE ET DE CEUX DU CONSEIL D'ÉTAT.

Les pensions de la magistrature ont d'abord été payées sur
fonds généraux, d'après la loi du 22 août 1790 et le décret du
13 septembre 1806.

Le décret du 2 octobre 1807, qui donnait au Gouvernement
le droit de mettre d'office à la retraite les magistrats atteints
d'infirmités graves, portait que la pension accordée pour cette
cause serait fixée pour chaque cas particulier par ordre de
l'Empereur.

Quant aux employés du ministère de la justice, une caisse
de retenues avait été organisée pour eux par un décret du
18 septembre 1806.

L'ordonnance royale du 23 septembre 1814 a créé une caisse
générale de retraites pour la magistrature et les bureaux du mi-

---

(1) Nous ne reproduisons pas le titre IV, relatif au mode de
payement des pensions et à la comptabilité. Ces dispositions
n'ont plus d'intérêt aujourd'hui ; elles sont d'ailleurs textuellement
empruntées au décret du 4 juillet 1806 sur les pensions du ministère de l'intérieur. (Art. 21-26.)

nistère de la justice. Le bénéfice de cette ordonnance a été étendu aux employés des bureaux du conseil d'Etat par une ordonnance du 19 juin 1816.

(Ordonnance du 23 septembre 1814.)

Art. 1er. A compter du 1er octobre 1814, la totalité du produit des places vacantes de présidents, conseillers, conseillers-auditeurs, juges et gens du roi de nos cours, tribunaux et justices de paix, ainsi que le montant des retenues ordonnées par le décret du 18 septembre 1806, sur le traitement des fonctionnaires et employés des bureaux de la chancellerie, seront affectés à la formation d'un fonds de pensions de retraite et de secours en faveur de ceux qui seront susceptibles d'en obtenir, ou de leurs veuves et orphelins (1).

Art. 2. Les demandes à fin de pensions seront adressées à notre chancelier de France.

Art. 3. Il sera tenu à la chancellerie un registre de ces demandes, où elles seront portées par ordre de dates et de numéros (2).

Art. 4. Les officiers de nos cours, tribunaux et justices de paix, ainsi que les fonctionnaires et employés de la chancellerie, n'auront droit à la pension de retraite qu'après trente ans de services publics effectifs, dont au moins dix ans dans l'ordre judiciaire ou à la chancellerie.

Art. 5. Toutefois, elle pourra être accordée avant ce terme, à ceux desdits officiers et employés que des accidents ou des infirmités rendraient incapables de continuer leurs fonctions, ou qui se trouveraient réformés par le fait de la suppression de leur emploi, pourvu qu'ils aient au moins dix années de services dans nos cours, tribunaux et justices de paix, ou dans la chancellerie (3).

---

(1) Cet article a été modifié par l'ordonnance du 4 février 1832, qui a élevé le taux des retenues à 5 p. %.

(2) Il résulte des articles 2 et 3 que le droit à la jouissance d'une pension de cette nature ne peut, en principe, remonter au delà de la demande ainsi présentée. (Conseil d'Etat, 7 mai 1852, *Danican.*)

(3) La loi du 16 juin 1824 a réglé dans quelles formes et sous quelles conditions pourraient être admis à la retraite les membres des cours et des tribunaux que des infirmités graves mettraient hors d'état de continuer leurs fonctions. L'article 13 de cette loi

Art. 6. On comptera comme services effectifs tout le temps d'activité dans les fonctions législatives, judiciaires ou administratives ressortissant au Gouvernement.

Art. 7. La pension acquise après trente ans de services sera de moitié du traitement. Elle s'accroîtra du vingtième de cette moitié pour chaque année de services au delà de trente ans.

Art. 8. La pension accordée avant trente ans de services, et dans le cas prévu par l'article 5 des présentes, sera du sixième du traitement pour dix ans de services. Elle s'accroîtra d'un soixantième de ce traitement pour chaque année de services au-dessus de dix ans, sans que, pour cela, elle puisse jamais excéder celle qui est accordée pour trente années (1).

---

porte : « Les magistrats admis à la retraite en vertu de la pré-
« sente loi auront *droit* à une pension qui sera liquidée conformé-
« ment aux lois et aux règlements. »

Avant cette loi, les magistrats devenus infirmes ou dont l'emploi avait été supprimé n'avaient pas *droit* à la pension. L'article 5 portait seulement que la pension *pourrait* leur être accordée, et le Conseil d'Etat décidait que le refus du ministre de liquider une pension, en pareil cas, ne pouvait être attaqué par la voie contentieuse. (Conseil d'Etat, 6 décembre 1820, *Anfrye* ; 17 juillet 1822, *Moreau.*)

Mais, depuis, le Conseil d'Etat est revenu sur sa jurisprudence, et il a décidé, par deux arrêts, que le ministre n'avait pas à cet égard un pouvoir discrétionnaire, et que l'article 5 de l'ordonnance reconnaît *droit* à pension aux magistrats devenus, après le temps de services exigé et par accidents ou infirmités, incapables de continuer leurs fonctions. — Il a décidé, en outre, qu'aucune disposition de loi ou d'ordonnance ne subordonne pour eux l'exercice de ce droit à l'état de leur fortune. (Conseil d'Etat, 5 février 1849, *de la Tournelle ;* 12 février 1849, *Allain-Targé.*) Voir aussi les arrêts cités sous l'article 15.

(1) Cet article a été modifié par une ordonnance du 22 février 1821, ainsi conçue :

« Vu les articles 5 et 8 de notre ordonnance en date du 23 sep-
« tembre 1814, portant règlement des pensions de retraite assi-
« gnées sur les fonds de retenue de notre ministère de la jus-
« tice ;

« Considérant que les bases déterminées par l'article 8 pour
« fixer le montant de la pension facultative accordée en vertu de
« l'article 5 de l'ordonnance précitée, n'établissent point des pro-
« portions convenables entre la récompense donnée après trente

Art. 9. La fraction de services au-dessous de sept mois ne sera pas comptée ; celle de sept mois et au-dessus le sera pour une année.

Art. 10. La quotité de la pension sera réglée, dans tous les cas, sur le taux moyen du traitement dont les officiers de justice et employés auront joui pendant les trois dernières années de leurs services.

Art. 11. Ladite pension ne pourra être fixée à moins de 200 francs, ni excéder les deux tiers du traitement ; elle ne pourra également s'élever à plus de 6,000 francs, quel que soit le taux du traitement.

Art. 12 (1). Les veuves et orphelins desdits officiers et employés décédés en activité de services après dix années d'exercice, ou ayant été admis à la pension de retraite,

---

« ans de services et soixante ans d'âge, et celle donnée avant
« trente ans ;
« Voulant remédier à cette disproportion, qui se manifeste spé-
« cialement dans les pensions afférentes aux fonctionnaires qui
« jouissent de traitements très-élevés :
« Art. 1er. La pension qui peut être accordée avant trente ans
« d'exercice, dans les cas prévus et sous les conditions détermi-
« nées par l'article 5 de notre ordonnance du 23 septembre 1814,
« sera, pour les dix premières années, du tiers de celle qui aurait
« été acquise pour trente années de services, avec accroissement
« du trentième pour chaque année de services au dessus de dix ans,
« le tout sans préjudice des limites posées par l'article 11. »

(1) Les articles 12, 13 et 14 ont été ainsi modifiés par une ordonnance du 17 août 1824 :
« Vu les articles 12, 13 et 14 de notre ordonnance du 23 sep-
« tembre 1814, relatifs aux pensions et secours qui peuvent être
« accordés aux veuves et orphelins des magistrats ;
« Voulant attribuer aux dispositions de ces articles toute l'ex-
« tension qui est compatible avec l'état actuel de la caisse des
« retenues, et donner ainsi à la magistrature une nouvelle preuve
« de notre bienveillance et de notre sollicitude :
« Art. 1er. La veuve d'un magistrat a droit à une pension sur
« les fonds de retenue du ministère de la justice,
« 1° Lorsqu'au moment du décès de son mari, celui-ci avait
« trente ans de services susceptibles d'être récompensés, soit que
« la pension du mari ait été liquidée, ou que la liquidation n'en
« ait pas encore été faite ;
« 2° Lorsque son mari est décédé jouissant d'une pension de
« retraite concédée pour moins de trente ans de services et liqui-
« dée postérieurement à la publication de la présente ordonnance.
« Art. 2. Dans le cas de l'article précédent, la pension de la
« veuve sera du tiers de celle dont son mari jouissait, ou qu'il au-

pourront obtenir une pension ou des secours, en justifiant
que l'état de leur fortune leur rend ces pensions ou secours
nécessaires.

« rait eu le droit d'obtenir; elle ne pourra, néanmoins, être au-
« dessous de 100 francs.

« Art. 3. La veuve d'un magistrat décédé en activité et ayant
« moins de trente ans, mais plus de dix ans de services dans l'or-
« dre judiciaire, pourra obtenir une pension sur les fonds de re-
« tenue, en justifiant que cette pension lui est nécessaire.

« Il en sera de même de la veuve d'un magistrat décédé en
« retraite et qui jouissait d'une pension liquidée pour moins de
« trente ans de services, avant la publication de la présente ordon-
« nance.

« Art. 4. La pension sera considérée comme nécessaire lorsque
« les revenus de la veuve, à l'époque du décès de son mari, seront
« inférieurs aux deux tiers de la pension que celui-ci aurait ob-
« tenue ou pu obtenir.

« La veuve justifiera du montant de ses revenus dans la forme
« et sous les conditions déterminées par notre ordonnance du
« 16 octobre 1822.

« Art. 5. La quotité de la pension qui pourra être accordée dans
« les cas prévus par les articles 3 et 4 sera déterminée ainsi
« qu'il suit :

« Lorsque les revenus de la veuve n'excéderont pas le tiers de
« la pension que son mari aurait obtenue ou pu obtenir, la pension
« de cette veuve sera du tiers de celle du mari, sans pouvoir
« néanmoins être au-dessous de 100 francs.

« Lorsque la veuve jouira d'un revenu supérieur au tiers de la
« pension qui aura été ou qui aurait pu être accordée au mari, la
« pension de ladite veuve sera réglée de manière à ce que, réunie
« à son revenu, elle n'excède pas les deux tiers de la pension du
« mari.

« Art. 6. Si la veuve jouit d'un revenu supérieur ou égal aux
« deux tiers de la pension accordée ou qui eût pu être accordée
« à son mari, il ne pourra lui être donné de pension.

« Art. 7. Il ne sera point accordé de pension sur les fonds de
« retenue du ministère de la justice aux veuves qui n'auront pas
« été mariées cinq ans avant la cessation des fonctions de leur
« mari, non plus qu'à celles qui seront séparées de corps, lorsque
« la séparation aura été prononcée sur la demande de leur mari.

« Art. 8. Conformément à l'article 20 de notre ordonnance du
« 23 septembre 1814, la liquidation des pensions des veuves des
« magistrats sera préalablement soumise à l'examen de l'un des
« comités de notre conseil d'Etat, et réglée ultérieurement par
« une ordonnance rendue par nous, sur le rapport de notre garde
« des sceaux.

« Art. 9. La pension des veuves   contracteront un nouveau

Art. 13. Les orphelins ne recevront de pensions ou secours que jusqu'à ce qu'ils aient atteint l'âge de dix-huit
ans révolus, à moins qu'ils ne soient affligés d'infirmités
graves et incurables. Les pensions ou secours cesseront
également à l'égard de ceux desdits orphelins qui, par
grâce spéciale, seraient élevés dans quelque établissement
à la charge du Gouvernement.

Art. 14. Les pensions ou secours qui seront accordés
à une veuve et à ses enfants, quel que soit le nombre de
ces enfants, ne pourront jamais excéder les deux tiers de
la pension que leur mari et père aurait obtenue en vertu
des articles 4 et 5 des présentes.

« mariage cessera de plein droit dès le jour de la célébration.

« Art. 10. Les secours qui peuvent être accordés aux orphe-
« lins, dans les cas prévus par l'article 13 de notre ordonnance
« du 23 septembre 1814, sont fixés pour chacun au vingtième de
« la pension que leur père aurait obtenue ou pu obtenir ; néan-
« moins, ces secours ne seront pas au-dessous de 50 francs.

« Art. 11. Pour obtenir des secours, les tuteurs des orphelins,
« ou les orphelins eux-mêmes, s'ils sont majeurs, justifieront de
« l'insuffisance de leurs revenus, en la forme et sous les conditions
« déterminées par notredite ordonnance du 16 octobre 1822.

« Art. 12. Les dispositions de la présente ordonnance sont ap-
« plicables aux veuves et orphelins des chefs et employés des bu-
« reaux du ministère de la justice et du Conseil d'Etat. »

L'ordonnance du 16 octobre 1822, à laquelle renvoie l'ordonnance précitée, porte :

« Art. 1er. Les veuves de militaires qui croiront avoir droit à
« la pension... justifieront de la manière suivante de la condition
« légale relative à la privation de moyens d'existence :

« La veuve se présentera devant le juge de paix du canton où
« est situé son domicile légal : elle fera devant lui la déclaration
« de ses revenus à l'époque du décès de son mari, et joindra, à
« l'appui de sa déclaration, les extraits d'inventaires et autres do-
« cuments authentiques qui peuvent servir à la vérifier. Cette dé-
« claration sera par elle affirmée, sous la foi du serment, sous
« peine, en cas de fausse déclaration, de voir rayer la pension
« inscrite, et d'être poursuivie en restitution des arrérages indù-
« ment perçus ; le tout, sans préjudice des peines plus graves pro-
« noncées par les lois. Le juge de paix dressera procès-verbal de
« la déclaration et du serment, et y annexera les pièces à l'appui.

« Art. 2. Les tuteurs des orphelins justifieront de la même
« manière, et sous les mêmes peines, des revenus de leurs pu-
« pilles à l'époque où se sont ouverts leurs droits à la pension,
« soit par le décès du père, soit par le décès ou l'incapacité légale
« de la mère. »

Art. 15. La destitution ou révocation emporte déchéance du droit à la pension. Tout officier de justice et employé démissionnaire perd aussi ses droits à la pension (1).

Art. 16. Nul ne pourra cumuler une autre pension avec celle qu'il aurait obtenue, en vertu des présentes, sinon dans les cas prévus par les lois. Il sera tenu de justifier, par un certificat du premier commis des finances chargé de la dette inscrite au Trésor royal, qu'il ne jouit d'aucune pension sur les fonds généraux.

Art. 17. Le Trésor royal versera à la caisse d'amortissement, et par l'intermédiaire d'une partie prenante désignée par notre chancelier, les fonds provenant des places vacantes, ainsi que de la retenue opérée sur le traitement des fonctionnaires et employés de la chancellerie. Le montant de ces fonds, dont la caisse d'amortissement délivrera un récépissé aussitôt le versement effectué, sera mentionné dans les ordonnances de notre chancelier.

Art. 18. La caisse d'amortissement créditera les fonds de secours et de pensions de retraite, des intérêts à 4 p. 0/0 des sommes qui n'auront pas été employées, et rendra, dans les premiers jours de chaque année, à notre chancelier, le compte de ses recettes, avec le calcul des intérêts, ainsi que de la dépense.

Art. 19. La caisse d'amortissement fera connaître à notre chancelier l'extinction des pensions ou secours, à mesure qu'elle en sera informée : une pension sera présumée éteinte, lorsque le pensionnaire aura laissé écouler trois années sans se présenter. Notre chancelier donnera d'ailleurs les instructions nécessaires pour être informé des décès à mesure qu'ils arriveront.

Art. 20. La liquidation des pensions sera faite dans les bureaux de la chancellerie et déférée ensuite à l'un des comités du Conseil d'Etat qui ressortit à ce ministère, pour, sur le rapport de notre chancelier, être statué par nous en la forme d'arrêt du conseil.

----

(1) Un magistrat qui a été, non destitué ni révoqué, mais simplement remplacé pour motifs politiques, conserve le droit qu'il peut avoir à une pension pour infirmités, aux termes de l'article 5. (Conseil d'Etat, 24 mai 1836, *Desclaux*; 2 juin 1837, *Guillet*; 19 juillet 1857, *Goirand de la Baume*; 9 mai 1838, *Guerry de Champneuf*; 22 juillet 1839, *Empereur* ; 15 août 1839, *Clerc*).

Art. 21. Les pensions et secours seront payés, tous les trois mois, par la caisse d'amortissement, sur un état nominatif arrêté par notre chancelier, et sur la production d'un certificat d'inscription de la partie prenante, qui justifiera en même temps de son existence dans la forme ordinaire.

Art. 22. Il ne sera accordé de pensions ou secours que jusqu'à la concurrence de 2 à 300,000 francs.

Art. 23. Seront réunies au fonds de pensions et secours créé par les présentes les sommes actuellement disponibles à la caisse d'amortissement sur le fonds des retenues ordonnées par le décret du 18 septembre 1806, sur le traitement des fonctionnaires et employés de la chancellerie.

Art. 24. A compter du 1er octobre 1814, les pensions et secours accordés en vertu du décret du 18 septembre 1806 et de notre ordonnance du 7 juin 1814, aux employés de l'ancien ministère de la justice et de la chancellerie de France, seront payés sur les fonds de pensions créés par les présentes.

Art. 25. A l'avenir, il ne sera accordé aux employés de l'Imprimerie royale aucune pension ni secours sur le fonds créé par les présentes. Les secours et pensions qui ont été accordés jusqu'à ce jour aux employés de cette imprimerie, ainsi qu'à ceux du bureau de l'envoi des lois, en vertu du décret du 18 septembre 1806, continueront à leur être payés jusqu'au 1er janvier 1815. A partir de cette époque, ces secours et pensions seront payés sur les propres fonds de l'Imprimerie royale (1).

Art. 26. Tous règlements relatifs aux pensions et secours des officiers de justice, fonctionnaires et employés de la chancellerie de France contraires à ce qui est ordonné par les présentes, sont abrogés.

---

(1) Les pensions des employés et ouvriers de l'Imprimerie impériale sont régies par l'ordonnance du 20 août 1824. (Voir les décrets des 18 septembre 1806 et 28 juillet 1811, et les ordonnances des 3 juillet 1816, 12 janvier 1820, et 30 juin 1824.) Les articles 11, 13 et 14 de l'ordonnance du 20 août 1824 ont été modifiés par un arrêté du 30 août 1848. La loi nouvelle n'est pas applicable à cette caisse spéciale, qui conserve son existence et ses règlements.

3o **CAISSE DE RETRAITE**

DU MINISTÈRE DES AFFAIRES ÉTRANGÈRES.

Cette caisse, créée par arrêté consulaire du 3 floréal an 8, a été définitivement réglementée par une ordonnance royale du 19 novembre 1823.

(Ordonnance du 19 novembre 1823.)

Art. 1er. Les recettes de la caisse des retenues et pensions du département des affaires étrangères se composent : 1o d'une retenue proportionnelle sur tous les traitements de chacun des agents extérieurs, ou employés des bureaux, payés directement sur les fonds du budget, laquelle devra être calculée à raison de 5 p. 0/0 sur les premiers 20,000 francs desdits traitements, de 4 p. 0/0 sur les seconds, de 3 p. 0/0 sur les troisièmes, de 2 p. 0/0 sur les quatrièmes, et enfin de 1 p. 0/0 sur les cinquièmes et suivants, ainsi qu'il résulte du tableau annexé à la présente ordonnance ;

2o D'une retenue calculée, d'après la même proportion décroissante, sur les gratifications, suppléments de traitement, et généralement toutes les sommes autres que frais de voyage ou d'établissement, et remboursements d'avances pour le service, qui seront payées à ces agents ou employés ;

3o D'une retenue sur le premier mois de tout premier traitement, ainsi que de toute augmentation d'un ancien traitement, obtenu soit dans le même emploi, soit dans un autre, laquelle retenue sera égale au montant de celle que devra supporter le traitement ou cette augmentation de traitement, dans le cours d'une année, d'après le paragraphe 1er ;

4o Des prélèvements qui seront déterminés dans un règlement particulier, approuvé par nous, sur le traitement des agents extérieurs ou employés des bureaux en congé ;

5o Enfin, des fonds et des arrérages de rentes que la caisse pourrait acquérir, conformément aux lois, ainsi que du capital de celles desdites rentes dont la vente serait autorisée par nous.

Art. 2. Le droit à la pension n'est acquis qu'après trente ans de services ; mais, en cas d'infirmités graves, constatécs et reconnues, ladite pension peut être obtenue après des services de vingt-cinq années (1).

Art. 3. La pension des agents extérieurs se calcule sur les grades dont ils ont été revêtus pendant les quatre dernières années de leurs services, et en prenant le terme moyen des pensions qui sont fixées ci-dessous pour chacun de ces grades, après trente années de services (2).

Les ambassadeurs.......	12,000 fr.
Les ministres ayant plus de 60,000 francs de traitement.......................	10,000
Les ministres ayant 60,000 francs et au-dessous.....................	8,000
Les résidents, les chargés d'affaires (nommés par nous en cette qualité) et les conseillers d'ambassade......................	6,000
Les premiers secrétaires d'ambassade....	5,000
Tous les autres secrétaires d'ambassade et de légation......................	4,000
Les consuls-généraux (3)...............	6,000
Les consuls.......................	5,000
Les vice-consuls (4)....................	3,000
Les drogmans de première classe à Constantinople......................	5,000

---

(1) La durée de trente ans de services est exigée indistinctement de tous les fonctionnaires et employés du ministère des affaires étrangères, soit qu'ils appartiennent au service intérieur ou au service extérieur. En conséquence, l'employé qui a cessé ses fonctions en 1848, après vingt années de services dont plus de quinze de services extérieurs, n'a pas droit à pension, d'après l'arrêté du 2 mai 1848. Il ne peut réclamer qu'une indemnité temporaire. (Conseil d'Etat, 23 février 1850, *de la Rochefoucauld ;* 26 mars 1850, *Cottard.*)

(2) La loi du 12 juillet 1856, qui a ouvert un crédit extraordinaire de 100,000 francs sur l'exercice 1856, pour subvention à la caisse des retraites des affaires étrangères, porte : « Art. 4. Aucune pension liquidée postérieurement à la promulgation de la présente loi ne devra excéder le maximum de 6,000 francs, déterminé par la loi du 15 germinal an 11. »

(3) Sur la preuve de l'existence du grade, dans le cas où il est contesté, voir une décision du Conseil d'Etat du 9 juin 1849, *Cornot de Cussy.*

(4) Et les consuls de 2e classe. (*Ordonnance du 22 août 1853, art. 9.*)

Les drogmans de seconde classe dans la même résidence, ainsi que les premiers drogmans des consulats-généraux..............   3,000 fr.

Enfin tous les drogmans, autres que ceux ci-dessus désignés, et les interprètes chanceliers.........................   2,400

Nos secrétaires-interprètes à Paris, ainsi que toutes les autres personnes qui ne sont point comprises dans la présente nomenclature, doivent être traités comme les employés des bureaux (1).

Art. 4. La pension des employés des bureaux se calcule sur le traitement moyen dont ils ont joui pendant les quatre dernières années de leurs services, et s'élève à la moitié de ce traitement après trente années : elle ne peut toutefois dépasser un maximum de 6,000 francs.

Art. 5. L'agent extérieur qui devient employé des bureaux, de même que l'employé des bureaux qui devient agent extérieur, moins de quatre années avant l'époque de sa retraite, peut choisir entre les droits différents que donne chacune de ces deux qualités, et faire fixer sa pension d'après la combinaison qui lui est la plus favorable.

Art. 6. Toute pension accordée avant trente années de services et dans le cas d'infirmités prévu par le deuxième paragraphe de l'article 2, doit subir autant de trentièmes de diminution qu'il manque d'années à ce terme.

Art. 7. Les seuls services qui donnent droit à la pension de retraite sur les fonds de retenue des affaires étrangères, soit qu'ils aient été rendus dans le ministère ou dans toute autre administration de l'État, sont ceux dont le payement est directement effectué sur les fonds du budget (2). Ils

---

(1) L'emploi de secrétaire interprète du roi à Constantinople, créé par ordonnance du 31 juillet 1825, n'a pu être compris dans les catégories prévues par le règlement du 19 novembre 1825. Il doit être assimilé à l'emploi de secrétaire interprète à Paris, et non à l'emploi de drogman. (Conseil d'État, 23 décembre 1835, *Ducaurroy.*)

(2) Par application de cet article, le Conseil d'État a considéré comme inadmissibles les services rendus comme chancelier de consulat, payé par le consul sur les fonds du consulat (27 novembre 1835, *Prier ;* 28 août 1844, *Guys*), et comme gérant d'un consulat par intérim (28 août 1844, *Guys ;* 26 mars 1850, *Cottard*). Au contraire, il a considéré comme admissibles les services rendus comme instituteur des jeunes de langue à Constantinople, ces

ne sont d'ailleurs comptés qu'à partir de l'âge de vingt ans ; et leur durée totale, qu'elle soit de trente années ou de vingt-cinq, doit toujours en comprendre une de quinze années au moins dans le département des affaires étrangères.

Art. 8. Le temps d'inactivité avec traitement dans le ministère des affaires étrangères compte comme un temps de service actif, pourvu toutefois que cette durée d'inactivité n'excède pas cinq années ; au delà de ce terme, elle ne compte plus que pour moitié, et au-dessus de dix années que pour un quart (1).

La pension des agents extérieurs qui arriveraient à la retraite avec un traitement d'inactivité ne devrait pas être calculée sur ce traitement, mais sur le grade dont ces agents auraient été revêtus pendant les quatre dernières années de leurs services actifs, conformément à l'article 3 (2).

Art. 9. La démission, avant trente années de services, fait perdre tout droit à la pension de retraite, à moins d'une nouvelle activité de service dans le même ministère ou la même administration ; la sortie d'un ministère pour passer dans un autre ou dans le service militaire n'est point considérée comme démission.

Art. 10. Les pensions de retraite doivent toujours être liquidées, même en cas d'insuffisance des revenus de la caisse ; mais elles ne sont payées qu'à mesure qu'il se trouve des fonds libres, et suivant l'époque de la cessation

---

services ayant été payés directement sur le budget du ministère. (**19** novembre 1837, *Ducaurroy*.)

(1) L'ordonnance du 22 mai 1835 a réglé tout ce qui concerne le traitement d'inactivité. L'article 5 porte que le temps d'inactivité ne sera jamais admis dans le règlement des pensions de retraite que pour cinq ans en totalité. (Voir, sur l'application de cette ordonnance, deux décisions du Conseil d'Etat, 23 novembre 1835, *Prier* ; et 28 août 1844, *Guys*.)

(2) Un agent diplomatique mis en disponibilité deux ans après avoir été nommé au grade de consul, mais inscrit comme vice-consul au tableau d'inactivité, ne peut réclamer que la pension de vice-consul s'il a touché sur ce pied, sans réclamation, son traitement d'inactivité. Il y a lieu seulement de joindre à sa pension l'augmentation résultant du temps pendant lequel il a été revêtu du grade de consul. (Conseil d'Etat, 30 mai 1834, et 15 mai 1835, *Fourcade*.)

des fonctions (1), ou subsidiairement, suivant la durée des services ; ou subsidiairement encore suivant l'âge des pensionnaires, mais sans rappel des arrérages antérieurs (2).

Art. 11. La pension payée sur les fonds de retenue du département des affaires étrangères peut être ajoutée à une autre pension payée sur les fonds de retenue d'une autre administration, jusqu'à concurrence du maximum le plus favorable au pensionnaire (3) ; mais cette pension ne saurait être touchée avec aucun traitement, ni aucune rétribution quelconque pour service actif, et elle reste suspendue tant que dure ce traitement : elle reprend d'ailleurs son cours et son rang aussitôt après qu'il a cessé, et elle doit même s'accroître en proportion de la durée du nouveau service actif, si elle n'a pas déjà atteint son maximum et qu'elle ait subi la diminution indiquée à l'article 6.

Art. 12. La veuve d'un pensionnaire, aussi bien que celle d'un agent ou employé décédé dans l'exercice de ses fonctions après trente années de services, peut obtenir, si elle est dénuée de fortune (4), une pension égale au

---

(1) La pension ne peut remonter, en aucun cas, à une époque antérieure à celle de l'admission à la retraite, par exemple à l'époque de la demande ; il en est ainsi alors même que l'employé se trouvait dans l'état d'inactivité au moment de sa retraite. (Conseil d'Etat, 15 mai 1835, *Fourcade.*)

(2) Voir la loi du 12 juillet 1836, art. 5 : « Les nouvelles de
« mandes de retraite, à l'exception de celles qui pourraient être
« soumises par des veuves d'employés morts en activité de ser
« vices, ne seront admises que dans la proportion des fonds dis
« ponibles : celles sur lesquelles il n'aura pas été statué, faute de
« fonds dans le cours de l'année 1836, seront ajournées à l'année
« suivante. »

(3) Lorsque deux pensions ont été accordées à un employé des affaires étrangères, l'une, à titre de récompense pour un service spécial, l'autre, à titre d'ancienneté, et que la durée de ce service spécial n'a pas été comprise dans les trente ans à raison desquels la pension d'ancienneté a été liquidée, les deux pensions peuvent être cumulées jusqu'à concurrence du maximum de 6,000 francs, fixé par l'article 4 de la loi du 12 janvier 1836 (Conseil d'Etat, 14 juin 1847, *Flury.*)

(4) La question de savoir si la veuve est dénuée de fortune doit être équitablement résolue d'après la position qu'avait eue son mari

quart de celle dont jouissait ou avait droit de jouir le défunt; mais pour cela, elle est tenue de justifier qu'elle était mariée avec lui cinq années avant l'obtention de sa retraite, ou l'ouverture de son droit à l'obtenir.

Dans le même cas de dénuement de fortune, chacun des orphelins de père et mère, issus des mariages spécifiés ci-dessus, peut obtenir une pension égale au vingtième de celle dont jouissait ou avait droit de jouir son père; cette pension dont la durée peut être limitée à un nombre d'années quelconque, ne saurait d'ailleurs lui être payée passé *l'*âge de dix-huit ans, et n'est point susceptible de réversibilité.

La portion des fonds de retenue affectée à la totalité des pensions des veuves et des orphelins ne peut jamais excéder le sixième de celle qui se trouve absorbée antérieurement par les pensions de retraite des agents extérieurs et employés des bureaux.

Art. 13. Toutes les liquidations de pensions, opérées aux affaires étrangères, sont soumises à la révision de la commission du Conseil d'Etat attachée à ce ministère par l'article 3 de notre ordonnance du 20 juin 1817.

Art. 14. Les fonds versés dans la caisse des retenues des affaires étrangères ne peuvent être affectés, dans aucun cas ni sous aucun prétexte, qu'au payement des pensions de ce département.

Art. 15. Les personnes attachées aux affaires étrangères, qui, vu la grande ancienneté de leurs services, trouveraient quelque avantage à faire fixer le taux de leurs pensions d'après les bases du décret du 13 septembre 1806, peuvent demander que cet ancien mode de liquidation leur soit appliqué; mais elles ne conservent cette faculté d'exception que pendant une année, et, passé ce terme, elles demeurent irrévocablement soumises aux dispositions générales de la présente ordonnance (1).

---

et eu égard aux circonstances. Ainsi, le Conseil d'Etat a considéré comme dénuée de fortune la veuve d'un ancien consul de première classe possédant une inscription de rente de 2,940 francs. (5 juillet 1851, *Angrand.*)

(1) Application de cette déchéance (Conseil d'Etat, 30 mai 1834, *Fourcade*).

Tableau annexé à l'art. 1er de l'ordonnance du 19 novembre 1825.

TRAITE-MENTS	RETENUE					TOTAL des RETENUES.
	de 5 p. 0/0 sur les premiers 20,000 fr.	de 4 p. 0/0 sur les seconds 20,000 fr.	de 3 p. 0/0 sur les troisièmes 20,000 fr.	de 2 p. 0/0 sur les quatrièmes 20,000 fr.	de 1 p. 0/0 sur les cinquièmes 20,000 fr.	
fr.	fr.	fr.	fr.	fr.	fr.	fr.
20,000	1,000	»	»	»	»	1,000
40,000	1,000	800	»	»	»	1,800
60,000	1,000	800	600	»	»	2,400
80,000	1,000	800	600	400	»	2,800
100,000	1,000	800	600	400	200	3,000

OBSERVATION.—Au-dessous de la classe de 20,000 francs, et dans les intermédiaires des classes supérieures, les traitements subissent la retenue de la classe à laquelle ils appartiennent.

4° CAISSE DE RETRAITE

DES FONCTIONNAIRES ET PROFESSEURS DE L'UNIVERSITÉ ET DES EMPLOYÉS DES BUREAUX DU MINISTERE DE L'INSTRUCTION PUBLIQUE (1).

Cette caisse a été organisée par la loi du 11 floréal an 10, article 42, et par l'arrêté consulaire du 15 brumaire an 12.

Le décret du 17 mars 1808 porte qu'après un exercice de trente années sans interruption, les fonctionnaires de l'Université compris dans les quinze premiers rangs pourront être déclarés émérites et obtenir une pension de retraite qui sera déterminée, suivant les différentes fonctions, par le conseil de l'Université. (Art. 29 et 123.)

Enfin, les conditions d'admission ont été fixées par le décret du 18 octobre 1810 et les ordonnances des 19 avril 1820 et 1er avril 1850.

(Décret du 18 octobre 1810.)

Art. 1er. Le titre d'émérite est acquis aux membres de

---

(1) On peut consulter sur ce sujet une brochure intitulée : *Des pensions civiles, et spécialement des pensions des fonctionnaires de l'instruction publique, résumé historique* (in-8°, Paris, Paul Dupont, 1852).

l'Université après trente ans de services non interrompus, et l'admission dans la maison de l'éméritat, ou la pension, comme émérite, pourra être accordée au bout de ce terme (1).

Art. 2... (*transitoire*).

Art. 3 et 4... (*remplacés par les articles 2 et 3 de l'ordonnance du 19 avril* 1820).

Art. 5. Ne sont pas compris dans les dispositions précédentes les membres de l'Université, sur le traitement desquels il n'est point fait la retenue prescrite par l'article 20 de notre décret du 17 septembre 1808 (2).

Art. 6, 7 et 8... (*transitoires*).

(Ordonnance du 19 avril 1820.)

Art. 1er. La retenue qui, conformément aux dispositions de l'article 42 de la loi du 11 floréal an 10, et à l'article 12 du décret du 15 brumaire an 12, doit être exercée sur les traitements des fonctionnaires de l'instruction publique désignés par les articles 123 du décret du 17 mars 1808, 20 du décret du 18 octobre 1810 (3), et qui était fixée, par le décret du 15 brumaire an 12, au vingt-cinquième des traitements, sera à l'avenir, et à partir du 1er avril 1820, du vingtième des mêmes traitements.

Art. 2. La pension d'émérite, fixée par l'article 3 du décret du 18 octobre 1810 aux trois quarts du traitement fixe dont aurait joui le pensionnaire pendant les trois dernières années de son activité, ne sera plus, pour les pensions à liquider à l'avenir, et à compter du même jour 1er avril 1820, que des trois cinquièmes dudit traitement. Cette pension s'accroîtra d'un vingtième du traite-

---

(1) Au nombre des peines de discipline énumérées par l'article 47 du décret du 17 mars 1808 se trouve la *réforme* ou la retraite donnée avant le temps de l'éméritat avec un traitement moindre que la pension des émérites.

(2) Cet article porte que la retenue faite jusqu'à ce jour sur les traitements des proviseurs, censeurs et professeurs pour les pensions de retraite, aura lieu sur tous les traitements des fonctionnaires de l'Université.

(3) Le droit à pension a été étendu par diverses ordonnances et même par des arrêtés ministériels à un grand nombre de fonctionnaires. On en trouvera l'indication exacte dans la brochure précitée sur les pensions des fonctionnaires de l'instruction publique, page 37.

ment fixe pour chaque année de services au delà de trente ans, sans cependant qu'en aucun cas elle puisse excéder le dernier traitement fixe dont aurait joui le pensionnaire pendant les trois dernières années de son exercice. Dans tous les cas, le maximum des pensions ne pourra excéder la somme de 5,000 francs.

Art. 3. Tout membre de l'Université, âgé de plus de soixante ans, ou qui, sans avoir atteint cet âge, serait attaqué de quelque infirmité pendant l'exercice de l'une des fonctions qui donnent droit à la pension, pourra demander la pension de retraite avant l'époque fixée pour l'éméritat dans l'article 3 du décret du 18 octobre 1810, pourvu toutefois qu'il ait au moins dix années effectives et entières de service dans les fonctions qui donnent droit à la pension. Lorsque le motif de la retraite aura été jugé légitime par la commission de l'instruction publique, la pension sera réglée à l'avenir, et à compter du 1er avril 1820, d'après les bases suivantes, et toujours à raison du traitement fixe dont le pensionnaire aura joui pendant les trois dernières années de son activité :

De dix à quinze ans de services.......... 2/10
De quinze à vingt ans de services........ 3/10
De vingt à vingt-cinq ans de services..... 4/10
De vingt-cinq à trente ans de services.... 5/10

Dans tous les cas, le minimum de la pension demeure fixé à 500 francs.

Art. 4. En liquidant les pensions, les fractions d'années d'exercice dans les diverses fonctions de l'instruction publique qui donnent droit à la pension, seront réunies; mais il ne sera pas tenu compte de ce qui, après cette réunion, excéderait un nombre de demi-années complètes. Il ne sera pas non plus tenu compte, dans la fixation des pensions, des fractions au-dessous de 10 francs.

Art. 5... (*transitoire*).

Art. 6. Il ne pourra être payé aucune pension au delà du fonds de retraite. Néanmoins, les fonctionnaires émérites, ou ceux qui, sans avoir atteint l'époque de l'éméritat, seraient admis à la retraite en vertu de l'article 3 ci-dessus, pourront demander et obtenir la liquidation de leur pension.

Les pensionnaires, ainsi liquidés, prendront rang entre

eux, pour l'entrée en jouissance de leurs pensions, au fur
et à mesure des extinctions successives, à raison du jour
de la cessation de leurs fonctions ; subsidiairement, à
raison de la durée de leurs services ; et, en cas d'égalité
de temps de services, à raison de leur âge.

Art. 7 et 8... (*transitoires*).

(Ordonnance du 1er avril 1830.)

Considérant que, dans la plupart des administrations
publiques, il est accordé des pensions de retraite aux
veuves des fonctionnaires, et qu'il serait juste d'en faire
jouir également les veuves des fonctionnaires et professeurs de l'Université, mais que l'état actuel de la caisse
des retraites ne permettrait pas de liquider des pensions à
toutes les veuves sans distinction.

Art. 1er. Des pensions de retraite pourront être accordées aux veuves des membres de l'Université, mariées
depuis cinq ans au moins, et dont les maris viendront à
décéder postérieurement au 1er juillet 1830.

Art. 2. Ces pensions ne pourront excéder le tiers de
celles auxquelles les décédés auraient eu droit.

Art. 3. Jusqu'à l'époque où la situation des fonds affectés au payement des pensions de retraite de l'Université
le permettra, il ne sera accordé de pensions aux veuves
qu'en proportion de leurs besoins, et lorsqu'elles auront
justifié qu'elles n'ont pas des moyens suffisants d'existence.

Art. 4. Lorsque notre conseil royal de l'instruction publique aura reconnu que le fonds de retraite peut faire
face à la dépense, toutes les veuves des membres de
l'Université auront droit au maximum de la pension déterminé par l'article 2.

Art. 5. Les veuves qui se remarieront cesseront de recevoir des pensions et des secours sur les fonds de l'Université.

Quant aux employés des bureaux du ministère de l'instruction
publique, leurs pensions ont toujours été liquidées conformément au décret du 4 juillet 1806. Ce décret sert de règlement
pour les pensions des employés du ministère de l'intérieur, qui
jusqu'en 1824 a compté l'instruction publique parmi ses attributions. (*Voir* plus bas, page 161.)

5° **CAISSE DE RETRAITE**

DES FONCTIONNAIRES ET DES EMPLOYÉS ET RÉGENTS DES COLLÉGES COMMUNAUX.

(Ordonnance du 25 juin 1823.)

Art. 1er. A compter du 1er octobre 1823, les traitements des principaux et régents des colléges communaux seront soumis à la retenue du vingtième, prescrite par l'article 1er de notre ordonnance du 19 avril 1820.

Art. 2. Cette retenue aura lieu chaque année sur la totalité des traitements qui leur seront attribués par le budget du collége communal, arrêté par notre conseil royal de l'instruction publique, en exécution de l'article 77 du décret du 17 mars 1808 ; que lesdits traitements soient assignés sur les revenus spéciaux des colléges, sur les fonds alloués par les communes, sur le produit du pensionnat, ou sur les rétributions payées par les élèves externes (1).

Art. 3. En ce qui concerne les colléges communaux où le pensionnat est au compte des principaux, leur traitement sera évalué à un quart au-dessus de celui dont jouit le régent le mieux rétribué dans l'établissement qu'ils dirigent. Leur contribution annuelle au fonds de retraite sera réglée d'après cette évaluation, et leur tiendra lieu de la retenue. La même règle sera suivie à l'égard de ceux qui cumulent les fonctions de principal et de régent, si le pensionnat est à leur compte. Lorsque les régents seront logés et nourris gratuitement dans les colléges communaux, le traitement dont ils jouissent sera évalué à un tiers en sus, pour la fixation de leur contribution annuelle au fonds de retraite (2).

Art. 4. Dans les colléges où les traitements des régents sont acquittés par les principaux, la retenue sera faite par le principal, et sera par lui versée, à l'expiration de chaque trimestre, dans la caisse académique du collége royal, comme les rétributions universitaires dues par les élèves du collége communal qu'il dirige. Dans les colléges où les traitements des principaux et régents sont acquittés

____

(1 et 2) Voyez le décret du 29 août 1830, ci-après.

14

par la caisse municipale, les régents remettront eux-mêmes le montant de la retenue, mois par mois ou trimestre par trimestre, entre les mains du principal, qui en fera le versement dans la caisse académique, comme il vient d'être dit, en y joignant la retenue qui devra être exercée sur son propre traitement.

Tout principal qui aurait manqué, pendant un trimestre, à verser dans la caisse académique les produits des retenues de l'école qu'il dirige, perdra le droit à la pension pour toutes les années antérieures. Il en sera de même de tout régent qui aurait manqué pendant six mois à faire entre les mains du principal le versement de la retenue. Toutefois, ce dernier pourra être réintégré dans ses droits par arrêté du conseil royal, après avoir restitué les sommes qu'il aurait dû verser.

Art. 5. Le produit de toutes les retenues exercées sur les traitements des principaux et régents des colléges communaux sera versé, à la diligence des recteurs, dans la caisse générale de l'Université; il y formera, jusqu'à ce qu'il en soit autrement ordonné, un fonds spécial et distinct de celui des pensions de retraite actuellement existant. Il sera uniquement destiné à acquitter les pensions qui seront accordées aux principaux et régents des colléges communaux.

Art. 6. A compter du 1er janvier 1825, les principaux et régents des colléges communaux qui se trouveront dans les cas prévus par les articles 1er et 4 du décret du 18 octobre 1810 et par l'article 3 de notre ordonnance du 19 avril 1820, pourront obtenir des pensions de retraite. Ces pensions seront liquidées par notre conseil royal de l'instruction publique, dans les formes et dans les proportions établies par notredite ordonnance. Le minimum des susdites pensions est fixé à 300 francs. Il ne pourra être liquidé de pensions aux principaux et régents des colléges communaux que jusqu'à concurrence des fonds disponibles pour cet objet.

Art. 7. Les secrétaires des Académies, les secrétaires des Facultés nommés par le grand-maître de l'Université, les économes des colléges royaux pourront, à l'avenir, obtenir des pensions de retraite comme les autres fonctionnaires des Académies et de nos colléges royaux ; en conséquence, la retenue du vingtième sera exercée sur les traitements fixes dont ils jouissent. La même retenue sera exercée sur les traitements des maîtres d'études de nos colléges royaux, qui auront obtenu une nomination du grand-maître de l'Université.

Art. 8. Les agrégés de l'Université qui seront employés comme professeurs dans les colléges particuliers de plein exercice, créés par l'article 21 de notre ordonnance du 27 février 1821, pourront obtenir des pensions de retraite comme les autres fonctionnaires de l'Université. Lesdits agrégés payeront, en conséquence, chaque année, au profit de l'ancien fonds de retraite, une somme égale à la retenue qui sera exercée sur le traitement fixe des professeurs titulaires du même ordre attachés au collége royal de l'Académie dans laquelle est situé le collége particulier.

Si, dans la même Académie, il y a plusieurs colléges royaux de différentes classes, la contribution des agrégés-professeurs des colléges particuliers sera réglée d'après la retenue à laquelle sont soumis les traitements des professeurs du collége royal de la classe la moins élevée. A Paris, les agrégés-professeurs des colléges particuliers payeront une somme égale à la retenue exercée sur les traitements des professeurs des colléges royaux de ladite ville.

Art. 9. Les directeurs et les employés des colléges particuliers, autres que les agrégés-professeurs, ne seront point admis à obtenir des pensions de retraite : en conséquence, il ne sera exigé d'eux aucune contribution annuelle représentative de la retenue du vingtième.

Art. 10. A l'avenir, et pour toutes les pensions qui seront liquidées à la charge, soit de l'ancien fonds de retraite, soit du nouveau fonds créé par notre présente ordonnance, il sera également tenu compte, aux membres de l'Université, des années d'exercice soit dans les anciennes Universités, dans les colléges qui étaient tenus par les congrégations enseignantes, dans les écoles centrales, les écoles secondaires communales et les lycées, soit dans les facultés, dans les colléges royaux et communaux, et dans les fonctions administratives de l'Université. Toutefois les années pour la pension de retraite ne commenceront à courir, pour les maîtres d'études compris dans l'article 7 de notre présente ordonnance, qui ne seraient point élèves de la ci-devant école normale, ou des écoles normales partielles créées par notre ordonnance du 27 février 1821, que du jour où ils auront atteint l'âge de vingt-quatre ans accomplis.

Art. 11. Les pensions qui pourront être liquidées seront mises à la charge de l'ancien fonds de retraite ou du fonds créé par notre présente ordonnance, suivant que les fonctionnaires qui les obtiendront, se trouveront employés, lors de la cessation de leurs fonctions, dans un collége communal ou dans un établissement de l'instruction publique autre que les colléges communaux.

(Décret du 29 août 1850.)

Vu les ordonnances des 19 avril 1820, 25 juin 1823, 13 novembre 1837, 17 janvier 1839 et 27 septembre 1840;

Vu le titre 9 du règlement du 16 décembre 1841 relatif aux pensions des fonctionnaires de l'instruction publique et aux retenues à exercer sur les traitements pour les caisses de retraite;

Considérant que quelques-unes des dispositions des décrets et ordonnances précités, notamment les articles 2 et 3 de l'ordonnance du 25 juin 1823, ont donné lieu dans leur application à des interprétations contradictoires qu'il est du devoir de l'administration de faire cesser en posant des règles précises et invariables;

Considérant en outre qu'il importe de fixer la position et les droits des fonctionnaires qui cumulent deux traitements :

Art. 1er. Lorsqu'un principal de collége a le pensionnat à son compte, et que, néanmoins, il lui est attribué par le budget de l'établissement un traitement fixe, quelle que soit la quotité de ce traitement, sa contribution au fonds de retraite est fixée, conformément à l'article 3, § 1er, de l'ordonnance du 25 juin 1823, au vingtième du traitement du régent le mieux rétribué, surévalué d'un quart, et la pension de retraite est liquidée d'après cette même base.

Art. 2. Lorsqu'un principal, dirigeant un collége en régie, remplit en même temps les fonctions de régent ou d'aumônier, et cumule, à ce double titre, deux traitements, la retenue est prélevée sur les deux traitements, conformément à l'article 2 de l'ordonnance précitée, et la liquidation de la pension est basée sur le traitement le plus élevé.

Art. 3. Le régent ou le maître d'études qui remplit en même temps les fonctions de sous-principal, d'aumônier ou de maître de langues vivantes, et qui, en conséquence, cumule deux traitements, est également passible de la retenue sur ces deux traitements, et sa pension est fixée d'après le traitement le plus élevé.

Art. 4. Les règles établies par les articles 2 et 3 ci-dessus sont applicables, sans exception, à tous les fonctionnaires, professeurs et employés de l'Université susceptibles d'acquérir des droits à une pension de retraite.

Art. 5. Toutes les dispositions ayant pour objet de régler l'exécution des lois, décrets et ordonnances relatifs aux retenues et aux pensions du ministère de l'instruction publique, et contraires à celles du présent décret, sont et demeurent abrogées.

6° CAISSE DE RETRAITE

DES EMPLOYÉS DES BUREAUX DES CULTES.

L'administration des cultes a été réunie, tour à tour, aux ministères de l'intérieur, de la justice et de l'instruction publique.

Un décret du 14 juin 1810 avait créé des règles spéciales pour la liquidation des pensions des employés des cultes, une ordonnance du 15 décembre 1824 a remplacé ce règlement par celui du 4 juillet 1806, concernant les retraites des employés du ministère de l'intérieur.

7° CAISSE DE RETRAITE

DES EMPLOYÉS DES MINISTÈRES DE L'INTÉRIEUR, DE L'AGRICULTURE ET DU COMMERCE, ET DE LA POLICE GÉNÉRALE.

(Décret du 4 juillet 1806 (1).)

TITRE Ier.—DISPOSITIONS GÉNÉRALES.

Art. 1er. A compter du 1er juillet 1806, il sera fait, chaque mois, sur tous les traitements des employés du mi-

---

(1) Les dispositions de ce décret sont également applicables aux employés des bureaux de la police générale, de l'agriculture et du commerce, de l'instruction publique et des cultes, successivement démembrés du ministère de l'intérieur.—Aux termes de l'avis du Conseil d'Etat du 17 novembre 1811, le décret du 4 juillet 1806 est applicable d'une manière générale, et faute de règlements spéciaux, aux pensions accordées par les départements et les communes.

14.

nistère de l'intérieur, une retenue de 2 centimes 1/2 par franc, pour former un fonds de pensions de retraite et de secours en faveur de ceux qui en seront susceptibles, ou de leurs veuves et orphelins.

Art. 2. Le montant net des traitements, pendant les vacances d'emplois qui n'excéderont pas un mois, sera ajouté aux fonds des retraites (1).

Art. 3. Le ministre de l'intérieur est autorisé à prélever, à dater de la même époque, sur les fonds affectés dans son budget aux frais de bureau, impressions, etc., de son ministère, une somme de 6,000 francs, chaque année, pendant dix ans seulement, pour former le premier fonds des retraites et pensions, et représenter les services passés sur lesquels il n'y a point eu de retenue.

TITRE II.—DES CONDITIONS POUR POUVOIR OBTENIR UNE PENSION.

Art. 4. Les demandes à fin de pension seront adressées, avec les pièces justificatives, au ministre de l'intérieur.

Art. 5. Il sera tenu un registre de ces demandes, où elles seront portées par ordre de dates et de numéros (2).

Art. 6. Le ministre fera examiner ces demandes et vérifier les titres à l'appui, et chaque année. sur son rapport, les pensions seront fixées par nous en Conseil d'Etat.

Art. 7. Il ne sera accordé de pensions que jusqu'à concurrence des fonds libres sur le montant des retenues, et sur ceux ajoutés par l'article 3 du présent décret.

Art. 8. Les employés du ministère de l'intérieur pourront obtenir une pension de retraite après trente ans de services effectifs (3), pour lesquels on comptera tout le temps d'activité dans d'autres administrations publiques

---

(1) Les articles 1 et 2 ont été modifiés par l'ordonnance du 27 avril 1832, qui a élevé à 5 p. % le taux des retenues.

(2) Il résulte des articles 4 et 5 que la jouissance d'une pension ne peut remonter au delà de la demande qui en a été faite régulièrement et qui a été appuyée des pièces justificatives. (Conseil d'Etat, 28 mars 1840, *Guetty*.)

(3) Ne sont considérés comme services effectifs que les services rendus dans un emploi définitif et rémunérés par un traitement sur lequel il a été perçu une retenue. Voir, sur l'application de ce principe, une décision du Conseil d'Etat du 7 mai 1852, *Durieu*.

qui ressortissaient au Gouvernement, quoique étrangères à celle dans laquelle les employés se trouvent placés, et sous la condition qu'ils auront au moins dix ans de services dans le ministère de l'intérieur ou dans les comités du Gouvernement et les commissions exécutives qui représentaient ce ministère (1).

La pension pourra cependant être accordée avant trente ans de services à ceux que des accidents ou des infirmités rendraient incapables de continuer les fonctions de leur place, ou qui se trouveraient réformés, après dix ans de services et au-dessus, par le fait de la suppression de leur emploi (2).

Art. 9. Pour déterminer la fixation de la pension, il sera fait une année moyenne du traitement fixe dont les réclamants auront joui pendant les trois dernières années de leur service. Les gratifications qui leur auraient été accordées pendant ces trois ans ne feront point partie de ce calcul.

Art. 10. La pension accordée après trente ans de services ne pourra excéder la moitié de la somme réglée par l'article précédent. Elle s'accroîtra du vingtième de cette moitié pour chaque année de services au-dessus de trente ans.

Le maximum de la retraite ne pourra excéder les deux

---

(1) Les services militaires sont admissibles dans la liquidation des pensions du ministère de l'intérieur, et ils doivent être comptés comme services civils. Les ordonnances qui ont modifié cette règle, soit en réduisant aux services effectifs les services militaires admissibles, soit en prescrivant de liquider séparément les services civils et les services militaires, sont spéciales aux administrations financières. Elles ne s'appliquent pas aux pensions régies par le décret du 4 juillet 1806. (Conseil d'Etat, 10 janvier 1827, *Filli;* 21 mars 1834, *Préfet de la Seine ;* 11 juin 1834 et 30 mars 1842, *Ville de Bordeaux.*)

(2) Un emploi n'est pas supprimé parce qu'il est rattaché à un service différent de celui dont il dépendait d'abord. (Conseil d'Etat, 8 janvier 1836, *Lantier;* 8 février 1851, *Ménard.*)

La condition de dix ans de services n'est exigée que des employés réformés pour suppression d'emploi. Aucune condition de service n'est exigée de la part des employés réformés pour infirmités. (Conseil d'Etat, 2 avril 1852, *Marquiset.*)

Il suffit que les dix ans de services dont il s'agit aient été rendus dans le même bureau, quoique ce bureau ait été successivement rattaché à divers ministères. (Conseil d'Etat, 1er septembre 1841, *Isoard.*)

tiers du traitement annuel de l'employé réclamant, calculé comme il est dit article 9.

Art. 11. La pension accordée avant trente ans de services, dans le cas prévu par le second paragraphe de l'article 8, sera du sixième du traitement pour dix ans de services et au-dessous. Elle s'accroîtra d'un soixantième de ce traitement pour chaque année de services au-dessus de dix ans, sans pouvoir excéder la moitié du traitement.

Art. 12. Les pensions et secours aux veuves et orphelins ne pourront excéder la moitié de celle à laquelle le décédé aurait eu droit. Ces pensions ne seront accordées qu'aux veuves et orphelins des employés décédés en activité de service, ou ayant eu pension de retraite.

Les veuves n'y auront droit qu'autant qu'elles auraient été mariées depuis cinq ans, et non divorcées, et qu'elles n'auraient pas contracté de nouveau mariage (1).

Dans le cas où le décédé n'aurait pas acquis de droit à une pension, la veuve ne pourra y prétendre.

Art. 13. Si l'employé laisse une veuve sans aucun enfant au-dessous de l'âge de quinze ans, la pension sera du quart de la retraite qui aurait été accordée à son époux, si elle eût été fixée à l'époque de son décès.

Dans le cas où le décédé aurait laissé à la charge de sa veuve un ou plusieurs enfants au-dessous de quinze ans, la pension pourra être augmentée, pour chacun de ces enfants, de 5 p. 0/0 de la retraite qui aurait été réglée pour le décédé, et sans toutefois que la totalité de la somme à accorder à la veuve, tant pour elle que pour ses enfants, puisse jamais excéder le double de celle qu'elle eût obtenue dans la première hypothèse.

Art. 14. Si la veuve décède avant que les enfants provenant de son mariage avec l'employé, son défunt mari, aient atteint l'âge de quinze ans, sa pension sera réversible à ses enfants, qui en jouiront, comme les autres orphelins jouiront de la leur, par égale portion, jusqu'à l'âge de quinze ans accomplis, mais sans réversibilité des uns aux autres enfants.

Art. 15. Si les employés ne laissent pas de veuves, mais seulement des orphelins, il pourra leur être accordé

---

(1) Il faut que le mariage ait précédé de cinq ans le jour où l'employé a cessé ses fonctions soit par retraite, soit par décès. (Conseil d'Etat, 13 avril 1850, *Lagarde.*)

des pensions de secours jusqu'à ce qu'ils aient atteint l'âge de quinze ans ; la quotité sera fixée, pour chacun, à la moitié de ce qu'aurait eu leur mère, si elle avait survécu à son mari, et ne pourra excéder, pour tous les enfants ensemble, la moitié de la pension à laquelle leur père aurait eu droit, ou dont il jouissait.

La pension qui pourrait revenir, d'après les précédentes dispositions, à un ou plusieurs de ces enfants, leur sera conservée pendant toute leur vie s'ils sont infirmes, et, par l'effet de ces infirmités, hors d'état de travailler pour subvenir à leurs besoins.

Art. 16. En cas de concurrence entre plusieurs employés réclamant la pension, l'ancienneté de service d'abord, et ensuite l'âge et les infirmités décideront de la préférence.

Art. 17. Les dispositions du présent décret ne seront applicables qu'au bénéfice des employés actuels du ministère, ou de ceux qui y seront admis.

TITRE III.—DES CAS DE SUSPENSION ET DE PRIVATION DU DROIT A LA PENSION DE RETRAITE.

Art. 18. Nul employé démissionnaire n'a droit de prétendre au remboursement des retenues exercées sur son traitement, ni à aucune indemnité en conséquence ; mais si, par la suite, il était admis à rentrer dans le ministère, le temps de son premier service compterait pour la pension (1).

Art. 19. Tout employé destitué perd ses droits à la pension, quand il aurait le temps de services nécessaire pour l'obtenir ; il ne peut prétendre ni au remboursement des sommes retenues sur son traitement pour les pensions, ni à aucune indemnité équivalente.

---

(1) Le Conseil d'Etat a décidé qu'une démission donnée le 28 février 1848, et qui d'ailleurs n'avait point été acceptée, n'avait pas, dans les circonstances où elle avait été offerte, le caractère auquel l'article 18 attache la privation du droit à la retraite ; que dès lors cette démission ne pouvait faire obstacle à ce qu'il fût fait application des dispositions exceptionnelles de l'arrêté du 2 mai 1848. (23 novembre 1850, *Paganel.*)

TITRE IV.—DISPOSITIONS RELATIVES A UN CAS PARTICULIER.

Art. 20. Les employés du ministère dont les traitements sont payés, tant par la caisse du ministère que sur des fonds particuliers, seront traités à l'instar des autres employés du même ministère, ainsi que leurs veuves et enfants ; et, à cet effet, la retenue réglée par l'article 1er du présent décret sera faite proportionnellement et sur la totalité du traitement que chacun d'eux reçoit sur ces diverses caisses, à moins que ladite retenue ne soit faite aussi sur lesdites caisses, pour pensions.

Ces employés justifieront qu'aucune disposition particulière, relative à des pensions, n'a été faite en leur faveur sur une autre caisse que celle du ministère de l'intérieur qui contribue à les salarier ; et, s'il y a une retenue pour pension auxdites caisses, on ne liquidera leur pension au ministère de l'intérieur que sur la base du traitement payé sur les fonds du ministère.

TITRE V.—DU MODE DE PAYEMENT DES PENSIONS, DES VERSEMENTS ET DE LA COMPTABILITÉ DES FONDS DE RETENUE.

Art. 21. Les pensions accordées sur les fonds de retenue et sur ceux ajoutés par l'article 3 du présent décret seront payées comme les traitements.

Art. 22. Au commencement de chaque semestre, il sera formé un bordereau général contenant :

1º L'état des retenues faites pendant le semestre échu, et de celles présumées dans le semestre suivant ; au total de cet état sera ajouté le montant du prélèvement autorisé par l'article 3 du présent décret ;

2º L'état des pensions accordées et de celles éteintes ;

3º L'état des nouvelles pensions et des sommes nécessaires pour les acquitter.

Art. 23. Si le produit des fonds destinés aux pensions a excédé le montant des payements à faire aux pensionnaires, l'excédant sera versé à la caisse d'amortissement, qui en accumulera les intérêts à 5 p. 0/0 par an au profit desdits fonds.

Art. 24. Les produits des retenues, des versements à la caisse d'amortissement et des intérêts qui en proviendront, seront uniquement et privativement affectés à la destination prescrite par le présent décret.

Art. 25. Une expédition du bordereau général ordonné par l'article 22 sera remise tant au ministre de l'intérieur qu'au directeur général de la caisse d'amortissement.

Art. 26. La caisse d'amortissement rendra, chaque année, au ministre de l'intérieur, compte par écrit des sommes qu'elle aura reçues, payées ou employées, et des extinctions de pensions qui seront survenues. Ce compte arrêté sera mis sous nos yeux, chaque année, par le ministre.

8° CAISSE DE RETRAITE

DES PROFESSEURS ET EMPLOYÉS DU CONSERVATOIRE DE MUSIQUE.

(Ordonnance du 31 août 1832 (1).)

Vu la loi du 16 thermidor an 3, portant établissement d'un Conservatoire de musique, à Paris. Considérant que, dès l'organisation du Conservatoire, le Gouvernement avait reconnu la nécessité d'assurer une retraite aux artistes qui y sont attachés, mais que les dispositions de la loi susdatée qui avaient pour objet de régler les pensions auxquelles ils pourraient avoir droit n'ont plus d'application depuis le décret du 13 septembre 1806.

TITRE Ier. — CRÉATION DE LA CAISSE SPÉCIALE.

Art. 1er. Il est créé, pour le Conservatoire royal de musique, une caisse particulière destinée au payement des pensions de retraite qui seront à l'avenir accordées aux directeurs, professeurs et employés de cet établissement.

Art. 2. Les revenus de la caisse se composeront :

1° Du produit d'une retenue de 5 p. 0/0 opérée sur tous les traitements, gratifications, indemnités et émolu-

---

(1) Avant l'ordonnance du 31 août 1832, les pensions du Conservatoire de musique étaient régies par l'ordonnance du 1er novembre 1814, concernant les pensions de l'Opéra. (Conseil d'Etat, 14 mars 1834, *Lafon.*)

ments accordés au directeur, aux professeurs et aux employés du Conservatoire ;

2° Du montant du premier mois d'appointements de tout artiste ou employé nouvellement nommé ;

3° Du montant, pendant le premier mois, de la portion dont les traitements pourront être augmentés ;

4° Du montant des retenues de traitement pour congé ou autrement, pourvu qu'il n'excède pas dans l'année un mois de traitement;

5° De la recette de concerts ou exercices publics qui seraient donnés par les professeurs et élèves du Conservatoire, déduction faite des frais.

Art. 3. Ces recettes seront versées à la caisse des dépôts et consignations, chargée du payement des pensions. La liquidation de ces pensions aura lieu dans les mêmes formes que pour les administrations dépendantes du ministère du commerce et des travaux publics.

TITRE II.— CONDITIONS D'ADMISSION ET FIXATION DE LA PENSION.

Art. 4. Les services du directeur, des professeurs et des employés ne seront comptés, pour donner droit à une pension de retraite, qu'à partir de l'âge de vingt ans accomplis.

Art. 5. Ne pourront être admis les années de surnumérariat, ou de services non rétribués, ni le temps des congés emportant suspension de traitement, ni les services rendus jusqu'au moment d'une démission volontaire ou d'une révocation.

Art. 6. La quotité de la pension du directeur, des professeurs et employés, sera déterminée d'après la moyenne des appointements fixes dont ils auront joui pendant les quatre dernières années de leur activité. Les indemnités et les gratifications ne seront pas comptées dans cette évaluation.

Art. 7. Les directeurs et les professeurs qui seront dûment autorisés à cesser leurs fonctions, après vingt ans révolus de services effectifs au Conservatoire de musique, auront droit à une pension sur la caisse spéciale de cet établissement.

Cette pension sera du tiers du traitement fixe pour vingt ans de services, et s'accroîtra d'un soixantième dudit traitement pour chaque année de services au delà de vingt ans, sans pouvoir excéder la moitié du traitement.

Art. 8. Néanmoins le directeur et les professeurs qui compteront quinze ans révolus de services effectifs dans l'établissement auront droit à pension s'ils sont mis à la réforme soit pour cause d'infirmités graves dûment constatées, soit par suite de la suppression de leur emploi : dans ce cas, la pension ne sera payée qu'à partir de l'âge de quarante ans révolus, et sera, pour chaque année de services, d'un soixantième du taux moyen du traitement des quatre dernières années d'activité.

Art. 9. Les employés du Conservatoire de musique n'auront droit à pension qu'après trente ans révolus de services effectifs salariés par l'Etat, et soixante ans d'âge ; moitié au moins de ces services devront avoir été rendus dans cet établissement.

La pension sera du tiers du taux moyen des quatre dernières années de leur traitement fixe.

Néanmoins, en cas d'infirmités graves dûment constatées, ou de suppression d'emploi, il pourra être accordé une pension aux employés qui compteraient vingt-cinq ans de services et cinquante ans d'âge. La pension sera liquidée dans la proportion établie au paragraphe précédent.

Art. 10. Aucune pension ne pourra excéder la moitié de la moyenne du traitement d'activité durant les quatre dernières années.

Art. 11. Les liquidations seront établies sur le nombre effectif des années, mois et jours de service.

Art. 12. Les directeur, professeurs et employés réformés pour une des causes exprimées aux articles 8 et 9 de la présente ordonnance, après cinq ans révolus de services effectifs et sans avoir droit à pension, recevront, à titre d'indemnité une fois payée, six mois de leur traitement annuel; mais ils ne pourront prétendre en aucun cas au remboursement des retenues qu'ils auront subies.

TITRE III.—SECOURS AUX VEUVES.

Art. 13. Lorsqu'un directeur, professeur ou employé décédera en activité de service, ayant acquis droit à pension, sa veuve pourra obtenir, à titre de secours, un tiers de la pension qui aurait été accordée à son mari s'il eût été admis à la retraite.

Il n'y aura pas lieu à ce secours :

1° Si la veuve est âgée de moins de trente ans et sans enfants ;

2° Si elle est mariée depuis moins de cinq ans;

3° Si elle est en état de séparation de corps;

4° Enfin, si elle ne prouve pas qu'elle n'a pas de moyens d'existence équivalents à la pension de son mari.

Art. 14. Les dispositions de l'article précédent seront applicables aux veuves des directeur, professeurs et employés qui décéderont, jouissant d'une pension de retraite fixée et liquidée en exécution du présent règlement.

Art. 15. Il ne pourra être liquidé de nouvelles pensions sur la caisse du Conservatoire de musique qu'après qu'il aura été constaté que cette caisse présente les moyens suffisants pour les acquitter.

9° **CAISSE DE RETRAITE**

DES EMPLOYÉS DU SERVICE DES PRISONS.

Cette caisse a été fondée par un décret du 7 mars 1808; elle a été réglementée définitivement par l'ordonnance du 8 septembre 1831.

(Ordonnance du 8 septembre 1831.)

Art. 1er. Le fonds des pensions se composera :

1° Des arrérages des rentes acquises au moyen des sommes disponibles ;

2° De la retenue du premier mois d'appointements des employés qui seront admis à l'avenir (sont exceptés les employés dont le traitement n'excède pas 600 francs par an) ;

3° De la retenue du premier mois de toutes les augmentations de traitement obtenues, soit dans les mêmes fonctions, soit par suite d'avancement (cette retenue s'applique à toute augmentation, quel que soit le traitement);

4° Des retenues opérées sur les traitements des employés en congé (ces retenues sont fixées par l'autorité qui accorde les congés) ;

5° Des portions de traitement libres par vacance d'emploi pour un mois au plus ;

6° D'une retenue de 5 centimes pour franc sur les traitements de tous les employés.

Art. 2. Ces produits seront, au fur et à mesure des recelles, versés à la caisse des dépôts et consignations, qui demeure chargée du payement des pensions (1).

Conditions d'admission à la retraite.

Art. 3. Les employés des prisons auront droit à une pension de retraite après trente ans de services effectifs. dont quinze au moins dans les prisons.

Art. 4. La pension pourra être accordée avant trente ans à ceux qui, ayant quinze ans de services dans les prisons, seront réformés par suppression de leur emploi, ou se trouveront incapables de le remplir par suite d'accident ou d'infirmités résultant de leur service.

Art. 5. L'employé qui aura été blessé et mis par les prisonniers hors d'état d'exercer ses fonctions, aura droit à une pension dont le minimum sera calculé sur vingt ans de services, et s'accroîtra dans la proportion de moitié de ses années de services effectifs.

Art. 6. Tout employé démissionnaire, ou destitué par décision du ministre, avant trente ans de services, perd ses droits à la pension.

Art. 7. Les employés du service de sûreté, dans les maisons d'arrêt et de justice et dans les prisons pour peines, devront, pour être admis à la pension, justifier par certificats des procureurs généraux et des préfets, qu'ils ont rempli fidèlement leurs devoirs, et n'ont pas laissé évader de prisonniers par leur faute.

Art. 8. Aucun gardien révoqué, après avoir été condamné pour des faits relatifs à ses fonctions, ne pourra être admis à la retraite.

---

(1) Nous croyons devoir reproduire ici les articles 4-7 du décret du 7 mars 1808 :

« Art. 4. Les demandes à fin de pension seront adressées, par « l'intermédiaire des préfets, avec les pièces justificatives, au mi- « nistre de l'intérieur.

« Art. 5. Il sera tenu un registre de ces demandes, où elles « seront portées par ordre de dates et de numéros.

« Art. 6. Le ministre fera examiner ces demandes et vérifier « les titres à l'appui; et, chaque année, sur son rapport, les pen- « sions seront fixées par nous en Conseil d'Etat.

« Art.. 7. Il ne sera accordé de pensions ou secours que jus- « qu'à concurrence des fonds libres, sur le montant des retenues, · « et sur ceux ajoutés par l'article 3 du présent décret. »

Services admissibles.

Art. 9. Seront comptés, pour établir le droit à la pension, les services civils et militaires.

Art. 10. Les services civils comprendront le temps d'exercice de toute fonction publique à laquelle est attaché un traitement, et de tout emploi dans les ministères, les directions qui en dépendent, et dans les bureaux des préfectures.

Ces services ne se compteront que de l'âge de vingt ans accomplis.

Art. 11. Si l'employé jouit d'une pension pour services civils sur les fonds de l'État, la pension de retraite sera liquidée sur la totalité des services ; mais la pension sur l'État sera déduite de la somme ainsi réglée, et l'excédant seul sera payé sur la caisse des prisons.

Art. 12. Les services militaires seront admis à raison de leur durée effective, sans accroissement pour les campagnes ou pour toute autre cause.

Art. 13. Si l'employé a déjà été pensionné comme militaire sur les fonds de l'État, ses services militaires ne seront plus comptés dans la liquidation sur la caisse des retraites ; mais il pourra cumuler les deux pensions.

Les services militaires non récompensés n'accroîtront la pension que dans la proportion, pour chaque année, du trentième de la somme fixée comme minimum pour chaque grade, par les lois des 11 et 18 avril 1831.

Liquidation des pensions.

Art. 14. Pour déterminer la quotité de la pension, il sera fait une année moyenne du traitement dont l'employé aura joui pendant les quatre dernières années de son activité. Les gratifications, indemnités et autres allocations supplémentaires, sur lesquelles ne porte pas la retenue, n'entreront pas dans ce compte.

Art. 15. La pension sera d'un soixantième du traitement moyen pour chacune des trente premières années de service, et d'un cinquantième pour chacune des années suivantes, sans toutefois qu'elle puisse, en aucun cas, excéder les deux tiers de ce traitement. Les fractions de franc seront négligées.

Veuves et orphelins.

Art. 16. La veuve d'un pensionnaire ou d'un employé décédé en activité de service, et ayant acquis les droits à la pension, conformément aux articles 4, 5 ou 7, pourra obtenir une partie de la pension dont jouissait ou qu'aurait obtenue son mari.

Art. 17. Pour être admise à jouir de cette réversibilité, la veuve devra prouver qu'elle était mariée avec l'employé mort en activité de service cinq ans avant son décès, ou avec le pensionnaire, cinq ans avant qu'il fût admis à la retraite.

Art. 18. La pension sera accordée, indépendamment de la condition de cinq années de mariage, à la veuve de l'employé qui aura perdu la vie en résistant aux tentatives d'évasion ou aux violences des prisonniers, ou qui sera mort de ses blessures dans les six mois.

Art. 19. Ne sont pas admises à la réversibilité de la pension les femmes divorcées ou séparées de corps; celles qui se remarieront cesseront d'en jouir.

Art. 20. Si la veuve ne satisfait pas aux conditions exigées, la pension qui lui aurait été attribuée sera répartie, à portion égale, entre les enfants de l'employé décédé, qui en jouiront jusqu'à l'âge de quinze ans accomplis, sans réversibilité des uns sur les autres. Il en sera de même si l'employé ne laisse pas de veuve, ou si la veuve vient à décéder ou à se remarier avant que les enfants aient accompli leur quinzième année. Néanmoins, s'il n'existe qu'un seul enfant de l'âge déterminé ci-dessus, il ne recevra que la moitié de la somme accordée à la veuve.

Art. 21. S'il y a des enfants d'un premier lit, la part de pension réversible à la famille sera partagée par moitié entre eux et la veuve.

Art. 22. La part de pension échue à un enfant pourra lui être continuée après l'âge de quinze ans accomplis, à titre de secours et par disposition spéciale, s'il est dans l'indigence, et si, à raison d'infirmités graves et incurables, il est hors d'état de travailler.

Art. 23. Il est accordé aux veuves ou aux enfants, dans les cas prévus ci-dessus, sur les pensions de 300 francs et au-dessous, moitié; sur les pensions de 600 francs, un tiers; sur les pensions de 1,000 francs et au-dessus, un quart. Pour les pensions de 300 francs à 600 francs, la part de la

veuve se composera : 1° de moitié des premiers 300 francs;
2° d'un sixième de la somme excédant 300 francs.

Pour les pensions de 600 francs à 1,000 francs, cette part
sera : 1° d'un tiers des premiers 600 francs et 2° d'un
huitième de l'excédant.

Dispositions transitoires.

Art. 24. Les employés qui ont trente ans de services
accomplis à la date de la présente ordonnance pourront
faire liquider leurs pensions suivant les règles établies
par le décret du 7 mars 1808 (1).

10° CAISSE DE RETRAITE

DES EMPLOYÉS DES HARAS, DÉPOTS D'ÉTALONS ET ÉCOLES VÉTÉRINAIRES.

Cette caisse, fondée par décret du 6 février 1810, a été définitivement réglée par ordonnance du 20 juin 1827.

(Ordonnance du 20 juin 1827.)

Vu le décret du 6 février 1810, et les ordonnances royales
des 22 février 1816, 16 janvier, 17 mars et 1er septembre
1825, relatifs aux pensions de retraite et secours annuels à
accorder aux employés tant de l'administration des haras
que des écoles vétérinaires, leurs veuves et orphelins.

TITRE Ier. — FONDS DES RETRAITES.

Art. 1er. Le fonds des retraites se compose : 1° des valeurs versées dans la caisse des dépôts et consignations
en exécution du décret du 6 février 1810 et des ordon-

---

(1) Le droit de réversibilité est acquis à la veuve au moment
de la liquidation de la pension du mari. En conséquence, quand
un ancien employé des prisons, retraité en 1830 d'après le décret
du 7 mars 1808, est décédé en 1840, laissant une veuve, la pension
de celle-ci doit être liquidée d'après le décret du 7 mars 1808,
et non d'après l'ordonnance du 8 septembre 1851 (Conseil d'E-
tat, 3 mai 1842, *Roger*). Voir les notes sur l'article 15 du règlement du 12 janvier 1825, relatif aux pensions du ministère des
finances.

nances des 16 janvier et 17 mars 1825, ci-dessus visés ;
2° d'une retenue·de 4 p. 0/0 qui continuera de s'opérer
sur les traitements et gages des employés des haras et
des écoles vétérinaires, et sur les suppléments de traitement alloués par les articles 10 et 11 de notre ordonnance du
16 janvier 1825 ; 3° des retenues qui pourront être faites
sur le traitement des employés absents pour toute autre
cause que celle du service ; 4° des arrérages de rentes et
intérêts produits par le fonds des retraites (1).

Art. 2. Les retenues et autres sommes composant le
fonds des retraites sont exclusivement affectées au service des pensions de retraite et secours annuels actuellement existant, et à ceux qui seront ultérieurement accordés aux employés, à leurs veuves et orphelins. Il ne
pourra, sous aucun prétexte, en être rien détourné pour
une autre destination.

Art. 3. Les retenues spécifiées en l'article 1er seront, au
fur et à mesure des recettes, versées à la caisse des dépôts
et consignations, qui demeure chargée de payer, d'après
les états nominatifs envoyés par le ministre de l'intérieur,
les pensions et secours annuels accordés sur le fonds des
retraites.

Art. 4. Les sommes non employées seront converties
en achats de rentes sur l'État. Ces achats seront faits par
la caisse des dépôts et consignations, sur les demandes
du ministre de l'intérieur.

Art. 5. La caisse des dépôts et consignations remettra,
à la fin de chaque année, à notre ministre de l'intérieur,
l'état des sommes qu'elle aura reçues pour le fonds des
retraites, et de celles qu'elle aura payées sur ce fonds ou
placées à son profit. Cet état sera mis sous nos yeux chaque année par le ministre.

TITRE II.—CONDITIONS D'ADMISSION A LA RETRAITE.

Art. 6. Les employés des haras et des écoles vétérinaires
pourront obtenir une pension de retraite : 1° après trente
ans de services effectifs; 2° après l'âge de soixante ans
accomplis, si, dans l'une et l'autre position, ils ne sont

---

(1) Modifié par l'ordonnance du 27 mai 1852, qui a porté la retenue à 5 p. %.

plus en état de servir; 3° en cas de suppression d'emploi.

Le droit à la pension ne sera toutefois acquis, dans aucun de ces cas, qu'autant que l'employé compterait au moins dix ans d'activité dans les haras ou dans les écoles vétérinaires (1).

Art. 7. Pourront exceptionnellement obtenir une pension, quel que soit le nombre de leurs années de services, les employés mis hors d'état de continuer leurs fonctions par suite de blessures ou d'accidents graves occasionnés par le service.

TITRE III. — SERVICES ADMISSIBLES.

Art. 8. Indépendamment des services rendus dans les haras ou dans les écoles vétérinaires, on comptera comme droit à la pension les services rendus dans les troupes de terre et de mer, et dans les administrations publiques, civiles et militaires. Toutefois ceux des services rendus dans d'autres administrations, qui ne seraient pas admissibles pour la retraite, d'après les règlements propres à ces administrations, seront rejetés.

Art. 9. Les services militaires de terre et de mer ne seront comptés que pour le temps effectif de leur durée, sans doublement pour les années de campagne, et sans addition pour les années de grâce.

Art. 10. Les services civils admissibles pour la retraite ne compteront que de l'âge de vingt ans accomplis. Toutefois, les services que les palefreniers auront rendus dans les haras ou dans les écoles vétérinaires pourront compter de l'âge de dix-huit ans. Dans aucun cas, le temps du surnumérariat ne pourra être compté.

Art. 11. Toute démission avant l'âge ou le temps de services exigé pour la retraite, fait perdre le droit à la pension, à moins de réadmission ultérieure dans le même service.

---

(1) Un décret du 9 avril 1851 porte : « Art. 1er. Les dispositions des ordonnances des 20 juin 1827 et 27 mai 1832 seront applicables aux officiers et employés de l'administration des haras, placés temporairement dans les dépôts mixtes d'étalons nationaux et départementaux. — Art. 2. Ces fonctionnaires devront, en conséquence, verser à la caisse des retraites le montant des retenues de toute nature que leur traitement aurait subies s'ils n'eussent pas été détachés dans les dépôts mixtes. »

Art. 12. Tout employé destitué perd ses droits à la retraite, quels que soient son âge, la durée et la nature de ses services ; néanmoins, s'il est réadmis dans la même administration, ses services antérieurs lui seront comptés.

TITRE IV.—LIQUIDATION ET PAYEMENT DES PENSIONS.

Art. 13. Les demandes à fin de pension seront adressées avec les pièces justificatives à notre ministre de l'intérieur, qui, après en avoir fait préparer la liquidation, les renverra à l'examen du comité de l'intérieur de notre Conseil d'Etat, pour être ensuite soumises, s'il y a lieu, à notre approbation.

Art. 14. Pour déterminer la fixation de la pension, il sera fait une année moyenne du traitement fixe pendant les trois dernières années. Les suppléments de traitement alloués par les articles 10 et 11 de notre ordonnance du 16 janvier 1825, entreront aussi en compte pour déterminer l'année moyenne.

Art. 15. La pension accordée à trente ans de services révolus sera de la moitié du traitement moyen, réglé comme il a été dit en l'article précédent. Elle s'accroîtra d'un vingtième de la moitié restante pour chaque année de services au-dessus de trente ans, sans néanmoins que le résultat de la liquidation puisse, en aucun cas, excéder les deux tiers du traitement déterminé par l'article 14.

Art. 16. La pension accordée avant trente ans de services, pour raison d'âge ou de suppression d'emploi, et pour blessures et accidents graves, sera d'un sixième du traitement moyen pour dix années de services. Elle s'accroîtra d'un soixantième de ce traitement pour chaque année de services au-dessus de dix ans. Dans le cas prévu par l'article 7, elle ne pourra être moindre du sixième du traitement moyen, réglé d'après l'article 14, ou du traitement moyen de l'employé pendant son temps d'activité, s'il comptait moins de trois années.

Art. 17. Les services, soit civils, soit militaires, récompensés par une pension sur les fonds généraux, concourront, avec les services postérieurs non récompensés, pour établir le droit à la pension ; mais ils n'entreront pas dans la fixation du montant de la pension liquidée sur le onds des retraites.

Art. 18. Les services militaires non récompensés et susceptibles de compter pour la pension, seront admis dans la liquidation, conformément à l'ordonnance royale du 6 mai 1818, et rétribués dans les proportions déterminées pour chaque grade par les règlements relatifs aux pensions militaires, et sous la restriction spécifiée en l'article 9 de la présente ordonnance.

Art. 19. Tout employé ayant perdu l'usage d'un de ses membres par une blessure reçue dans l'exercice de ses fonctions, et qui le mettrait hors d'état de travailler, pourra obtenir un supplément à sa pension de retraite, dans le cas où elle serait évidemment trop faible si elle était calculée d'après les règles établies au présent titre.

Cette disposition ne s'appliquera qu'aux employés qui n'auraient pas trente ans de services. Dans aucun cas, la pension ainsi accrue ne pourra excéder la moitié du traitement moyen.

Art. 20. Les liquidations seront faites sur la durée effective des services ; néanmoins, les fractions de franc seront négligées au profit du fonds des retraites.

Art. 21. La pension courra du jour de la cessation du traitement d'activité. Elle sera payée par trimestre.

Art. 22. Dans le cas où l'employé aurait déjà une pension sur les fonds généraux, la jouissance de cette pension continuera d'avoir son cours cumulativement avec celle de la pension assignée sur le fonds des retraites, conformément à la loi du 15 mai 1818 et à l'ordonnance du 8 juillet suivant.

TITRE V.— VEUVES ET ENFANTS.

Art. 23. La veuve d'un pensionnaire aura droit à la réversion du quart de la pension dont son mari jouissait sur le fonds de retraites des employés des haras et des écoles vétérinaires.

La veuve d'un employé décédé dans l'exercice de ses fonctions, mais ayant des droits acquis à la pension, aura également droit à une pension qui sera du quart de la retraite à laquelle son mari aurait pu prétendre à l'époque de son décès, d'après le titre II.

Art. 24. Dans le cas où l'employé décédé aurait perdu la vie par un accident fortuit arrivé dans l'exercice de ses fonctions, ou serait mort dans les six mois qui auraient suivi l'accident, sans avoir dix ans de services, la pension de la veuve sera portée au tiers de la retraite dont son mari jouissait, si sa pension avait été liquidée déjà, ou qui aurait pu lui être accordée d'après les articles 7 et 16 de la présente ordonnance.

Art. 25. La veuve pouvant prétendre à une pension, aux termes des articles précédents, ne sera toutefois admise à la réclamer qu'autant qu'elle justifiera : 1° qu'elle était mariée cinq ans avant la mort de l'employé décédé en activité, ou cinq ans avant la mise en retraite de l'employé mort pensionnaire, ou, dans les cas prévus par les articles 7 et 24 seulement, avant l'événement qui aurait amené la mort ou la mise en retraite de l'employé ; 2° qu'il n'existait pas de séparation de corps entre eux ; 3° qu'elle n'a pas contracté de nouveau mariage.

Art. 26. Si l'employé décédé laisse une veuve et des enfants issus de lui en légitime mariage, la pension de la veuve s'accroîtra temporairement d'un vingtième de la retraite du mari, pour chaque enfant au-dessous de seize ans, sans toutefois que la somme de ces accroissements réunis à la pension de la veuve puisse excéder la moitié de cette retraite. Chaque part d'enfant s'éteindra quand il aura accompli sa seizième année, ou s'il vient à décéder avant de l'avoir atteinte.

Art. 27. Dans le cas où la veuve ne serait pas habile à recueillir la pension, faute de pouvoir remplir les conditions exigées par l'article 25, il sera accordé, pour les enfants au-dessous de seize ans provenant de l'employé décédé, des secours annuels qui ne pourront pas excéder, pour chaque enfant, le dixième de la retraite de leur père, et en totalité le tiers de cette retraite. Ces secours s'éteindront aussi proportionnellement et sans réversion de l'un à l'autre enfant, à mesure que chacun d'eux aurait atteint sa seizième année, ou viendrait à décéder avant d'y être parvenu.

Art. 28. Si la veuve pensionnée décède avant que les enfants de l'employé défunt aient atteint l'âge de seize ans, la pension dont elle jouissait sera partagée, à titre de secours, par portions égales, entre ces enfants, qui en jouiront jusqu'à l'âge de seize ans accomplis, et sans réversion des uns aux autres. Il en serait de même si la veuve pensionnée venait à contracter ultérieurement un nouveau mariage.

Art. 29. Si l'employé ne laisse que des orphelins, il leur sera aussi accordé des secours annuels jusqu'à ce qu'ils aient atteint l'âge de seize ans. Ces secours ne pourront excéder pour chaque orphelin le huitième de la retraite dont le père jouissait, ou à laquelle il aurait eu droit, ni pour les enfants ensemble, la moitié de cette retraite.

Art. 30. Le secours annuel qui pourrait revenir, d'après les précédentes dispositions, à un ou plusieurs enfants de l'employé décédé, leur sera conservé au delà de l'âge de seize ans, s'ils sont atteints d'infirmités qui les mettent hors d'état de travailler pour subvenir à leurs besoins, et pendant tout le temps que dureront ces infirmités.

Art. 31. Les pensions et secours au profit de la veuve et des enfants courront du jour du décès de l'employé ou de la mère ; ils seront aussi, comme ceux des employés, payés par trimestre.

TITRE VI. — DISPOSITIONS GÉNÉRALES.

Art. 32. Il ne pourra être accordé de pension que jusqu'à concurrence des fonds libres provenant des ressources spécifiées au titre Ier. En cas de concurrence entre plusieurs employés réclamant la pension, l'ancienneté de service d'abord, et ensuite l'âge et les infirmités, décideront de la préférence.

Art. 33. Nul ne peut prétendre à aucun remboursement ni à aucune indemnité quelconque, à raison des retenues légalement faites sur son traitement pour le fonds des retraites.

Art. 34. Dans le cas où un employé jouissant d'une pension sur le fonds des retraites viendrait à être remis en activité dans une administration publique avec un traitement ou une rétribution quelconque, la pension sera suspendue, et le payement n'en pourra être repris qu'à dater du jour de la cessation du traitement d'activité.

Art. 35. Les pensionnaires sur le fonds des retraites seront assujettis aux dispositions des lois des 25 mars 1817 et 15 mai 1818, relativement aux déclarations et justifications à faire.

Art 36. Les règlements actuellement en vigueur, relatifs aux pensions des employés des haras et des écoles vétérinaires, sont abrogés.

11° CAISSE DE RETRAITE

DES VÉRIFICATEURS ET EMPLOYÉS DU SERVICE DES POIDS
ET MESURES.

(Ordonnance du 3 novembre 1827.)

Art. 1er. Une caisse de retraite sera établie en faveur
des employés de la vérification des poids et mesures. Les
pensions assignées sur cette caisse seront liquidées conformément au décret du 4 juillet 1806 (1). Néanmoins, si
ces employés avaient des services militaires à faire valoir,
ces services ne seraient admis dans la liquidation que sur
le pied du règlement propre aux pensions militaires, et au
prorata du nombre des années effectives de leur durée.

Les employés qui réuniraient le nombre d'années nécessaire pour avoir droit à la retraite, suivant le décret du
4 juillet 1806, ne pourront obtenir une pension sur la
caisse des employés de la vérification des poids et mesures, qu'en justifiant de dix ans au moins d'exercice dans
cette administration.

Art. 2. Pour former la caisse de retraite, il sera fait, à
partir du 1er janvier 1828, une retenue de 5 p. 0/0 sur
tous les traitements des employés de la vérification. Le
produit en sera versé à la caisse des dépôts et consignations pour y être employé en achat de rentes sur l'État,
et servir les pensions liquidées, ainsi qu'il est dit dans les
articles suivants.

Art. 3. La caisse de retraite des employés de la vérification des poids et mesures ne commencera son service
qu'à compter du 1er janvier 1829. Les premières pensions
liquidées sur cette caisse ne pourront excéder une somme
totale de 2,000 francs pour ladite année.

Art. 4. Jusqu'à l'année 1835 inclusivement, il ne sera
accordé de pensions nouvelles sur cette caisse que jusqu'à
concurrence de 2,000 francs chaque année, payables à partir du 1er janvier de l'année suivante. Si ce maximum de
2,000 francs n'était pas atteint dans le cours d'une année,
l'excédant serait ajouté à la somme disponible de l'année

---

(1) Sur les pensions du ministère de l'intérieur. Voir plus haut.

suivante. Dans ce maximum de pensions nouvelles à créer chaque année, ne sera pas compté l'emploi des extinctions en faveur de nouveaux titulaires.

Art. 5. Jusqu'à la fin de l'année 1835, les demandes de pensions seront mises chaque année sous les yeux de notre ministre de l'intérieur, qui fera procéder à la liquidation jusqu'à concurrence des fonds à employer d'après l'article ci-dessus, en commençant par les titulaires qui compteront les plus longs services, et en cas d'égalité dans la durée des services, par ceux qui seront les plus âgés ou atteints de plus graves infirmités.

12º CAISSE DE RETRAITE

DES PROFESSEURS ET EMPLOYÉS DES ÉCOLES D'ARTS ET MÉTIERS (1).

13º CAISSE DE RETRAITE

DES AGENTS DE L'INTENDANCE SANITAIRE DE MARSEILLE (2).

14º CAISSE DE RETRAITE

DES FONCTIONNAIRES ET EMPLOYÉS DES PONTS ET CHAUSSÉES ET DES MINES.

(Décret du 7 fructidor an 12 (25 août 1804) (Extrait du), contenant organisation du corps des ingénieurs des ponts et chaussées.)

TITRE VIII.—RETRAITES ET PENSIONS.

Art. 33. A dater du 1er vendémiaire an 13, il sera fait

(1 et 2) Ces deux caisses ont été instituées par de simples arrêtés ministériels que nous n'avons pu nous procurer.

chaque mois une retenue de 3 p. 0/0 sur les appointements des ingénieurs de tout grade, jusques et y compris les aspirants, pour former un fonds destiné à l'acquit des pensions, tant des ingénieurs qui seront dans le cas d'obtenir leur retraite, que des veuves et enfants desdits ingénieurs (1).

Art. 34. Le montant des vacances d'emplois qui n'excéderont pas quinze jours sera ajouté à la retenue ci-dessus, pour augmenter le fonds des retraites et pensions (2).

Art. 35. Les ingénieurs de tout grade auront droit (3) à la retraite après trente ans de services effectifs dans le corps (4).

Les trente ans dateront de la nomination comme aspirant, ou de l'âge de vingt ans, dans le cas où l'aspirant serait au-dessous de cet âge lors de sa nomination (5).

Art. 36. Pour déterminer le montant des pensions de retraite dues à chaque ingénieur, il sera fait une année commune du traitement dont il aura joui pendant les trois dernières années de son activité.

La pension sera de la moitié de ce produit pour trente

(1 et 2) Modifiés par une ordonnance du 25 février 1835, qui a porté le taux des retenues à 5 p. °/₀.

(3) Les ingénieurs des ponts et chaussées peuvent, comme tous autres fonctionnaires, être admis d'office à faire valoir leurs droits à la retraite. Le ministre a un pouvoir discrétionnaire à cet égard, et sa décision ne peut être déférée au Conseil d'Etat par la voie contentieuse. (Conseil d'Etat, 16 novembre 1855, *Jousselin;* 30 novembre 1850, *Mondot de Lagorce.*)

(4) Tous services rendus ailleurs que dans le corps des ponts et chaussées sont inadmissibles. Il en est ainsi même des services militaires. (27 août 1840, *Girardeau.*)

(5) Ainsi modifié par ordonnance du 5 août 1840 :

« Vu l'article 35 du décret du 7 fructidor an 12 et l'article 82 « du décret du 18 novembre 1810, etc.

« Art. 1er. A l'avenir le temps de service des ingénieurs des « ponts et chaussées et des mines datera de leur entrée à l'école « des ponts et chaussées ou à l'école des mines, ou de l'âge de « vingt ans, dans le cas où l'élève serait au-dessous de cet âge « lors de sa nomination.

« Art. 2. Le traitement alloué aux élèves des ponts et chaus-« sées et des mines sera assujetti aux retenues prescrites par no-« tre ordonnance du 25 février 1835. »

années de services, et d'un vingtième de l'autre moitié pour chaque année au-dessus de trente ans, sans que, dans aucun cas, le maximum de ces retraites puisse être au-dessus de :

6,000 francs pour les inspecteurs généraux ;

4,000 francs pour les inspecteurs divisionnaires et ingénieurs en chef directeurs (1) ;

3,000 francs pour les ingénieurs en chef ;

Et 2,000 francs pour les ingénieurs ordinaires.

Art. 37. Dans le cas de retraite forcée avant trente ans, pour cause d'infirmité, la pension à accorder sera déterminée à raison d'un sixième du traitement pour dix ans de services, et, en outre, d'un soixantième pour chaque année excédant le nombre de dix.

Art. 38. Les pensions de retraite des ingénieurs ne seront pas réversibles à leurs veuves et à leurs enfants.

Art. 39. Il sera accordé aux veuves des ingénieurs décédés une pension alimentaire à titre de secours ; elle sera du tiers de la retraite à laquelle les décédés auraient eu droit si cette retraite eût été liquidée à l'époque de leur décès ; et, dans tous les cas, elle n'excédera pas le maximum de 1,200 francs.

Pour obtenir cette pension, les veuves devront prouver qu'elles étaient mariées depuis cinq ans, qu'il n'y a point eu de divorce prononcé, qu'elles n'ont pas un revenu net de 600 francs.

Art. 40. Une somme de 4,000 francs sera prise annuellement sur le fonds des retraites pour être employée à donner des secours aux orphelins des ingénieurs qui auraient perdu leur père et leur mère, et qui seraient le plus dénués de moyens d'existence. Ces secours seront distribués sur la proposition du conseil général des ponts et chaussées, arrêtée par le directeur général et approuvée par le ministre ; ils cesseront lorsque les individus auront obtenu une amélioration suffisante dans leurs facultés ; et, dans aucun cas, ils ne seront continués lorsque l'individu aura atteint l'âge de vingt ans.

Art. 41. Au 15 des mois de ventôse et de fructidor de

---

(1) Ce maximum a été porté à 4,500 francs par une ordonnance du 5 août 1840, et à 5,000 francs par une ordonnance du 5 février 1848 et un décret du 1er septembre 1852.

chaque année, le directeur général des ponts et chaussées remettra au ministre de l'intérieur, pour être soumis au Gouvernement :

1º L'état des pensions déjà obtenues ;

2º La situation du fonds de retenue, y compris les intérêts accumulés, s'il y a lieu ; cet état sera concerté entre l'administration des ponts et chaussées et celle de la caisse d'amortissement;

3º L'état des nouvelles demandes de retraite pour les ingénieurs, ou de pensions pour les veuves, et la somme nécessaire pour les acquitter.

Les nouvelles demandes ne seront admises que dans la proportion des fonds disponibles ; celles sur lesquelles il ne pourra être statué, faute de fonds, seront ajournées au semestre suivant.

Le payement des pensions et secours établis en faveur des ingénieurs sera exécuté par la caisse d'amortissement.

Art. 42. Les appointements des ingénieurs seront payés par trimestre comme par le passé; les ordonnances délivrées à cet effet seront sujettes à la retenue de 3 p. 0/0; il sera fait mention expresse de cette condition sur les ordonnances,

Lors du payement des appointements aux parties prenantes, les préposés du payeur général des dépenses diverses exerceront la retenue; il en sera fait mention dans les quittances ou états d'émargement signés par les ingénieurs.

Les préposés du payeur général verseront le montant de la retenue par eux exercée dans les caisses qui leur seront indiquées par le directeur de la caisse d'amortissement.

Les retraites et pensions seront payées chaque trimestre aux parties prenantes, soit par la caisse d'amortissement elle-même à Paris, soit par les agents qu'elle désignera dans les chefs-lieux de département et d'arrondissement communal.

A cet effet, il sera adressé, chaque trimestre, par le directeur des ponts et chaussées, au directeur de la caisse d'amortissement, un état des payements à exécuter, en conformité des états de semestre soumis au Gouvernement. Les parties prenantes y désignées seront payées sur leurs quittances.

16.

Art. 43. A compter du 1ᵉʳ vendémiaire an 13, il sera prélevé annuellement, sur les fonds provenant de la taxe d'entretien des routes, une somme de 70,000 francs pour former le premier fonds des retraites et pensions à accorder à ceux des ingénieurs âgés ou infirmes, dont la mise en retraite ne peut être différée, et aux veuves actuellement existantes susceptibles de pensions.

La distribution de cette somme sera soumise au Gouvernement.

Cette charge s'éteindra successivement par le décès des individus compris dans l'état approuvé par le Gouvernement.

Le montant de ce fonds sera versé par trimestre, sur les ordonnances du ministre de l'intérieur, à la caisse d'amortissement, qui en tiendra un compte distinct de celui du fonds de retenue.

Art. 44. Les ingénieurs des ponts et chaussées attachés aux travaux des ports militaires auront droit aux retraites ; et attendu qu'il leur est fait à la marine une retenue de 3 p. 0/0, et que ce département demeure déchargé de leur constituer des retraites, la retenue qui leur est faite sera, à compter du 1ᵉʳ vendémiaire an 13, versée, chaque trimestre, à la caisse d'amortissement par le ministre de la marine.

Art. 45. Si le produit des retenues excède le montant des retraites et pensions à payer annuellement, la caisse d'amortissement en accumulera les intérêts au profit du fonds de retenue.

Art. 46. La caisse d'amortissement rendra tous les ans au ministre de l'intérieur, et en se concertant avec l'administration des ponts et chaussées, le compte du fonds des retraites et pensions des ingénieurs.

TITRE IX.—CONDUCTEURS DES PONTS ET CHAUSSÉES.

Art. 55. Le traitement des conducteurs est assujetti à la retenue de 3 p. 0/0, pour former un fonds de retraite dont il sera tenu un compte séparé par la caisse d'amortissement.

Toutes les dispositions relatives aux retraites des ingénieurs sont applicables aux conducteurs ; le maximum des retraites de ces derniers étant, du reste, fixé à 800 francs (1).

Une somme annuelle de 2,000 francs sera réservée sur le fonds de retenue pour être distribuée, à titre de secours, à des veuves et à des orphelins de conducteurs morts en activité de service, ou à ceux même de ces conducteurs qui, dans l'exercice de leurs fonctions, seraient grièvement blessés par quelque accident.

Art. 56. A compter du 1er vendémiaire an 13, il sera prélevé annuellement, sur les fonds provenant de la taxe d'entretien des routes, une somme de 8,000 francs pour former le premier fonds de retraites et pensions à accorder à ceux des conducteurs âgés ou infirmes dont la mise en retraite ne peut être différée. La distribution de cette somme sera soumise à l'approbation du Gouvernement. Cette charge s'éteindra successivement par le décès des individus compris dans l'état approuvé par le Gouvernement. Le montant de ce fonds sera versé par trimestre, sur les ordonnances du ministre de l'intérieur, à la caisse d'amortissement, qui en tiendra un compte distinct.

TITRE XI.— BUREAUX DE L'ADMINISTRATION GÉNÉRALE (2).

Art. 70. Les employés de l'administration centrale des

---

(1) Ainsi modifié par l'article 2 de l'ordonnance du 9 janvier 1840 :

« Art. 2. A dater du 1er juin 1840, le maximum de la pension « de retraite à laquelle les conducteurs des ponts et chaussées ont « droit en vertu de l'article 55 du décret susvisé, est fixé à la « moitié du traitement moyen dont ils auront joui pendant les « trois dernières années de leur activité. »

Voir, sur la liquidation des pensions des conducteurs, une décision du Conseil d'Etat du 28 novembre 1845, *Martin.*

Ces dispositions ne conféraient aucun droit aux veuves des conducteurs. Cette lacune a été comblée par une ordonnance du 10 juillet 1840, ainsi conçue :

« Vu les articles 39 et 55 du décret du 7 fructidor an 12 « (25 août 1804) ; vu l'article 2 de l'ordonnance du 9 janvier 1840.

« Art. 1er. A l'avenir, les veuves des conducteurs des ponts et « chaussées morts pensionnaires ou en possession de droits à la « retraite, auront droit à une pension. Cette pension sera liquidée « d'après les mêmes règles que les pensions des veuves des ingé- « nieurs des ponts et chaussées. »

(2) Aujourd'hui bureaux du ministère des travaux publics.

ponts et chaussées seront susceptibles d'une retraite après trente ans de services effectifs, pour lesquels on comptera tous les emplois publics qu'ils auront exercés.

Le traitement de tous les employés des bureaux de l'administration centrale des ponts et chaussées sera assujetti à la retenue de 3 p. 0/0, pour former un fonds de retraite dont il sera tenu un compte séparé par la caisse d'amortissement.

Toutes les autres dispositions relatives aux retraites des ingénieurs sont applicables aux employés des bureaux de l'administration centrale.

Le maximum de la retraite ne pourra excéder les deux tiers du traitement moyen des trois dernières années d'activité.

71. A compter du 1er vendémiaire an 13, il sera prélevé annuellement, sur les fonds provenant de la taxe d'entretien des routes une somme de dix mille francs pour former le premier fonds des retraites et pensions à accorder à ceux des employés, âgés ou infirmes, dont la mise en retraite ne peut être différée. La disposition de cette somme sera soumise à l'approbation du Gouvernement.

Cette charge s'éteindra successivement par le décès de ceux compris dans l'état approuvé par le Gouvernement.

Le montant de ce fonds sera versé par trimestre, sur les ordonnances du ministre de l'intérieur, à la caisse d'amortissement, qui en tiendra un compte distinct.

(Décret du 18 novembre 1810 (Extrait du), contenant organisation du corps des ingénieurs des mines.)

TITRE IX.—RETRAITES ET PENSIONS.

Art. 81. A dater de la publication du présent décret, il sera fait, chaque mois, une retenue de 3 p. 0/0 sur les appointements des ingénieurs de tout grade, jusques et y compris les aspirants, pour former un fonds destiné à l'acquit des pensions, tant des ingénieurs qui seront dans le cas d'obtenir leur retraite, que de leurs veuves et de leurs enfants.

Art. 82. Les ingénieurs de tout grade actuellement en activité, auront droit à la retraite après trente ans de services effectifs, aux termes de l'article 8 du décret du 4 juillet 1806 (1). Ceux qui sont entrés dans le corps depuis l'établissement de l'École polytechnique n'auront droit à la retraite qu'après trente ans de services effectifs dans ce corps.

À l'avenir, les trente ans dateront de la nomination comme aspirant, ou de l'âge de vingt ans, dans le cas où l'aspirant aurait été au-dessous de cet âge lors de sa no-mination.

Art. 83. Les pensions et secours accordés aux veuves des ingénieurs des mines ne pourront excéder la moitié de la pension à laquelle le décédé aurait eu droit.

Art. 84. La quotité des pensions de retraite des ingé nieurs, celles qui seront accordées à leurs veuves, et les secours dont leurs enfants orphelins seront susceptibles, seront réglés conformément aux dispositions du titre VIII du décret d'organisation des ponts et chaussées.

Art. 85. Une réserve sera faite sur les fonds des pensions, pour pourvoir aux secours annuels qui seront accordés aux enfants orphelins.

Art. 86. Tout ingénieur destitué perd ses droits à la pension, quand il aurait le temps de service nécessaire pour l'obtenir : il ne peut prétendre, ni au remboursement des sommes retenues sur son traitement pour les pensions, ni à aucune indemnité équivalente.

Il en est de même des ingénieurs qui passeraient à un autre service hors du corps des mines sans la permission expresse du Gouvernement.

Art. 87. Les appointements des ingénieurs seront payés par mois ; les ordonnances délivrées à cet effet seront sujettes à la retenue de 3 p. 0/0 : il sera fait mention expresse de la retenue sur les ordonnances.

Art. 88. Il sera prélevé, sur le fonds spécial des mines, une somme de 25,000 francs, pour former le premier fonds des retraites et pensions à accorder à ceux des ingénieurs âgés ou infirmes dont la mise en retraite ne peut être différée, et aux veuves actuellement existantes susceptibles de pensions.

La durée de ce prélèvement et sa quotité seront ultérieurement réglées en raison de l'accroissement que recevra le corps des mines.

––––––––––––––––––––––

(1) Sur les pensions du ministère de l'intérieur. Voir plus haut.

(Ordonnance du 9 janvier 1840, concernant les inspecteurs de la navigation attachés au département des travaux publics (1).)

Art. 1er. Les traitements des inspecteurs de la navigation attachés au département des travaux publics subiront, à partir du 1er janvier 1840, au profit de la caisse de retraite de ce département, les retenues prescrites par l'ordonnance royale du 25 février 1833.

Art. 2. Le maximum des pensions qui pourront leur être accordées est fixé à la moitié du traitement moyen dont ils auront joui pendant les trois dernières années de leur activité. Ces pensions, et celles qui pourront être accordées aux veuves de ces fonctionnaires, seront, au reste, liquidées d'après les bases posées par l'article 70 du décret du 25 août 1804.

(Décret du 10 novembre 1807, sur les pensions de retraite des officiers de port.)

Art. 1er. Les officiers de port de tout grade auront droit à une pension de retraite dans le département de l'intérieur.

Art. 2. Cette pension ne pourra excéder, savoir :

960 francs pour les capitaines de première classe ; 720 francs pour les capitaines de deuxième classe 600 francs ; pour les lieutenants de première classe ; 480 francs pour les lieutenants de deuxième classe ; 360 francs pour les maîtres de port de première classe ; 240 francs pour les maîtres de port de deuxième classe, et les deux cinquièmes du traitement des trois dernières années, pour les maîtres de port de troisième classe.

Art. 3. Seront précomptées sur les pensions de retraite à accorder aux officiers de port, celles qu'ils auraient pu obtenir du ministère de la marine ou de tout autre département, pour services rendus avant leur nomination à l'emploi d'officier ou de maître de port. En conséquence,

----

(1) Aucune disposition n'a soumis les gardes de navigation au versement de la retenue. En conséquence, ces employés ne peuvent réclamer de pensions sur la caisse de retraite des ponts et chaussées (Conseil d'Etat, 13 juillet 1850, *Lelarge*). Cette décision ne résout pas la question de savoir si ces employés auraient du moins droit à des pensions sur fonds généraux.

les officiers de port seront tenus de fournir, lorsqu'ils seront mis en retraite, un certificat du ministre de la marine constatant qu'ils n'ont pas de pension de retraite, ou qu'ils en ont une dont la somme sera indiquée.

Art. 4. Les veuves des officiers de port qui seront morts en activité de service, à dater de l'organisation nouvelle prescrite par notre décret du 10 mars 1807, pourront obtenir une pension alimentaire qui sera du tiers de celle que leurs maris auraient pu avoir à l'époque de leur décès, en appliquant au règlement de cette dernière pension, les dispositions des articles 2 et 3 du présent décret.

Art. 5. A dater du jour de la mise en activité de notre décret du 10 mars 1807, portant organisation des officiers de port, il sera fait une retenue de 3 p. 0/0 sur les appointements des officiers de port de tout grade, pour former un fonds destiné à l'acquit des pensions de ces officiers et de leurs veuves.

Le produit de cette retenue sera versé à la caisse d'amortissement, qui en tiendra un compte séparé en capitaux et intérêts.

Art. 6. A compter du même jour, il sera prélevé annuellement sur les fonds du demi-droit de tonnage une somme de 10,000 francs, pour former le premier fonds des pensions à accorder à ceux des officiers de port dont la mise en retraite ne pourra pas être différée.

Ce fonds sera versé de même à la caisse d'amortissement et s'éteindra au fur et à mesure du décès des individus compris dans les états approuvés par nous, lorsque d'ailleurs tous les officiers de port incapables de servir dans la nouvelle organisation auront été mis en retraite.

Art. 7. N'auront pas droit à une pension de retraite ceux des officiers de port qui, jugés encore en état de servir, n'accepteraient pas le poste qui leur serait confié dans la nouvelle organisation.

Art. 8. Les services des officiers de port dans la marine ou autre département, seront comptés pour la liquidation de leurs pensions dans le département de l'intérieur, de la même manière qu'ils le seraient dans le département de la marine, et conformément à l'arrêté du Gouvernement du 11 fructidor an 11 (1).

____

(1) Remplacé par la loi du 18 avril 1831.

Art. 9. Tout ce qui n'est pas réglé par le présent décret le sera conformément aux dispositions de notre décret du 7 fructidor an 12, relativement aux pensions des ingénieurs et de leurs veuves.

15° **CAISSE DE RETRAITE**

DES EMPLOYÉS DU MINISTÈRE DE LA GUERRE ET DES COMMIS ENTRETENUS POUR LE SERVICE DES BUREAUX DE L'INTENDANCE MILITAIRE (1).

Fondée par arrêté du gouvernement du 2 thermidor an 9, définitivement réglementée par un décret du 2 février 1808.

(Décret du 2 février 1808.)

Art. 1er. A compter du 1er janvier 1808, la retenue qui s'exerce sur les appointements des employés dans les bureaux du ministère et de l'administration de la guerre,

____

(1) Le cadre des commis entretenus pour le service de l'intendance militaire a été créé par l'ordonnance du 28 février 1838, dont les articles 24 et 25 sont ainsi conçus : « Art. 24. Les services des commis entretenus qui étaient militaires au jour de leur nomination, et qui sont ou replacés dans les corps de l'armée ou admis dans le corps des officiers d'administration créé par notre ordonnance de ce jour, comptent comme services militaires pour la réforme et pour la retraite seulement. — Art. 25. Les pensions de retraite à accorder, soit aux commis entretenus qui atteignent dans les bureaux de l'intendance militaire les conditions voulues, soit à ceux qui sont admis dans les bureaux du ministère de la guerre, sont régies par la législation en vigueur sur les pensions des employés des bureaux de ce ministère. Les retenues dont les traitements des commis entretenus sont passibles, conformément à notre ordonnance du 26 mai 1832, sont versées à la caisse des dépôts et consignations, et portées au compte de la caisse de retraite des employés du ministère de la guerre. »

Une autre ordonnance du même jour (28 février 1838) a incorporé à l'armée le service des subsistances militaires dont les pensions étaient régies par une ordonnance spéciale du 28 novembre 1821. (Voir les décrets des 9 janvier et 7 août 1852.)

pour former un fonds de pensions de retraite, laquelle, conformément à l'arrêté du Gouvernement du 2 thermidor an 9, était de 5 centimes par franc et a été réduite à 2 centimes par un autre arrêté du Gouvernement, en date du 30 thermidor an 10, est portée à 3 centimes par franc, et le produit continuera d'en être versé à la caisse d'amortissement (1).

Art. 2. Les employés auront droit à une pension après trente ans de services effectifs, pour lesquels on comptera ceux dans les autres administrations publiques au compte du Gouvernement (2), et ceux dans l'état militaire, mais sous la condition qu'il y aura au moins dix ans de services dans les bureaux du ministère de la guerre (3).

Art. 3. L'employé âgé de soixante ans, justifiant de vingt-cinq ans de services, dont dix ans dans les bureaux du ministère ou de l'administration de la guerre, et que des infirmités empêcheraient de les continuer, sera traité comme s'il avait trente ans de services effectifs.

Art. 4. Il pourra être également accordé une pension aux employés qui compteraient moins de trente ans de

---

(1) Modifié par l'ordonnance du 26 mai 1832, qui a élevé à 5 p. % le taux des retenues.

(2) Cet article, en autorisant les employés du ministère de la guerre à compter pour la liquidation de leurs pensions de retraite, les services rendus dans les autres administrations publiques, n'a entendu admettre ces services qu'autant qu'ils auraient été admissibles dans ces administrations. (Conseil d'Etat, 19 juillet 1833, *Baudesson.*)

(3) Cet article ne détermine pas à partir de quel âge les services admissibles pourront être comptés. Cette lacune a été comblée par une ordonnance du 20 décembre 1832, qui a adopté la règle posée par le règlement du 12 janvier 1825 sur les pensions du ministère des finances. Cette ordonnance est ainsi conçue : « Art. 1er. Dans la liquidation des pensions civiles imputables sur les caisses spéciales de retraite, tant de l'administration centrale du ministère de la guerre que des administrations et établissements qui ressortissent à ce département, les services civils admissibles pour la retraite ne seront comptés qu'à partir de l'âge de vingt ans accomplis. »

Cette disposition est applicable à tous les employés qui, au 20 décembre 1832, n'avaient pas été admis à faire valoir leurs droits à la retraite. Vainement invoqueraient-ils de prétendus droits acquis. (Conseil d'Etat, 2 juillet 1847, *Cogniard.*)

services effectifs ou de vingt-cinq années de services et de soixante ans d'âge, mais qui justifieraient de dix ans de services dans les bureaux du ministère ou de l'administration de la guerre, et qui ne pourraient continuer l'exercice de leurs fonctions, par suite d'une organisation nouvelle des bureaux ou par la suppression de leur emploi (1).

Art. 5. La quotité de la pension sera déterminée sur une année moyenne du traitement dont les réclamants auront joui pendant les trois dernières années de leurs services. Les gratifications qui leur auraient été accordées pendant ces trois ans ne seront point comptées dans le traitement.

Art. 6. La pension à trente ans de services effectifs ou à vingt-cinq ans de services et soixante ans d'âge sera de la moitié de la somme fixée en conséquence de l'article précédent. Elle s'accroîtra d'un vingtième de cette moitié pour chaque année de services effectifs au delà de trente ans, sans qu'elle puisse s'élever au-dessus des deux tiers du traitement calculé comme il est dit dans le précédent article; mais dans aucun cas elle ne pourra excéder la somme de 6,000 francs pour les chefs de division, de 4,000 francs pour les chefs de bureau, de 3,000 francs pour les sous-chefs et de 2,000 francs pour les employés (2).

Art. 7. La pension accordée dans les cas prévus par l'article 4 ci-dessus sera, pour dix ans de services, du sixième du traitement fixé conformément à l'article 5; elle s'accroîtra d'un soixantième de ce traitement pour chaque année de services effectifs au delà de dix ans.

Art. 8. Dans le cas de réforme par suite d'organisation, de suppression d'emploi ou d'infirmités, les employés qui n'auront pas dix ans de services dans les bureaux du ministère ou de l'administration de la guerre n'auront pas droit à une pension, mais ils recevront, sur la décision du ministre, la totalité de la retenue qu'ils auront supportée, sans qu'il leur soit tenu compte des intérêts.

---

(1) La question de savoir s'il y a en effet organisation nouvelle des bureaux, ou suppression d'emploi, dépend des circonstances. (Conseil d'Etat, 23 février 1839, *Hervé.*)

(2) Le conservateur des plans-reliefs près le dépôt général des fortifications doit être assimilé à un simple employé, et non à un chef ou à un sous-chef. (Conseil d'Etat, 27 mai 1839, *Bonnet.*)

Art. 9. La veuve d'un employé ne peut prétendre à une pension qu'autant que son mari est mort dans l'exercice de son emploi, ou jouissant d'une pension de retraite sur les fonds de retenue ; qu'elle aura été mariée cinq ans avant la mort de l'employé décédé en activité, ou avant la retraite de l'employé mort pensionnaire, et qu'elle n'aura point divorcé (1).

Art. 10. La pension de la veuve est du quart de la pension de retraite à laquelle son mari aurait eu droit ou dont il aura joui ; elle peut s'élever à la moitié de la pension si la veuve est âgée de cinquante ans au moment du décès de son mari, ou s'il laisse à sa charge un ou plusieurs enfants au-dessous de dix-huit ans.

Art. 11. Les deux tiers de la pension dont la veuve a joui jusqu'à sa mort sont réversibles à cette époque, à titre de secours annuel, aux enfants de son mariage avec l'employé décédé ; et si l'employé est mort veuf, les orphelins qu'il laisse, quel que soit leur nombre, reçoivent également, à titre de secours annuel, les deux tiers de la pension à laquelle leur mère aurait eu droit, si elle eût survécu à son mari.

Art. 12. Les enfants dont la mère aurait divorcé sont considérés et pensionnés comme orphelins.

Art. 13. Le secours annuel cesse d'être payé lorsque le plus jeune des orphelins a atteint l'âge de dix-huit ans.

Art. 14. Les militaires ou fonctionnaires employés dans les bureaux du ministère ou de l'administration de la guerre, dont les traitements seront payés en partie sur d'autres fonds que ceux destinés aux appointements des bureaux, pourront, ainsi que leurs veuves et leurs enfants, être traités à l'instar des autres employés du même ministère, s'ils consentent à supporter, sur la portion de leur traitement qui est payée dans les bureaux, et subsidiairement sur celle qui est payée hors des bureaux, une retenue égale à celle à laquelle le traitement affecté à leur emploi dans les bureaux est assujetti. Ils auront, en conséquence, la faculté d'opter entre cette retenue, avec l'espoir d'une pension sur le fonds qui en provient, et l'exemption de toute retenue, sans aucun droit à la pension sur le fonds

---

(1) Pour que la pension soit réversible sur la veuve, il n'est pas nécessaire que l'employé ait eu trente ans de services. (Conseil d'Etat, 1er décembre 1819, *Balmain*.)

de retenue, en raison de l'emploi qu'ils exercent dans les bureaux (1).

Dans le premier cas, ils seront tenus de verser à la caisse d'amortissement le montant de la retenue, à compter de leur admission dans les bureaux.

Dans le second, ils seront exempts de toute retenue et recevront à la caisse d'amortissement le montant de celle qu'ils ont supportée jusqu'à ce jour ; la remise leur en sera faite sur l'autorisation du ministre de la guerre ou de l'administration de la guerre sans qu'il leur soit tenu compte des intérêts.

Art. 15. Tout employé destitué perd ses droits à la pension quand même il aurait le temps de service exigé pour l'obtenir ; il ne peut même prétendre ni au remboursement des sommes retenues sur son traitement, ni à aucune indemnité équivalente (2).

Art. 16. L'employé démissionnaire n'a droit de même à aucun remboursement, ni à aucune indemnité des retenues qui lui ont été faites ; mais, s'il était réadmis dans les bureaux, par la suite, le temps de son premier service compterait pour sa pension.

Art. 17. Les surnuméraires et les auxiliaires ne comptant point parmi les employés des bureaux du ministère et de l'administration de la guerre, ne sont assujettis à aucune retenue et n'ont droit à aucune pension de retraite.

Art. 18. La liquidation des pensions sera faite par le ministre de la guerre ou de l'administration de la guerre, et soumise à notre approbation. Elles continueront d'être

---

(1) Abrogé par l'article 2 de l'ordonnance du 1er juillet 1820, ainsi conçu : « Les dispositions de l'article 14 du décret du 2 février 1808, qui admet les militaires ou fonctionnaires militaires employés dans les bureaux aux mêmes charges et droits que les employés du ministère, sont abrogées, sans préjudice toutefois des droits acquis par ceux qui supportent en ce moment la retenue et qui continueront à subir celle de 5 centimes par franc établie par l'article précédent. »

(2) Le fait de destitution peut résulter des circonstances. Ainsi, lorsqu'il résulte de l'instruction que le renvoi d'un employé du ministère de la guerre a tous les caractères d'une destitution, cet employé perd tous les droits qu'il aurait pu avoir à la pension de retraite. (Conseil d'Etat, 2 juillet 1836, *Féraud.*)

acquittées à la caisse d'amortissement sur le produit de la retenue et subsidiairement sur les capitaux, et si, par suite, ceux-ci venaient à s'épuiser, la liquidation des pensions demandées serait retardée jusqu'à ce que la retenue eût produit un fonds suffisant pour les acquitter.

Art. 19. La caisse d'amortissement rendra, à la fin de chaque année, au ministre de la guerre ou de l'administration de la guerre le compte des sommes qu'elle aura reçues, payées ou placées, et des extinctions qui auront eu lieu. Ce compte sera mis sous nos yeux chaque année, par le ministre de la guerre ou de l'administration de la guerre.

Art. 20. Les dispositions du présent décret ne sont applicables qu'aux employés actuels du ministère ou de l'administration de la guerre et à ceux qui y seront admis à l'avenir.

16° CAISSE DE RETRAITE

DES ÉCOLES MILITAIRES.

Fondée par un décret du 25 septembre 1813 (1), réglée de nouveau par une ordonnance du 9 décembre 1814. Enfin l'ordonnance du 4 novembre 1818 a rendu applicable à cette catégorie de pensions le décret du 2 février 1808.

(Ordonnance du 4 novembre 1818.)

Considérant que nos ordonnances des 31 décembre 1817 et 10 juin dernier, concernant l'organisation définitive des écoles militaires spéciales et préparatoires, n'ont rien fixé sur le règlement et la quotité des pensions de retraite auxquelles auront droit, sur les fonds de retenue, les fonctionnaires civils de ces établissements ;

Considérant que notre ordonnance du 9 décembre 1814, relative à la fixation de ces pensions, a été abrogée par l'article 38 de celle du 10 juin 1818 ;

Voulant établir, autant que possible une juste proportion entre le montant de ces pensions et les fonds de retenue qui doivent servir à leur acquittement,

Art. 1er. Les pensions qui seront accordées sur ces fonds

___

(1) L'article 7 du décret du 25 septembre 1813 portait : « Les

de retenue aux fonctionnaires civils des écoles royales militaires spéciale et préparatoire, seront, à dater de ce jour, liquidées d'après les règles établies ou à établir pour les employés du ministère de la guerre.

Art. 2. La quotité de la retenue reste fixée à 5 p. 0/0 sur le montant du traitement de ces fonctionnaires.

17º CAISSE DE RETRAITE

DES EMPLOYÉS DES POUDRES ET SALPÊTRES.

Fondée par une loi du 27 fructidor an 5 (art. 30, 31), réorganisée par un arrêté consulaire du 10 prairial an 11 (art. 12, 13 et 14); définitivement réglementée par un décret du 22 janvier 1808.

(Décret du 22 janvier 1808.)

Art. 7. Les fonds pour l'acquit des pensions continueront d'être formés par une retenue de quatre centimes par franc, tant sur les traitements fixes que sur les remises; ils seront versés à la caisse d'amortissement.

Art. 8. La fixation de la pension sera déterminée ainsi qu'il suit :

On prendra le terme moyen du traitement fixe et éventuel perçu pendant les trois dernières années d'activité de services. La pension sera de la moitié de ce traitement moyen pour trente années de services et d'un vingtième

---

veuves des fonctionnaires désignés dans l'article 1er auront droit à la moitié de la pension qui aurait été accordée à leur mari. Elles seront tenues de justifier qu'elles étaient mariées deux ans au moins avant la mort de leur mari et qu'elles n'étaient pas divorcées au jour de son décès. » Cette disposition donnait un droit aux veuves non-seulement quand leur mari était mort en jouissance d'une pension de retraite, mais encore quand leur mari était mort en activité de service (Conseil d'Etat, 6 juin 1844, *Raybaud*). Mais en n'accordant le droit à pension qu'à la veuve *du fonctionnaire*, cet article exigeait par là même que le mariage eût précédé la mise à la retraite du mari. (Conseil d'Etat, 10 septembre 1845, *Rojon.*)

de l'autre moitié pour chaque année au-dessus de trente ans, sans que, dans aucun cas, ces retraites puissent excéder 6,000 francs pour les administrateurs; 4,000 francs pour les inspecteurs généraux ; 3,000 francs pour les commissaires et autres préposés, ni être au-dessous de 200 francs.

Si, par des causes d'infirmité ou de réforme, un employé se trouvait dans l'impossibilité de continuer ses fonctions jusqu'au terme de trente ans, sa pension sera d'un tiers du traitement moyen pour vingt années de services, et d'un quarantième des deux autres tiers pour chaque année au-dessus de vingt ans.

La moitié des retraites accordées aux divers employés sera accordée à leurs veuves.

Dans le cas où un employé perdrait la vie par un accident provenant de l'exercice de ses fonctions, il sera accordé à sa veuve, à titre de pension, la moitié de la retraite dont aurait joui son mari s'il avait eu trente ans de services.

Art. 9. Les ouvriers des poudrières, au bout de trente ans de service, ou en cas de blessures qui les empêcheraient de le continuer, recevront pour pension la moitié de leurs gages. Les veuves de ceux qui périraient par suite d'une explosion jouiront du tiers de ces mêmes gages.

18° CAISSE DE RETRAITE

DES ÉCOLES D'ARTILLERIE ET DU GÉNIE, ET DES CONTROLEURS ET RÉVISEURS D'ARMES.

Fondée par un arrêté du 12 vendémiaire an 11 et un décret du 14 août 1806; réglementée définitivement par deux ordonnances du 25 février 1816.

(Ordonnance du 25 février 1816, relative à la fixation des pensions des instituteurs, professeurs et répétiteurs des écoles d'artillerie et du génie.)

Voulant donner une preuve de l'intérêt que nous prenons aux travaux des instituteurs, professeurs et répéti

teurs des écoles d'artillerie et du génie, et assurer à ces
fonctionnaires des pensions proportionnées à l'utilité et
à la durée de leurs services, ainsi qu'à la quotité des retenues qui sont exercées sur leurs traitements, d'après
l'arrêté du 12 vendémiaire an 11, pour former un fonds
de retraite ;

Art. 1er. Les instituteurs, professeurs et répétiteurs des
écoles d'artillerie et du génie supporteront la retenue de
3 p. 0/0 sur leur traitement fixe pour le fonds de retraite.
Toutes retenues autres que celles réglées par les budgets
sur les traitements d'activité, cesseront de leur être faites
à dater de ce jour.

Art. 2. Ces instituteurs, professeurs et répétiteurs ne
pourront obtenir de pension avant vingt années de services
en cette qualité, et leur activité dans lesdites écoles ne
comptera que de l'âge de vingt ans.

Tous autres services publics seront ensuite admis pour
l'accroissement de la pension.

L'admission à la retraite n'aura lieu que sur un mémoire de proposition accompagné de pièces justificatives
de services, et d'après la demande des généraux inspecteurs d'artillerie et du génie.

Art. 3. La pension se réglera sur le taux moyen du
traitement fixe dont ils auront joui pendant les trois dernières années de leur activité.

Ils obtiendront, à vingt ans de services effectifs, le minimum de la pension, qui sera du tiers de l'année moyenne
du traitement ; à trente ans, la moitié du même traitement, et à quarante ans, le maximum déterminé aux
deux tiers de ce traitement.

Art. 4. Il sera accordé des annuités pour le temps au
delà de trente ans, jusqu'au terme fixé pour le maximum.
La même disposition s'étendra à ceux qui, ayant droit
au minimum, auraient quelques années au delà du temps
exigé pour l'obtenir.

Ces annuités seront réglées uniformément à un soixantième du traitement moyen.

Art. 5. Ceux qui n'auraient pas vingt ans de services
obtiendront le remboursement des retenues qui leur auraient été faites pour la pension, s'ils n'ont pas cessé leur
activité par démission ou par destitution.

Dans le cas où ils seraient forcés de quitter leur emploi
par suite d'infirmités ou d'accidents résultant de leur

service, avant d'avoir atteint les vingt ans, il en sera rendu un compte particulier au ministre secrétaire d'État de la guerre, afin qu'il juge s'il y a lieu de leur accorder une pension par exception, dont le montant ne pourra toutefois dépasser la moitié du minimum fixé pour vingt ans de services.

Art. 6. Les veuves des instituteurs, professeurs et répétiteurs décédés en activité ou en retraite pourront obtenir des pensions réglées à la moitié de celles auxquelles leurs maris avaient droit, si, au moment du décès de ces derniers, elles sont âgées de cinquante ans, ou ont des enfants au-dessous de l'âge de dix-huit ans.

Elles n'auront que le quart de cette même pension si elles ne se trouvent pas dans cette position : elles devront, dans tous les cas, n'avoir point divorcé ; et celles qui n'auraient pas d'enfants devront justifier de cinq ans de mariage.

Art. 7. Les orphelins recevront, jusqu'à leur dix-huitième année révolue, à titre de secours annuel, les deux tiers de la pension à laquelle leur mère aurait eu droit.

Art. 8. Les veuves et orphelins qui n'auraient pas droit à la pension pourront obtenir, suivant leur position, à titre de secours, une somme une fois payée, prélevée sur le fonds de retraite, et dont la quotité ne pourra excéder la moitié de l'année de la pension dont ils auraient été susceptibles, aux termes des articles 6 et 7.

Art. 9. Les instituteurs, professeurs et répétiteurs qui auraient obtenu une solde de retraite, ne pourront la cumuler avec la pension : ils devront opter entre l'une ou l'autre de ces récompenses. Les pensionnaires seront tenus, à chaque époque de payement, de faire la déclaration qu'ils ne jouissent d'aucun traitement d'activité soldé par le Trésor.

Art. 10. Il ne sera apporté aucun changement au taux des pensions accordées antérieurement à la présente ordonnance.

Art. 11. Le fonds de retraite des instituteurs, professeurs et répétiteurs se trouvant, en ce moment, insuffisant pour le payement des pensions dont la liquidation va avoir lieu, elles seront payées provisoirement sur les fonds du Trésor royal.

(Ordonnance du 25 février 1816 relative à la fixation des pensions
des contrôleurs d'armes, des forges et des fonderies, ainsi que
des réviseurs d'armes.)

Sur le compte qui nous a été rendu que le décret du
14 août 1806, relatif à la formation d'un fonds de retraite
pour les contrôleurs et réviseurs des manufactures d'armes, et les contrôleurs des forges et fonderies, n'assurait
pas convenablement le sort de ces employés et de leurs
veuves, et voulant leur donner une preuve de notre
intérêt ;

Art. 1er. Les contrôleurs d'armes, des forges et des fonderies et les réviseurs d'armes pourront obtenir des pensions ainsi qu'il est déterminé ci-après.

Ils auront, à vingt-cinq ans de services dans les établissements d'artillerie, le minimum de la pension, fixé au
tiers du taux moyen du traitement fixe dont ils auront
joui pendant les trois dernières années de leur activité ; à
trente-cinq ans, la moitié du même traitement ; et à
quarante-cinq ans, le maximum déterminé aux deux tiers
de ce traitement.

Il leur sera accordé des annuités réglées au soixantième du traitement moyen pour les années au delà de
vingt-cinq et trente-cinq ans de services.

Art. 2. Leurs services dans les manufactures royales ne
courront que de l'âge de vingt ans, et le temps durant
lequel ils auront été occupés comme ouvriers de ces
manufactures leur sera compté lorsqu'ils auront exercé,
au moins pendant dix ans, les fonctions de contrôleur ou
de réviseur.

Tout autre service salarié par le Trésor pourra être ensuite admis pour l'accroissement de la pension.

Art. 3. Toutes les autres dispositions de l'ordonnance
de ce jour en faveur des instituteurs, professeurs et répétiteurs des écoles d'artillerie et du génie, notamment
celles sur la quotité des retenues à exercer pour le fonds
de retraite, sur les droits des veuves et des orphelins à
des pensions ou secours, sur les formes de proposition à
la retraite et le mode de payement de cette récompense, sont entièrement applicables aux contrôleurs d'armes, des forges et des fonderies, et aux réviseurs, sauf
les modifications pour la durée des services désignés dans
les articles 1er et 2 de cette présente ordonnance.

19º CAISSE DE RETRAITE

DE L'ÉCOLE POLYTECHNIQUE.

La retenue a été instituée et le droit à pension reconnu en principe par l'ordonnance du 4 septembre 1816 (art. 55). — L'ordonnance du 13 novembre 1830 (art. 46) a renvoyé pour la fixation des pensions au règlement du 25 février 1816. Enfin l'ordonnance du 30 octobre 1832 (art. 68) a fixé le taux des retenues d'après l'ordonnance du 26 mai de la même année.

L'article 68 de l'ordonnance du 26 mai 1832 est reproduit dans les mêmes termes par l'ordonnance du 30 octobre 1844 (art. 26) et par l'arrêté du 11 novembre 1848 (art. 26).

(Arrêté du 11 novembre 1848.)

Art. 26. Le traitement de tous les fonctionnaires non militaires de l'école est passible des retenues déterminées par l'ordonnance du 26 mai 1832. Tous ces fonctionnaires ont droit à des pensions de retraite, qui sont liquidées savoir : les pensions des fonctionnaires civils attachés à l'enseignement, conformément à l'ordonnance du 25 février 1816 ; les pensions des autres fonctionnaires, d'après les règles applicables aux employés de l'administration centrale du département de la guerre.

Les agents subalternes n'ont pas droit à pension. En conséquence, aucune retenue n'est exercée sur leur traitement.

Art. 61. Le traitement des agents subalternes qui auraient été soumis précédemment à la retenue pour la caisse des pensions continuera à être passible de cette retenue.

La pension à laquelle lesdits agents auraient droit sera liquidée conformément aux règles en vigueur pour les employés de l'administration centrale du département de la guerre.

20º CAISSE GÉNÉRALE DE RETRAITE

DES FONCTIONNAIRES ET EMPLOYÉS DES MINISTÈRES D'ÉTAT ET DES FINANCES.

La caisse générale des pensions du ministère des finances a été constituée et réglée par l'ordonnance du 12 janvier 1825.

Antérieurement à cette ordonnance, il existait sept caisses de retraite différentes pour les sept administrations des contributions indirectes, des douanes, des postes, de l'enregistrement et des domaines, des forêts, de la loterie et du ministère des finances.

La caisse spéciale des contributions indirectes, fondée par l'article 85 de la loi du 5 ventôse an 12, avait été successivement réglée par un décret du 4 prairial an 13 (1) et une ordonnance du 25 novembre 1814 (2).

La caisse des douanes avait été fondée et réglée par les lois des 26 germinal et 2 floréal an 5 et par l'arrêté consulaire du 25 thermidor an 11 (3).

Celle des postes par un arrêté du 7 vendémiaire an 13 (4).

Celle de l'enregistrement et des domaines fondée par un arrêté réglementaire du comité des finances du 4 brumaire an 4, successivement réglée par un arrêté du 30 ventôse an 4, une loi du 26 germinal an 5, un arrêté du Directoire du 5 thermidor an 5, enfin un décret du 12 floréal an 13 (5).

Celle des forêts fondée par l'article 8 de la loi du 16 nivôse an 9, réglée par un décret du 17 janvier 1806.

Celle de la loterie fondée par un arrêté du 25 ventôse an 9, réglée par un arrêté du 24 floréal an 10 et par une ordonnance du 9 décembre 1814.

Enfin, la caisse spéciale du ministère des finances était réglée pour les employés de l'ancien ministère des finances par le décret du 4 prairial an 13, et pour ceux de l'ancien ministère du Trésor par un décret du 16 juin 1808. (Ordonnance du 30 avril 1817.)

Toutes ces caisses ont été réunies en une seule par l'ordonnance du 12 janvier 1825 (6).

---

(1) Voir le texte de ce décret dans le *Recueil général des lois, arrêtés, décisions et instructions concernant la perception des droits réunis* ; Paris, t. 1er, p. 60, et une décision du Conseil d'Etat du 18 avril 1821, *Brémontier*.

(2) Voir le texte de cette ordonnance, à sa date, dans la *Collection de Duvergier*, et les décisions du Conseil d'Etat des 7 mars 1821, *Ducros* ; 18 avril 1821, *Brémontier* ; 14 novembre 1821, *Mazerolles et autres* ; 20 février 1822, *Paris* ; 26 mars 1823, *d'Amécourt* ; 21 mai 1823, *Tortel* ; 7 février 1831, *Yon*, et 23 août 1843, *François*.

(3) Voir les décisions du Conseil d'Etat des 4 mars 1819, *Brodhag*, et 23 février 1839, *Dalmais de la Maisonfort*.

(4) Voir les décisions du Conseil d'Etat des 1er décembre 1824, *Bovet* ; 4 décembre 1835, *Charpentier* ; 31 août 1837, *Leroy* ; 29 janvier 1839 (*Maréchal*).

(5) Voir les décisions du Conseil d'Etat des 26 mars 1833, *Bryère*, et 19 novembre 1837, *Simon*.

(6) Lorsque les salines de l'Est étaient exploitées en régie, les

(Ordonnance du 12 janvier 1825.)

TITRE Iᵉʳ. — CONSTITUTION D'UNE CAISSE GÉNÉRALE ET COMMUNE DES PENSIONS DE RETRAITE DES FONCTIONNAIRES ET EMPLOYÉS DU DÉPARTEMENT DES FINANCES.

Art. 1ᵉʳ. A compter du 1ᵉʳ janvier 1825, seront réunies en une caisse commune, sous la dénomination de *caisse générale des pensions de retraite des fonctionnaires et employés des finances*, et seront régies conformément aux dispositions énoncées dans la présente ordonnance, les sept caisses spéciales en ce moment établies pour subvenir au payement des pensions de retraite des employés du ministère des finances et des administrations de l'enregistrement et des domaines, des forêts, des douanes, des contributions indirectes, des postes et de la loterie.

Art. 2. Les recettes de la caisse générale des pensions de retraite se composent :

1° D'une retenue de 5 p. 0/0 sur les traitements, remises proportionnelles, suppléments de traitement, et généralement sur toutes sommes payées par l'Etat, autres que gratifications éventuelles, salaires de travail extraordinaire, indemnités de perte, frais de voyage, abonnement pour frais de bureau et de loyer, et remboursements de dépenses ;

2° De la retenue du premier mois d'appointements ;

3° De la retenue, pendant le premier mois, de la portion de traitement accordée à titre d'augmentation ;

4° Des retenues qui seront déterminées sur les appointements des employés en congé ;

5° Des prélèvements réglés par nos ordonnances sur les parts attribuées par les lois aux employés dans le produit des amendes, saisies et confiscations ;

6° Des fonds subventionnels accordés par les lois et les budgets ;

7° Des arrérages des rentes et des intérêts des fonds appartenant à la caisse générale.

Art. 3. Les retenues et autres sommes attribuées à la caisse générale sont affectées au service des pensions de

---

employés de ces salines avaient une caisse spéciale et un règlement spécial (du 7 nivôse an 10). Ce règlement n'avait pas été abrogé par l'ordonnance du 12 janvier 1825. (Conseil d'Etat, 12 janvier 1844, *Pierron.*)

retraite actuellement existantes, et de celles qui seront ultérieurement accordées aux employés, à leurs veuves et orphelins.

Il ne pourra, sous aucun prétexte, en être rien détourné pour une autre destination.

Art. 4. Les fonds provenant des ressources affectées à la caisse générale des pensions seront, au fur et à mesure des recettes, et en exécution de l'article 110 de la loi du 28 avril 1816, et de l'ordonnance royale du 3 juillet suivant, versés à la caisse des dépôts et consignations, qui demeure exclusivement chargée du payement des pensions accordées sur leurs produits d'après les états nominatifs envoyés par le ministre des finances.

Art. 5. La caisse des dépôts et consignations remettra, à la fin de chaque année, à notre ministre des finances, l'état des sommes qu'elle aura reçues, payées ou placées pour la caisse générale. Cet état sera mis sous nos yeux, accompagné d'un rapport sur la situation de ladite caisse générale des retraites au 31 décembre, et sur ses ressources et ses charges présumées pour l'année suivante.

TITRE II.—CONDITIONS D'ADMISSION A LA RETRAITE.

Art. 6. Les employés pourront obtenir pension sur la caisse générale lorsqu'ils auront soixante ans d'âge et trente ans accomplis de services, dont au moins vingt années au ministère des finances, ou dans l'une des six administrations désignées en l'article 1er (1).

Il suffira de vingt-cinq ans de services pour les employés désignés au tableau annexé à la présente ordonnance sous le n° 1, pourvu toutefois qu'ils aient passé quinze années dans le service actif de l'administration (2).

---

(1) Conseil d'Etat, 30 novembre 1832, *de Turmel*, et 17 janvier 1849, *Pourcet de Sahune* ; cette dernière décision, rendue en faveur d'un ancien conservateur des forêts qui, après plus de trente ans de services, mais moins de soixante ans d'âge, était entré dans l'administration des forêts de la liste civile et avait été admis à faire valoir ses droits à la retraite au mois de mars 1848, à l'âge de plus de soixante ans, les forêts de la couronne ayant fait retour à l'Etat après la révolution de février.

(2) La pension pour vingt-cinq ans de services n'est accordée qu'aux employés du service actif qui en font partie au moment de leur admission à la retraite. Elle n'est pas accordée à l'employé qui, après quinze ans de services actifs, a passé dans le service sé-

Sera considéré comme service actif celui des employés des douanes, des contributions indirectes, des forêts et des postes, dans l'un des grades indiqués au tableau susmentionné.

Art. 7. Tout employé reconnu hors d'état de continuer utilement ses fonctions pourra, quel que soit son âge, être admis à la pension, s'il réunit la durée et la nature des services exigés par l'article précédent (1).

Art. 8. Pourront exceptionnellement, et sur la proposition de leur administration respective (2), obtenir pension :

1º Quels que soient leur âge et le nombre de leurs années de services, les employés du service actif mis hors de service à la suite d'un engagement contre des fraudeurs, des rébellionnaires, et généralement par suite de lutte ou combat soutenu par eux pour l'exercice de leurs fonctions, et ceux qui auraient été mis dans l'impossibilité de les continuer par accident fortuit relatif aux mêmes fonctions (3) ;

---

dentaire, et qui est admis à la retraite à ce dernier titre (Conseil d'Etat, 21 décembre 1845, *Gardeaux Gardelaud*). Si les vingt-cinq ans exigés ont été passés en entier dans le service actif, la pension est liquidée d'après l'article 11 ; si l'employé a passé plus de quinze ans, mais moins de vingt-cinq ans dans le service actif, sa pension doit être liquidée d'après l'article 13. (Conseil d'Etat, 15 juin 1845, *Deroche*.)

(1) Le ministre a un pouvoir discrétionnaire pour reconnaître si un employé est en effet hors d'état de continuer utilement ses fonctions (Conseil d'Etat, 7 avril 1846, *Bart*). Toutefois, le Conseil d'Etat a décidé qu'un employé remplacé avant soixante ans d'âge pour motifs politiques avait droit à pension par application de l'article 7 (Conseil d'Etat, 13 août 1851, *Bernier de Bois-d'Albert*). La pension accordée d'après l'article 7 doit être liquidée d'après l'article 11, jamais d'après l'article 12, d'où il suit que l'employé réformé pour blessure *avant* vingt-cinq ans de services est mieux traité que l'employé réformé pour blessure *après* vingt-cinq ans de services. (Conseil d'Etat, 2 juillet 1847, *Germain*.)

(2) Condition indispensable. (Conseil d'Etat, 17 février 1853, *Carbonnel*.)

(3) Cette disposition et celle du § 1er de l'article 12 ont été rendues applicables par décision royale du 24 février 1846 aux employés mis hors de service par suite d'un acte de dévouement dans un intérêt public, ou en exposant leurs jours pour sauver la vie d'un de leurs concitoyens. (Voir Conseil d'Etat, 23 mars 1853, *Peychaud*.)

Quand un employé du service actif, blessé dans ce service, est contraint par cet accident de passer dans le service sédentaire,

2o S'ils ont quarante-cinq ans d'âge et qu'ils comptent quinze ans de services dans le département des finances, ou seulement quarante ans et dix années de services dans la partie active, les employés notoirement devenus infirmes par le résultat de l'exercice de leurs fonctions (1).

Art. 9. Les employés admis à faire valoir leurs droits à la retraite seront tenus de produire leurs titres au plus tard dans les trois mois.

Ceux qui se seront mis en devoir de remplir cette condition conserveront leur emploi jusqu'à l'ordonnance qui aura fixé la liquidation de leur pension.

Dans le cas où il aurait été reconnu que l'employé n'a pas droit à la retraite, l'administration sera appelée à délibérer s'il peut ou non être conservé dans ses fonctions.

----

ce dernier service ne peut lui compter comme service actif; il fait même obstacle à ce que l'employé réclame une pension en vertu de l'article 8. (Conseil d'Etat, 4 mai 1843, *Bruno de Serres*.)

(1) Pour donner droit à pension, les infirmités doivent être le résultat notoire de l'exercice des fonctions. C'est une question de fait. Le Conseil d'Etat a rendu, sur des affaires de ce genre, un grand nombre de décisions que l'on peut utilement consulter; voir 29 mars 1833, *Varin*; 6 juin 1834, *Turben*; 17 octobre 1834, *Mugnier*; 12 décembre 1834, *Rioull*; 25 mars 1835, *Croizier*; 6 avril 1836, *Morisset*; 24 mai 1836, *Raclot*; 5 septembre 1836, *Lacroix*; 28 août 1836, *Allard*; 31 janvier 1838, *Martineau*; 11 juin 1838, *Souverbie*; 15 août 1839, *d'Agoult*; 21 novembre 1839, *Finot*; 26 novembre 1839, *Dusset*; 14 juillet 1841, *de Surian*; 17 août 1841, *Alexandre*; 29 mai 1843, *Allard*; 31 juillet 1843, *Martin*; 9 février 1844, *Lamarle*; 1er mars 1844, *Boulard*; 10 août 1844, *Britsch, Dagicourt*; 24 janvier 1845, *Besdel*; 7 février 1845, *Maugirard*; 23 mars 1845, *Guépratte*; 5 juin 1845, *Martin*; 11 juillet 1845, *Laurans, Charpal*; 26 avril 1847, *Monin*; 7 février 1848, *Gatine*; 29 juin 1849, *Rameau*; 17 novembre 1849, *Hardy*; 27 juillet 1850, *Lhuillier*; 17 mai 1851, *Huyche*; 14 mai 1852, *Marcotte*.

L'ordonnance ne parle pas des employés réformés pour suppression d'emploi. Toutefois lors des réformes générales faites en 1822, en 1830, en 1848, des mesures transitoires ont assuré la position des employés réformés. Voir la loi du 1er mai 1822 et l'ordonnance du 2 octobre de la même année, l'ordonnance du 4 novembre 1824, celles des 17 janvier, 16 février et 9 mai 1831, et le décret du 5 mai 1848; et, sur l'application de ces dispositions exceptionnelles, voir les décisions du conseil d'Etat des 5 avril 1834, *Mangin*; 4 février 1836, *Wasserwas*; 18 février 1836, *Desroys de Chandelys*; 23 août 1836, *Dezé*; 28 janvier 1841, *Dareste*; 9 juin 1842, *Fayet*; 30 juin 1843, *de Maudhuy*.

TITRE III. — FIXATION ET LIQUIDATION DES PENSIONS.

Art. 10. Pour déterminer la fixation de la pension, il sera fait une année moyenne du traitement fixe dont les employés admis à pension auront joui pendant les quatre dernières années de leur activité.

Cette année moyenne s'établira, pour les employés auxquels les remises et salaires tiennent lieu de traitement fixe, savoir : pour les directeurs des postes à remises, sur les quatre cinquièmes desdites remises; et pour les conservateurs des hypothèques et receveurs de l'enregistrement, sur les deux tiers seulement de leurs remises et salaires; les derniers cinquièmes et tiers devant être considérés comme indemnité de loyer et frais de bureau (1).

Art. 11. La pension accordée après trente années de services sera de la moitié du traitement fixe, comme il a été dit en l'article précédent. Il en sera de même de la pension accordée après vingt-cinq années de services rendus dans les fonctions désignées au tableau annexé à la présente ordonnance sous le n° 1 (2).

Après trente ans de services, ou après vingt-cinq ans de services actifs donnant droit à la moitié du traitement moyen, la pension s'accroîtra d'un vingtième de cette moitié pour chaque année en sus.

En aucun cas, elle ne pourra excéder ni les trois quarts du traitement moyen, ni les maximum portés au tableau ci-annexé sous le n° 2 (3).

---

(1) Les remises et salaires ne sont pris en considération dans la liquidation que pour les employés qui n'ont pas de traitement fixe. (Conseil d'Etat, 22 juin 1856, *Houpiart*.)

La pension ne peut être fixée que sur le traitement des quatre dernières années, alors même que l'employé aurait joui antérieurement d'un traitement plus élevé. (Conseil d'Etat, 27 mai 1847, *Sauvage de Saint-Marc;* 17 février 1853, *Houpiart.*)

(2) Décision royale du 30 septembre 1827 : « Lorsque les services rendus dans les fonctions désignées au tableau annexé sous le n° 1er de l'ordonnance royale du 12 janvier 1825 ne compléteront pas en durée une période de vingt-cinq ans, ces services seront liquidés à raison de 1/60 du traitement moyen d'activité pour chaque année d'exercice. »

(3) La pension ne peut en aucun cas dépasser le maximum fixé par l'ordonnance, alors même que l'employé, ayant déjà atteint ce maximum avec trente années de services, aurait continué de servir

Art. 12. Les employés du service actif mis **hors de ser**-vice par le résultat de lutte soutenue contre des fraudeurs ou des rébellionnaires pourront obtenir une pension fixée à la moitié du dernier traitement d'activité dont ils ont joui (1).

Ceux de ces employés qui seraient mis dans l'impossibilité de continuer leurs fonctions par accident fortuit relatif aux mêmes fonctions, obtiendront, s'ils ont moins de dix ans de services, une pension calculée sur dix années d'activité, et sur le dernier traitement qui leur était attribué.

Art. 13. Les pensions des employés admis exceptionnellement à la retraite seront liquidées à raison d'un soixantième de leur traitement moyen pour chaque année de services ; mais, dans le cas où la pension est limitée par un maximum inférieur à la moitié de l'année moyenne de leur traitement, cette pension sera fixée à raison d'un trentième dudit maximum par chaque année d'exercice.

Art. 14. Les liquidations seront établies sur la durée effective des services ; néanmoins les fractions de mois et celles de franc seront négligées.

TITRE IV. — VEUVES ET ENFANTS.

Art. 15. La veuve d'un pensionnaire, ou celle d'un employé décédé dans l'exercice de ses fonctions, aura droit à la réversion du quart de la pension que son mari avait pu obtenir ou dont il aurait joui, lors seulement que celui-ci avait, au moment de sa mise en retraite ou de son décès, trente ans accomplis de services civils (2).

---

encore pendant plusieurs années. (Conseil d'Etat, 22 juin 1836, *Houpiart ;* 12 mars 1846, *Antelme* et *Hannuie.*)

(1) La pension fixée par le § 1er de l'article 12 n'est accordée que dans le cas où l'employé a été forcé par ses blessures de quitter presque immédiatement ses fonctions. Quand l'employé blessé a conservé ses fonctions pendant plusieurs années et que l'aggravation progressive de son état d'invalidité l'oblige enfin à quitter le service, il ne peut plus être retraité que d'après l'article 13. (Conseil d'Etat, 13 avril 1842, *Hotricq.*)

(2) Décisions royales des 6 septembre 1829 et 9 septembre 1840 : « Dans le cas où un employé, ayant servi alternativement dans la partie active ou dans la partie sédentaire, décédera en activité de service ou en jouissance de pension avant d'avoir accompli les trente années de services civils exigées pour constituer le droit de la veuve ou des enfants, un cinquième de son service actif non

Il n'est dérogé à cette règle qu'en faveur des veuves d'employés décédés ou mis en retraite après vingt-cinq ans de services dans la partie active de l'administration des finances (1).

---

interrompu sera ajouté fictivement, en sus du service effectif, pour compléter les trente années nécessaires. »

« Le temps de service actif ne sera susceptible de cette augmentation de 1/5 qu'autant que sa durée n'aura pas été moindre de dix années consécutives. La liquidation ne s'opère que sur la durée effective des services. »

(1) Une pension accordée pour moins de trente ans de services, ou moins de vingt-cinq ans dans la partie active n'est pas réversible à la veuve (Conseil d'Etat, 19 décembre 1834, *Filon*; 6 février 1839, *Chéron*; 30 juin 1834, *de Maudhuy*). Les trente ou vingt-cinq ans de services doivent être des services *civils*; en conséquence, n'est pas réversible la pension accordée pour trente et un ans de services tant civils *que militaires* dont vingt-deux seulement dans la partie active, alors même que pendant plusieurs années passées par l'employé dans le service sédentaire il a conservé le grade qu'il avait dans le service actif (Conseil d'Etat, 17 août 1841, *Schmitz*). Les trente ou vingt-cinq ans ne comptent qu'à partir de l'âge de vingt ans (voir l'article 27, et Conseil d'Etat, 29 avril 1843, *Radel*), et du jour où l'employé a été mis aux appointements, alors même qu'en fait il n'aurait pas touché de traitement, à raison, par exemple, des événements de 1814 (Conseil d'Etat, 10 avril 1848, *Lescuyer*); en aucun cas les services rendus comme surnuméraire ne peuvent être comptés. (Conseil d'Etat, 11 juillet 1845, *de Chabannes.*)

La veuve n'a droit à une pension qu'autant que son mari était pensionnaire ou est décédé dans l'exercice de ses fonctions. En conséquence un employé qui, à l'âge de cinquante ans et après trente ans de services est passé dans l'administration des monnaies, a perdu ses droits à une pension sur la caisse du ministère des finances, et sa veuve ne peut en réclamer une. (Conseil d'Etat, 12 avril 1838, *de Sussy.*)

Lorsqu'un employé ayant plus de trente ans de services et de soixante ans d'âge est décédé dans l'exercice de ses fonctions sans que sa destitution ait été prononcée, le ministre ne peut pas refuser à sa veuve la réversion d'une partie de la pension que cet employé aurait pu obtenir, sous le prétexte qu'il existerait à sa charge des faits de nature à amener sa destitution et à lui faire perdre ainsi tous ses droits à la pension. Il y a droit acquis dès que la destitution n'a pas été prononcée. (Conseil d'Etat, 6 mai 1848, *Boudet.*)

Les droits de la veuve et des orphelins sont déterminés par la liquidation de la pension du mari, et la veuve n'est pas recevable à

Art. 16. La pension de la veuve, si elle est âgée de cinquante ans au moment du décès de son mari, ou si elle a un ou plusieurs enfants au-dessous de seize ans, sera portée au tiers de celle attribuée à l'employé; elle sera de la moitié dans tous les cas où elle ne s'élèverait pas à la

---

contester cette liquidation, alors surtout que le mari a touché les arrérages sans réclamation. Principe général, spécialement appliqué aux pensions du ministère des finances par deux décisions du Conseil d'Etat (6 juin 1844, *Dupau*, et 18 juin 1846, *Lherminier*). Voir cependant, en sens contraire, deux décisions où à raison des circonstances la réclamation de la veuve a été admise. (23 juin 1841, *Dorière*, et 5 juin 1846, *Roux*.)

La condition de trente ans de services n'était pas exigée par les règlements antérieurs, d'où la question de savoir si l'article 15 est applicable aux veuves d'anciens employés décédés depuis le 12 janvier 1825 en jouissance d'une pension liquidée d'après les anciens règlements. Le Conseil d'Etat avait d'abord décidé que l'article 15 était applicable, mais il s'est prononcé depuis en sens contraire : « Considérant, porte une décision du 30 septembre 1830 (*Masson de Longpré*) que la pension du sieur Masson de Longpré, admis en 1823 à faire valoir ses droits à la retraite, a été fixée à 3,500 francs, conformément aux dispositions des règlements alors en vigueur, qu'aux termes du décret du 12 floréal an 12 la réversibilité de la moitié de la pension de l'employé retraité était assurée à sa veuve; que dès lors l'ordonnance du 12 janvier 1825 ne peut être applicable à la liquidation de la dame veuve Masson de Longpré dont les droits ont été irrévocablement acquis au moment de la retraite de son mari. » Cette décision a fixé la jurisprudence (voir Conseil d'Etat, 1er février 1833, *Thomas et autres*; 23 avril 1833, *Aubry et autres*; 10 juillet 1833, *Deffosse*; 5 décembre 1833, *Lucy*; 7 mars 1834, *Guyot*; 5 avril 1834, *Munier et autres*; 4 juillet 1834, *Meunier et autres*; 25 juillet 1834, *Brothier*; 22 août 1834, *de Castelnault*; 24 octobre 1834, *Perrot*; 12 janvier 1835, *Petitbeau*; 5 février 1835, *Paris et autres*; 6 mars 1835, *Baron*; 25 mars 1835, *Borsset*; 31 mars 1835, *Duboy*; 10 juillet 1835, *Pichot*; 19 janvier 1836, *Mélique*; 22 juin 1836, *Moreau de Launay*; 6 février 1839, *Chéron*; 20 juin 1839, *Ducret*; 17 février 1847, *Roger*). Il en est ainsi alors même que le mari est mort en activité de service après le 12 janvier 1823, quand sa pension aurait dû être liquidée d'après les anciens règlements, aux termes de l'article 46 (2 mai 1834, *Littré*); il en est de même encore quand le mari retraité avant 1825 a repris du service depuis cette époque et a obtenu la liquidation d'une nouvelle pension non réversible. L'ancienne pension dont il jouissait n'en est pas moins réversible à sa veuve; elle ne s'est pas éteinte par confusion avec la seconde. (27 avril 1838, *Deschamps de Blot*; 27 février 1847, *Segond*.)

somme de 125 francs, mais sans toutefois qu'elle puisse dépasser ladite somme de 125 francs.

Art. 17. La veuve d'un employé qui aurait perdu la vie par un accident fortuit relatif à ses fonctions, ou qui mourrait dans les six mois qui suivraient l'accident, sans avoir dix ans de services, pourra obtenir une pension égale au tiers de celle à laquelle l'employé aurait eu droit de prétendre (1).

Art. 18. La veuve d'un employé qui perdrait la vie dans un engagement contre des fraudeurs, des rébellionnaires, et généralement par suite de lutte ou combat soutenu par lui pour l'exercice de ses fonctions, ou qui viendrait à décéder dans les six mois de ses blessures, soit que la pension ait été ou non liquidée, aura droit à une pension égale à la moitié du dernier traitement d'activité dont son mari aura joui (2).

Hors le cas de mort dans les six mois des blessures reçues dans les circonstances et pour les causes ci-dessus énoncées, la veuve n'aura droit qu'à la réversion du tiers de la pension dont son mari était titulaire.

Art. 19. La veuve pouvant prétendre à pension, aux termes des articles précédents, ne sera toutefois admise à la réclamer qu'autant qu'elle justifiera : 1° qu'elle était mariée cinq ans avant la mort de l'employé décédé en activité, ou cinq ans avant la mise en retraite de l'employé mort pensionnaire ; ou, dans le cas des articles 17 et 18 seulement, avant l'événement qui aurait amené la mort ou la mise en retraite de l'employé ; 2° qu'il n'existait pas de séparation de corps entre eux.

Art. 20. Si la pension est réversible, mais que la veuve ne soit pas habile à la recueillir, faute par elle de pou-

---

(1) La question de savoir si un employé a perdu la vie par un accident fortuit relatif à ses fonctions est une question de fait qui doit être décidée d'après les circonstances : ainsi, le Conseil d'État a jugé qu'il n'y avait pas lieu d'accorder de pension à la veuve d'un employé mort de la fièvre cérébrale (18 février 1839, *Sanceren*), mais qu'il y avait lieu d'en accorder une à la veuve d'un employé frappé à son bureau même d'une apoplexie foudroyante, la mort ayant été instantanée et résultant notoirement d'un excès de travail. (29 avril 1843, *Radel*.)

(2) Décision royale du 9 juin 1847 : « Les dispositions de l'article 18 de l'ordonnance du 12 janvier 1825 sont rendues applicables aux veuves et enfants des employés du département des finances qui perdent la vie dans un naufrage par suite d'un service commandé. »

voir remplir les conditions exigées par l'article précédent, elle pourra être réclamée et elle sera partagée par portions égales entre tous les enfants issus de l'employé décédé et y ayant droit (1).

Il en sera de même dans le cas où la veuve aurait convolé en secondes noces, et dans celui de séparation de corps.

Art. 21. La pension se distribue par égales portions entre les enfants qui y ont droit, et s'éteint proportionnellement, sans réversion de l'un à l'autre, à mesure que chacun d'eux atteint sa seizième année, ou vient à décéder avant d'y être parvenu.

Art. 22 (2). Dans le cas où il existerait des enfants de plusieurs mariages et une veuve ayant droit à la réversion, la portion réversible de la pension sera partagée également entre tous les enfants âgés de moins de seize ans et la veuve, qui comptera pour deux têtes si elle n'a pas d'enfants de son mariage avec l'employé décédé ou le pensionnaire.

Si elle a des enfants, la pension sera attribuée pour moitié à la veuve, et pour l'autre moitié aux enfants des premiers mariages âgés de moins de seize ans.

Art. 23. Les pensions susceptibles d'être accordées aux veuves et aux orphelins d'employés qui auraient péri dans les cas énoncés par les articles 17 et 18 pourront être, en raison de circonstances particulières, portées à la somme de 125 francs pour la veuve, ou de 50 francs pour chaque enfant resté orphelin.

---

(1) Décision royale du 12 août 1846 : « A l'avenir, les enfants orphelins des employés décédés pensionnaires ne pourront être admis à la réversion de la pension qu'autant que le mariage dont ils sont issus aura précédé la mise en retraite de leur père. »

(2) Modifié par une ordonnance du 12 août 1846, ainsi conçue : « Art. 1er. La rédaction suivante est substituée au libellé de l'article 22 de l'ordonnance réglementaire du 12 janvier 1825. « S'il existe une veuve et un ou plusieurs orphelins au-dessous de seize ans, provenant d'un mariage antérieur, il sera prélevé sur la pension de la veuve, et sauf réversibilité en sa faveur, un quart au profit de l'orphelin du premier lit, s'il n'en existe qu'un au-dessous de seize ans, et la moitié s'il en existe plusieurs. »—Art. 2. « La présente ordonnance sera appliquée aux veuves et orphelins placés dans la position prévue par l'article précédent, dont les droits n'auront pas été définitivement réglés au jour de sa promulgation. »

TITRE V. — SERVICES ADMISSIBLES.

Art. 24. La contribution au fonds de retenues sera désormais une condition nécessaire et indispensable pour donner droit à une pension sur les fonds de la caisse générale.

En conséquence, les fonctionnaires et employés qui, à partir de la promulgation de la présente ordonnance, entreront dans l'une des parties de l'administration des finances, ne pourront compter, comme services civils utiles pour la retraite, que ceux pour lesquels ils auront été soumis à une retenue au profit de la caisse générale, ou, s'il y a réciprocité, au profit de l'une des caisses de retraite établies dans un département ministériel (1).

Art. 25. Les services militaires non récompensés seront admis dans la liquidation des pensions des employés, conformément aux ordonnances royales des 22 novembre 1815 et 6 mai 1818, et rétribués dans les proportions déterminées pour chaque grade par les règlements relatifs aux pensions militaires.

Les services militaires récompensés par une pension sur fonds généraux concourront avec les services civils postérieurs pour établir le droit à pension, mais n'entre-

---

(1) Les règlements antérieurs admettaient en général tous les services rendus dans les administrations publiques ressortissant au gouvernement. On considère comme tels tous les services payés sur les fonds du Trésor public (voir Conseil d'Etat, 18 avril 1821, *Brémontier;* 14 novembre 1821, *Mazerolles* et *Rey;* 20 février 1822, *Paris;* 14 novembre 1821, *Boyé;* 23 août 1845, *François;* 10 août 1850, *Regnault*).—L'article 24 ne statue que pour l'avenir. En conséquence, un employé attaché à l'administration centrale des forêts en 1821, peut dans la liquidation de sa pension, sous l'empire de l'ordonnance du 12 janvier 1825, compter ses années de service comme ingénieur vérificateur du cadastre, bien que ces services n'aient pas été sujets à retenue. (Conseil d'Etat, 10 août 1850, *Regnault;* 24 janvier 1857, *Collard;* 12 avril 1858, *Rey;* 19 juin 1858, *Guillaumin;* 8 mars 1844, *Chastanier.*)

Quand un employé est resté temporairement sans emploi par suite des événements de 1814, il a droit de faire compter pour la retraite le temps pendant lequel il a reçu un secours égal à la moitié de son traitement, mais non le temps qui s'est ensuite écoulé sans allocation de secours jusqu'à son replacement. (Conseil d'Etat, 30 mars 1844, *Rabeuf.*)

ront pas dans la fixation numérique de la pension liquidée sur les fonds de la caisse générale. La jouissance de la pension militaire sur fonds généraux continuera d'avoir son cours, cumulativement avec celle de la pension assignée sur les fonds de la caisse générale, conformément à la loi du 15 mai 1818 (1).

Seront rejetés ceux de ces services qui ne seraient pas admis dans la liquidation des pensions militaires par le ministère de la guerre (2).

Art. 26. Continueront d'être comptés aux fonctionnaires et employés présentement en activité, comme services utiles pour la retraite, les services militaires et civils actuellement admis dans la liquidation des pensions sur fonds de retenues des employés du ministère ou de l'une des administrations des finances.

Art. 27. Les services civils admissibles pour la retraite ne pourront être comptés qu'à partir de l'âge de vingt ans accomplis, et seulement à la date du premier traitement d'activité (3).

Il n'est dérogé à cette règle qu'en faveur des facteurs de la poste et des matelots de l'administration des doua-

---

(1) Les anciens règlements admettaient en général les services militaires et les rétribuaient sur le même pied que les services civils. Le principe de la double liquidation a été introduit par une ordonnance du 6 mai 1818; il est consacré par l'article 25 de l'ordonnance du 12 janvier 1825. La loi qui régit les pensions militaires est celle du 11 avril 1831. Le Conseil d'Etat a souvent appliqué cette règle (voir 10 janvier 1821, *Lemaître;* 16 février 1825, *Garnier-Laboissière;* 2 mars 1839, *Baud;* 1er juin 1843, *de Condé.*) D'après cette dernière décision les services militaires rendus dans l'émigration ne sont pas admissibles même pour la liquidation d'une pension civile lorsqu'ils n'ont pas été suivis de quinze ans de services sous le drapeau national. (*Loi du 11 avril 1831, art.* 32.)

(2) Ne sont pas considérés comme services militaires admissibles les services rendus dans les administrations temporaires créées auprès des armées, par exemple dans les hôpitaux militaires ou dans la comptabilité des fourrages de l'armée. (Conseil d'Etat, 20 juin 1821, *Vives.*)

(3) Sont inadmissibles les services rendus avant l'âge de vingt ans, alors même qu'ils auraient commencé avant 1825, sauf le cas de l'article 40. (Conseil d'Etat, 3 septembre 1844, *Ruelle;* 18 mai 1846, *Ducasse.*)

nes, dont les services en cette qualité, pourvu qu'ils aient été salariés, leur seront comptés à partir de l'âge de dix-huit ans.

Ne seront comptés dans aucun cas, et sous aucun prétexte, les services rendus comme suppléant, adjoint, élève ou surnuméraire, et généralement les services qui n'auraient pas été rendus dans le titre et la qualité de l'emploi dont on aurait exercé les fonctions.

Art. 28. Les services militaires de terre et de mer seront admis pour le temps effectif de leur durée, sans doublement pour les années de campagne et sans addition pour les années de grâce.

Art. 29. Tout employé destitué perd ses droits à la retraite, lors même qu'il aurait l'âge et le temps de services nécessaires pour l'obtenir. Cependant, si l'employé est réadmis dans la même administration, le temps de son premier service lui sera compté pour la pension (1).

Art. 30. Toute démission avant soixante ans d'âge et trente ans de services fera perdre le droit à la pension, à moins de réadmission ultérieure dans la même administration. La sortie d'une administration pour passer immédiatement dans une autre ou dans le service militaire ne sera pas considérée comme démission.

Art. 31. Les services civils dont la durée n'aurait pas été d'une année consécutive, et ceux qui, à l'avenir, seraient interrompus par une inactivité de plus de dix années, ne seront pas admis (2).

Art. 32. Les employés qui, sur leur demande, seront remplacés par leurs femmes ou leurs enfants, à moins que ces derniers ne fussent employés de la même admi-

---

(1) L'arrêté par lequel un employé est admis à faire valoir ses droits à la retraite ne constitue pas droit acquis au profit de cet employé; tant que la pension n'est pas liquidée, le ministre peut rapporter son arrêté, destituer l'employé et le priver ainsi de tous droits à la retraite. (Conseil d'Etat, 9 février 1850, *de Wailly*.)

(2) L'article 31 s'applique même au cas où l'interruption a eu lieu pour cause de maladie (Conseil d'Etat, 1er mars 1851. *Lavergne Lajugie*), mais il ne statue que pour l'avenir. En conséquence, il n'est pas applicable aux employés dont l'activité se trouvait interrompue au moment de la promulgation de l'ordonnance, à moins que depuis ce moment l'interruption ne se soit prolongée pendant dix ans (Conseil d'Etat, 1er mars 1844, *Rodriguez*).

nistration et dans un grade immédiatement inférieur, ne pourront prétendre à la pension de retraite, quel que soit le nombre de leurs années de services.

TITRE VI. — PIÈCES JUSTIFICATIVES DE LA DURÉE ET DE LA NATURE DES SERVICES.

Art. 33. Tout employé admis à faire valoir ses droits à la retraite devra produire, indépendamment de son acte de naissance et d'un certificat du directeur de la dette inscrite au Trésor royal, constatant qu'il jouit ou qu'il ne jouit pas d'une pension sur les fonds généraux,

1° Pour la justification des services civils :

Un extrait des registres et sommiers de l'administration à laquelle il appartient, dûment certifié par les chefs, énonçant ses nom et prénoms, sa qualité, la date et le lieu de sa naissance, la date de son entrée dans l'emploi avec traitement, la série de ses grades et services, l'époque et les motifs de leur cessation, et le montant du traitement dont il a joui pendant chacune des quatre dernières années de son activité.

Lorsqu'il n'aura pas existé de registres, ou que tous les services administratifs ne se trouveront pas inscrits sur les registres existants, il y sera suppléé, soit par un certificat du chef ou des chefs compétents des administrations où l'employé aura servi, présentant les indications ci-dessus énoncées, soit par un extrait des comptes et états d'émargement, certifié par le greffier de la cour des comptes.

A défaut de ces justifications, et lorsque, pour cause de destruction des archives d'où on aurait pu les extraire, ou du décès des fonctionnaires supérieurs, l'impossibilité de les produire aura été prouvée, pourront être admis des actes de notoriété, conformément à l'ordonnance du 13 novembre 1816.

2° Pour la justification des services militaires de terre ou de mer :

Soit un congé en bonne forme, soit un certificat du ministère de la guerre ou de la marine : ce certificat devra indiquer la nature des services, leur durée, et faire connaître la cause de leur cessation.

En outre, il sera produit un certificat qui constatera que ces services n'ont pas été récompensés sur les fonds de la caisse des invalides de la guerre ou de la marine.

Art. 34. Les veuves auxquelles le décès de leur mari ouvrirait un droit à pension fourniront, avec les pièces que ceux-ci auraient été tenus de produire, leur acte de naissance, l'acte de célébration de leur mariage, l'acte de décès de leur mari, et un certificat constatant qu'il n'y a pas eu entre eux séparation de corps.

Elles produiront en outre, si elles ont des enfants au-dessous de seize ans, les actes de naissance et les certificats de vie de chacun d'eux.

Art. 35. Les tuteurs des orphelins produiront, pour leurs pupilles, leurs actes de naissance, les actes de mariage et de décès de leurs pères et mères, et les titres de services et justifications exigées par l'article 33.

TITRE VII. — MODE DE LIQUIDATION ET DE PAYEMENT DES PENSIONS.

Art. 36. Les demandes à fin de pensions, ou les propositions des administrations ayant pour objet l'admission à la retraite des employés seront adressées, avec les pièces justificatives, à notre ministre des finances, qui, après en avoir fait préparer la liquidation, les renverra à l'examen du comité des finances, pour être ensuite soumises à notre approbation.

Art. 37. Les pensionnaires seront inscrits au ministère des finances, sur un registre spécial indiquant leurs noms, prénoms, date de naissance, l'administration à laquelle ils appartenaient en dernier lieu, le montant de leurs pensions, la date de jouissance, celle des décrets et ordonnances qui les ont accordées, et leurs motifs.

Chaque pensionnaire sera porteur d'un certificat de cette inscription, signé du fonctionnaire que le ministre des finances aura désigné.

Art. 38. Les pensionnaires sur les fonds de la caisse générale seront assujettis aux dispositions des lois des 25 mars 1817 et 15 mai 1818, relatives aux déclarations et justifications à faire.

Art. 39. Après la reconnaissance provisoire des droits de l'employé à obtenir pension, s'il est constaté qu'il soit dans le besoin, le ministre des finances pourra lui faire avancer, à titre de provision, un secours proportionné à la pension présumée, et dont le montant sera précompté sur le payement des arrérages de la pension.

Art. 40. Les pensions dont les arrérages n'auront pas été réclamés pendant trois années, à compter de l'échéance du dernier payement, seront censées éteintes et ne seront plus comprises dans les états de payement. Si le pensionnaire se présente après la révolution desdites trois années, les arrérages ne commenceront à courir qu'à compter du premier jour du trimestre qui suivra celui dans lequel il aura obtenu le rétablissement de sa pension (1).

---

(1) Une décision royale du 20 décembre 1825 a généralisé les dispositions de l'article 40. Cette décision est ainsi conçue : « Les employés qui laissent écouler plus de trois années sans justifier de leurs titres à la pension sont assimilés aux pensionnaires en retard atteints par l'article 40. Si le retard provient du fait de l'ayant droit, sa pension ne peut être inscrite qu'avec jouissance du premier jour du trimestre qui suit l'ordonnance de concession. Si le retard n'est pas de son fait, l'ayant droit ne peut obtenir, en aucun cas, qu'un rappel de trois années d'arrérages à partir du premier jour du trimestre dans lequel intervient l'ordonnance de concession. »

En conséquence, le Conseil d'Etat a jugé par plusieurs décisions que la veuve, qui laissait écouler plus de trois années à compter du jour du décès de son mari sans réclamer la réversion de la pension dont il jouissait, ne peut réclamer les arrérages antérieurs au premier jour du trimestre qui a suivi la concession de sa pension. (22 août 1854, *de Clercq ;* 18 avril 1855, *Alexandre et autres ;* 21 avril 1856, *de Blossac et autres ;* 9 novembre 1856, *Genevoix ;* 17 mai 1857, *Lambert.*)

La déchéance édictée par l'article 40 et par la décision du 20 décembre 1825 est encourue quand la demande de pension est postérieure de plus de trois ans à l'arrêté d'admission à la retraite. Il faut entendre par demande de pension, celle qui est accueillie. Une première demande, mal formée ou rejetée, ne mettrait pas à l'abri de la déchéance (Conseil d'Etat, 15 juillet 1842, *Salomon ;* 18 novembre 1842, *de Surian ;* 25 avril 1845, *Deneux*) ; mais les retards provenant du fait de l'administration ne peuvent préjudicier à l'employé. Ainsi, l'employé qui a réclamé aussitôt après la cessation de ses fonctions, et qui a produit toutes les pièces nécessaires à l'appui de sa demande, a droit aux arrérages à partir du jour où il a cessé de toucher son traitement d'activité, alors même que le décret de concession ne serait rendu que plus de trois années après cette époque (Conseil d'Etat, 25 novembre 1852, *Vandenzande*). Les trois ans ne commencent à courir qu'à partir de l'arrêté qui admet le fonctionnaire à faire valoir ses droits à la retraite, et non à partir de l'arrêté qui l'appelle à recevoir une autre destination. (Conseil d'Etat, 16 mars 1856, *Roux.*)

Art. 41. Lorsqu'en raison de causes ou de circonstances extraordinaires, il y aura lieu de présumer l'absence d'un employé titulaire de pension, et s'il s'est écoulé plus de trois ans sans qu'il y ait eu de sa part réclamation du payement des arrérages, sa femme ou les enfants qu'il aurait laissés pourront, si d'ailleurs ils justifient de leurs droits à la réversion, l'obtenir à titre de pension alimentaire.

Art. 42. Les pensions courront, au profit de l'employé mis en retraite, à dater du jour de la cessation de son traitement d'activité ; et, au profit de la veuve et des enfants, du jour du décès de l'employé ou de la mère.

TITRE VIII. — DISPOSITIONS GÉNÉRALES.

Art. 43. Les anciens services civils, admissibles aux termes de la présente ordonnance, déjà récompensés par une pension sur fonds généraux, seront comptés avec les services postérieurs pour régler une pension nouvelle, en raison de la généralité des services.

La pension sur fonds généraux *pouvant rester à la charge du Trésor*, conformément à la loi du 15 mai 1818, sera déduite de celle résultant de la liquidation faite sur la généralité des services, et le surplus de cette liquidation sera affecté sur les fonds de la caisse générale.

Art. 44. Lorsqu'un pensionnaire sera remis en activité de service, le payement de sa pension sera suspendu.

Mais, après la cessation de la nouvelle activité, la pension reprendra son cours. Si le pensionnaire a rendu de nouveaux services, et si sa pension n'a pas atteint le maximum, il sera procédé à une nouvelle liquidation, qui réunira les derniers services avec les précédents (1).

Art. 45. Nul fonctionnaire ou employé de l'administration des finances, à l'exception des directeurs généraux, auxquels nous laissons cette faculté, ne pourra, même en

____

(1) La nouvelle liquidation prescrite par l'article 44 n'est obligatoire que pour le cas où la réunion des derniers services et des précédents ouvrirait un droit à pension aux termes de l'ordonnance. Dans le cas contraire, l'employé réformé pour la seconde fois doit être simplement rétabli dans la jouissance de la pension qui lui avait été concédée d'après les règlements antérieurs. (Conseil d'État, 25 mars 1845, *Guépratte*.)

renonçant au bénéfice éventuel d'une pension sur la caisse générale, s'affranchir de la retenue de 5 p. 0/0 ; et, dans aucun cas, les employés, leurs veuves et orphelins ne pourront prétendre au remboursement des retenues exercées au profit de la caisse générale.

Art. 46. Les règlements particuliers relatifs aux pensions actuellement en vigueur dans le ministère et les administrations des finances sont abrogés.

Néanmoins, les pensions des fonctionnaires et employés ayant aujourd'hui accompli trente ans de services, ou seulement vingt-cinq susceptibles d'être comptés comme trente, s'ils appartiennent aux administrations où cette règle est établie, continueront d'être liquidées conformément aux anciens règlements, sans qu'elles puissent toutefois excéder ni les trois quarts du traitement moyen des trois dernières années, ni le maximum de 6,000 francs (1).

---

(1) Avant l'ordonnance du 12 janvier 1825, on décidait que les pensions devaient être liquidées d'après les règlements en vigueur au moment où les fonctions avaient cessé (Conseil d'Etat, 18 avril 1821, *Brémontier*). L'article 46 de l'ordonnance respecte les droits acquis, mais elle ne reconnaît de droits acquis qu'à trente ou vingt-cinq ans de services (Conseil d'Etat, 3 septembre 1844, *Allègre;* 5 juin 1845, *Mérien*). D'après l'article 9, § 2, de l'ordonnance du 25 novembre 1814, toute fraction de services de six mois et au-dessous devait être comptée pour une année. En conséquence, les employés des contributions indirectes avaient droit acquis à vingt-neuf ans et six mois de services (Conseil d'Etat, 25 mai 1844, *Basire*). L'article 46 n'exige du reste aucune condition d'âge (Conseil d'Etat, 2 août 1838, *Leblanc et autres*). L'admissibilité des services nécessaires pour parfaire les trente ans doit être appréciée d'après les anciens règlements; ainsi peuvent être admis des services rendus avant l'âge de vingt ans (Conseil d'Etat, 25 juillet 1842, *Noé*) ; toutefois, les années de surnumérariat ne peuvent être admises en aucun cas. On ne considère comme services réels que ceux qui ont été rémunérés par un traitement de l'Etat, sujet à retenue (Conseil d'Etat, 25 avril 1845, *Deneux;* 27 mai 1847, *Sauvage de Saint-Marc*). La liquidation d'après les anciens règlements est obligatoire, alors même que l'ordonnance de 1825 serait plus favorable à l'employé (Conseil d'Etat, 12 avril 1843, *Roger ;* 30 décembre 1843, *Riscle*).

Les trois dernières années de services dont parle l'article 46 sont les trois dernières années de services réels, et non les trois dernières années de services antérieures au 12 janvier 1825. En conséquence, si le traitement a été réduit, la pension se trouve

Art. 47. Les dispositions du présent règlement sont étendues aux employés attachés au bureau du commerce établi près le président du conseil des ministres.

TABLEAU Nº 1.

Tableau indicatif des employés du service actif de l'administration des finances ayant droit à la retraite après vingt-cinq ans de services (1).

AGENTS ACTIFS DES ADMINISTRATIONS			
DES DOUANES.	DES CONTRIBUTIONS INDIRECTES	des FORÊTS.	des POSTES.
Contrôleurs de brigades. Capitaines. Commandants d'embarcat⁰. Lieutenants principaux. — d'ordre — à cheval et à pied. Sous-lieutenants à cheval et à pied. Cavaliers et cavaliers d'ordre. Préposés. Pilotes et sous-pilotes. Patrons et sous-patrons. Timoniers et matelots. Novices et mousses. Emballeurs. Peseurs et plombeurs.	Contrôleurs ambulants. — de vile. — de culture de tabac. Receveurs ambulants à cheval et à pied. Brigadiers et sous-brigadiers à cheval et à pied. Commis à cheval et à pied. Commis aux exercices. Employés du service de la garantie (2). Préposés en chef d'octroi.	Gardes à cheval. Gardes à pied.	Facteurs. Brigadiers et sous-brigadiers facteurs-ruraux. (Déc. roy. du 23 mars 1843.)

diminuée dans la même proportion. (Conseil d'Etat, 11 juillet 1845, *Sérieux*.)

Le maximum de 6,000 francs est obligatoire alors même que l'employé mis à la retraite après 1825 aurait pu obtenir une pension beaucoup plus considérable s'il l'eût demandée en 1824. (Conseil d'Etat, 19 décembre 1854, *Piet*.)

(1) Les employés désignés au tableau nº 1 font seuls partie du service actif. Ainsi le Conseil d'Etat a refusé de considérer comme tels un sous-inspecteur de la loterie (4 juillet 1857, *Benoît de Péronne*) et un garde général des forêts (18 février 1856, *Vuillemot*). Toutefois un emploi nouveau a pu être créé depuis l'ordonnance, avec le caractère et la qualification de service actif; tel est, par exemple, l'emploi de garde général ambulant des forêts, créé en Corse en 1840. (5 août 1849, *Ceroni*.)

(2) Tous les employés du service de la garantie, sans exception,

TABLEAU N° 2.

Tableau des maximum de pension des fonctionnaires et employés du ministère et des administrations et régies des finances.

QUOTITÉ DES TRAITEMENTS.	MAXIMUM DE LA PENSION.	OBSERVATIONS.
de 1,000 fr. et au-dessous ..	750 fr.	
de 1,001 fr. à 2,100 fr.... .	1,500	
de 2,001 fr à 3,200 fr......	1,600	
TRAITEMENTS.... de 3,201 fr. à 8,000 fr.....	Moitié du traitement (1)	
de 8,001 fr. à 9,000 fr.....	4,000 fr.	
de 9,001 fr. à 10,500 fr....	4,500	
de 10,501 fr. à 12,000 fr...	5,000	
au-dessus de 12,000 fr......	6,000	
Fonctionnaires à remises et salaires :		
Receveurs et conservateurs des hypothèques dans les chefs-lieux de département......	2,000	
Conservateurs des hypothèques dans les chefs-lieux d'arrondissement	1,500	
Receveurs de l'enregistrement dans les chefs-lieux d'arrondissement ou de canton....	1,000	
Employé de l'atelier général du timbre à Paris et du timbre dans les départements.......	Moitié du traitement (1).	
Facteurs...........................	500 fr (2)	

(Décret du 24 novembre 1852.)

Art. 1er. Les fonctionnaires, agents et employés de tous

---

appartiennent au service actif, alors même qu'ils ne sont assujettis à aucun déplacement, comme les *présenteurs*. (Conseil d'État, 21 avril 1846, *Mozard*.)

(1) Par *la moitié du traitement* il faut entendre la moitié du traitement des quatre dernières années (*art. 10*) et non du dernier traitement. (Conseil d'État, 9 janvier 1845, *Virion*.)

(2) Porté à 600 francs par une ordonnance du 4 mai 1826.

grades ressortissant au ministère d'Etat sont déclarés tributaires de la caisse des retraites du département des finances et soumis aux conditions réglées par l'ordonnance du 12 janvier 1825.

Art. 2. Ceux de ces employés qui étaient tributaires des caisses de retraite déjà existantes, et ceux qui obtenaient pension sur fonds généraux, seront liquidés dans les proportions et aux conditions réglées par l'ordonnance du 12 janvier 1825, pour leurs services postérieurs au décret du 22 janvier 1852, portant création du ministère d'Etat, et pour leurs services antérieurs, conformément, soit aux règlements spéciaux, soit aux loi et décret des 22 août 1790 et 13 septembre 1806, qui régissaient respectivement leur situation. Toutefois les fonctionnaires, agents et employés qui, au moment de la création du ministère d'Etat, auront accompli les conditions exigées par les règlements spéciaux, loi et décret précités, pourront en obtenir l'application dans la liquidation de leur pension.

Art. 3. Les fonctionnaires, employés ou agents maintenus ou remplacés depuis le 24 février 1848 dans un service ressortissant au ministère d'Etat, sont admis à jouir du bénéfice du § 3 de l'article 2 de la loi du 8 juillet 1852 pour ceux de leurs services postérieurs au 24 février 1848, qui n'ont pas subi la retenue réglementaire (1).

Art. 4. Les employés que l'article 2 de la loi du 8 juillet dernier autorise à verser la retenue pour leur temps de services dans l'administration de l'ancienne liste civile effectueront ce versement à la caisse des retraites de l'administration des finances, soit en un payement uni-

---

(1) La loi du 8 juillet 1852 a consacré un fonds de 520,000 francs au payement d'indemnités viagères aux employés de l'ancienne liste civile. Le § 3 de l'article 2 porte : « Les employés et agents maintenus ou replacés dans les administrations publiques pourront compter pour leur retraite leurs services antérieurs dans la liste civile, comme services propres au département ministériel qui les emploie, à la charge par eux de prendre, dans un délai de quatre mois, l'engagement de verser le montant des retenues réglementaires qu'ils auraient eues à subir proportionnellement au traitement dont ils ont joui dans la liste civile. »

Un décret du 31 juillet 1852 a réglé la liquidation de ces indemnités viagères.

que, soit au moyen d'une retenue complémentaire à ajouter à la retenue mensuelle de 5 p. 0/0. Ladite retenue complémentaire déterminée d'après le temps de services restant à courir pour la mise à la retraite ne pourra être inférieure à 5 p. 0/0 ni supérieure à 25 p. 0/0.

Art. 5. Dans le cas où la mise à la retraite de l'employé s'effectuerait avant que le montant des retenues complémentaires ait atteint le chiffre du décompte à la charge de l'employé, il sera perçu sur la pension, jusqu'à la liquidation définitive, une retenue exceptionnelle de 5 p. 0/0.

Art. 6. Ceux de ces fonctionnaires qui ont joui antérieurement d'un traitement sur les fonds du Trésor, et qui ont subi la retenue du premier douzième dudit traitement, ne devront verser que la retenue du premier douzième de l'augmentation qu'ils auront obtenue.

Art. 7. Dans le cas où un employé décéderait avant d'avoir complété le versement de la retenue autorisée par la loi du 8 juillet 1852, sa veuve est autorisée à verser en un payement unique le complément de ladite retenue pour assurer son droit personnel à pension.

Art. 8. La liquidation des pensions à concéder en vertu du présent décret sera préparée par le ministre d'Etat et transmise au ministre des finances, qui la soumettra. avec son avis, à l'examen du comité spécial du Conseil d'Etat. Le décret de concession sera rendu sur la proposition du ministre des finances.

(Décret du 31 décembre 1852.)

Vu la loi du 8 juillet 1852, qui assimile les employés et agents de la liste civile précédente aux employés et agents des départements ministériels ;

Vu le décret du 24 novembre 1852, qui règle les conditions d'admissibilité à des pensions de retraite des fonctionnaires et employés du ministère d'Etat ;

Vu le sénatus-consulte du 12 décembre courant, portant fixation de la dotation de la couronne ;

Considérant que la situation des fonctionnaires, agents et employés préposés à la gestion des biens meubles et immeubles composant la nouvelle dotation de la couronne n'a pu être modifiée parce que la jouissance en a été attribuée au souverain;

Considérant qu'ils ne peuvent être assimilés aux fonctionnaires et agents de notre maison attachés à notre personne et désignés par l'article 21 du sénatus-consulte du 12 décembre 1852;

Considérant qu'ils restent et demeurent les serviteurs de l'Etat;

Art. 1er. Sont et demeurent applicables aux fonctionnaires, agents et employés du ministère de la maison de l'Empereur, attachés à l'administration de la dotation de la couronne, les dispositions prescrites par le décret du 24 novembre 1852, pour le règlement des pensions de retraite des fonctionnaires et employés du ministère d'Etat.

21° CAISSE DE RETRAITE

DES GREFFE ET ARCHIVES DE LA COUR DES COMPTES.

(Décret du 10 février 1811.)

Art. 1er. A dater du 1er janvier 1811, il sera fait, sur les traitements des employés du greffe et des secrétariats de notre cour des comptes, une retenue de 2 centimes 1/2 par franc, pour former un fonds de pensions de retraite et secours en faveur de ceux qui en seront susceptibles, ou de leurs veuves et enfants.

Art. 2. La même retenue sera exercée sur les traitements et salaires des huissiers et de tous autres attachés au service de la cour à titre permanent.

Art. 3. Une partie du produit libre de la vente des papiers de comptabilité qui auront été réformés sera employée à établir un premier fonds de retraite. A cet effet, une somme qui ne pourra excéder 10,000 francs sera versée à la caisse d'amortissement annuellement et jusqu'à ce que ces versements forment un capital de 60,000 francs ;

ladite caisse tiendra compte des intérêts, à raison de
3 p. 0/0, et ces intérêts seront appliqués au payement
des pensions.

Art. 4. Les demandes à fin de pensions seront adressées au premier président, avec les pièces justificatives.

Le greffier en chef les portera sur un registre particulier par ordre de dates et de numéros.

Il fera l'examen de chaque demande et en fera un rapport.

Art. 5. Le premier président, après avoir pris l'avis des
présidents et entendu le procureur général, prendra sur
la demande un arrêté qui, lorsqu'elle aura été admise,
sera adressé à notre ministre des finances avec le rapport
et les pièces.

Art. 6. Notre ministre des finances nous fera un rapport
sur les demandes qui lui auront été transmises, et il y
sera statué par nous, en notre conseil d'État.

Art. 7. Il ne sera accordé de pensions et secours que
jusqu'à concurrence de ce qu'il y aura de libre sur le
fonds de retraite.

Art. 8. Pour être admis à la pension, il faudra :

1° Être âgé d'au moins soixante ans ; 2° avoir servi pendant trente ans dans les établissements payés des fonds
du Trésor, avec un traitement pour lequel on aura été en
nom sur les états ; 3° que de ces trente années, dix
au moins aient été employées au service de notre cour
des comptes, ou des commissions qui l'ont précédée.

Néanmoins, les conditions relatives à l'âge et à la durée
des services ne seront pas exigées à l'égard d'un employé
que des accidents ou des infirmités dûment constatées
rendraient incapable de continuer les fonctions de sa
place, ou qui, réformé, après dix ans au moins de services, par la suppression de son emploi, n'en remplirait
pas un autre.

Art. 9. Pour fixer le montant de la pension, il sera
formé une année moyenne des traitements dont l'employé
aura joui pendant les trois dernières années de son service ; les gratifications n'entreront point dans le calcul.

La pension à accorder à trente années de services, ou
plus, sera : 1° de la moitié dudit traitement ; 2° d'autant
de quarantièmes qu'il y aura d'années de services au-
dessus de trente ans, sans que, dans aucun cas, la pen-

sion puisse s'élever au-dessus des deux tiers dudit traitement moyen.

Art. 10. La pension qui pourra être accordée avant
trente ans de services dans le cas prévu par la deuxième
partie de l'article 8, sera d'un soixantième du traitement
moyen pour chaque année de services.

Art. 11. La veuve d'un employé ne pourra prétendre à
une pension qu'autant : 1° que son mari sera mort pourvu
de son emploi ou pensionné ; 2° que le mariage aura
précédé de cinq ans au moins la cessation des services
par mort ou autrement, et que ladite veuve n'aura pas
divorcé.

Si elle se remarie, elle perdra son droit à la pension.

Art. 12. La pension à accorder à une veuve sera du
quart de celle à laquelle son mari avait ou aurait eu
droit.

Si l'employé décédé a laissé un ou plusieurs enfants
naturels et légitimes qui n'aient pas atteint l'âge de quinze
ans accomplis, chacun d'eux donne droit à sa veuve à
un cinquième en sus de ce qu'elle aurait eu de son chef,
sans que jamais le total puisse excéder la moitié de la
pension qu'avait ou aurait pu avoir son mari.

Art. 13. Si l'employé ou pensionnaire n'a pas laissé de
veuve, ou si la veuve pensionnée vient à se remarier ou
à décéder, tout enfant dudit employé ou pensionnaire qui
n'aura pas atteint l'âge de quinze ans accomplis, recevra
un secours annuel qui sera du douzième de la pension à
laquelle son père avait ou aurait eu droit. Néanmoins, les
enfants ne pourront avoir entre eux tous plus de la moitié
de cette même pension.

Art. 14. L'âge de quinze ans fera cesser, relativement
à chaque enfant, la pension ou le secours accordé, soit à
lui, soit à sa mère à cause de lui ; il n'y aura à cet égard
aucune réversibilité.

Néanmoins, en cas d'infirmité qui ne permettrait pas à
un enfant de travailler pour subvenir à ses besoins, le
secours se convertira, du premier jour de la seizième
année, en une pension viagère à son nom et à son profit. Si l'infirmité venait à cesser, la pension cesserait pareillement.

Art. 15. S'il arrivait qu'il y eût à statuer en même
temps sur plusieurs demandes de pensions, sans qu'il y

eût assez de fonds libres pour les demandes réunies, il sera fait entre les ayants droit une répartition proportionnelle de la somme disponible, avec faculté d'accroissement pour l'avenir, à mesure qu'il y aura de nouveaux fonds.

Art. 16. Un employé destitué perdra tous ses droits sur le fonds de retraite.

A l'égard du démissionnaire, les sommes qui auront été retenues de ses appointements demeureront acquises à la masse; mais en cas de nouveaux services, ceux précédemment rendus devront être comptés, soit pour l'employé, soit pour sa femme et ses enfants.

Art. 17-29.......... (1).

22° CAISSE DE RETRAITE

DES CAISSES D'AMORTISSEMENT ET DES DÉPOTS ET CONSIGNATIONS.

Cette caisse de retraite a été fondée par un décret du 50 janvier 1812. Elle a été définitivement réglementée par une ordonnance du 23 août 1822.

(Ordonnance du 28 août 1822.)

Art. 1er. La retenue de 2 1/2 p. 0/0, qui a commencé à compter du 1er juin 1816, sur les traitements des employés des caisses d'amortissement et des dépôts et consignations créées par la loi du 28 avril de la même année, continuera d'avoir lieu pour former un fonds de pensions de retraite au profit desdits employés, ou de leurs veuves et orphelins.

---

(1) Ces articles, relatifs aux payements et à la comptabilité, reproduisent presque textuellement les articles 21-26 du décret du 4 juillet 1806. (*Voir page* 166.)

Art. 2. Pour assurer, dans tous les temps, à la caisse des retraites des ressources proportionnées à ses charges, la retenue sur le traitement des employés pourra être élevée jusqu'à 10 p. 0/0, lorsque le directeur général et la commission de surveillance en auront reconnu la nécessité.

Art. 3. Seront en outre ajoutés à ce fonds de retraite :

1° Le montant du premier mois de traitement de chaque nouvel employé ;

2° Le montant, pendant le premier mois, de l'augmentation de traitement que les employés pourront obtenir ;

3° La moitié du traitement de chaque employé, pendant la durée des congés obtenus, toutes les fois que ces congés dépasseront le terme d'un mois.

Art. 4. Dans aucun cas, les retenues effectuées ne pourront être rendues.

Art. 5. Les services dans l'administration des caisses d'amortissement et des dépôts et consignations seront seuls comptés pour donner droit aux pensions et indemnités à la charge du fonds de retraite ; ils seront calculés à partir de la date du premier traitement d'activité soumis à la retenue fixée par l'article 1er. Les traitements accordés avant l'âge de vingt ans n'entreront pas dans ce calcul.

Art. 6. Les dispositions de l'article précédent ne sont pas applicables aux employés des deux caisses actuellement en activité, auxquels on comptera comme effectif tout le temps de leur service, soit auprès des deux caisses, soit dans d'autres administrations publiques ressortissant au Gouvernement.

Art. 7. Les liquidations seront établies sur le nombre effectif des années, mois et jours de services : mais les fractions de franc seront négligées au profit de la caisse des retraites.

Art. 8. Pour déterminer la quotité de la pension, il sera formé une année moyenne du traitement fixe dont les réclamants auront joui pendant les dix dernières années de leur service. Les gratifications qui leur auraient été accordées ne feront pas partie de ce calcul.

Art. 9. Les employés (1) qui réclameront leur retraite

---

(1) Le directeur général des caisses d'amortissement et des

auront droit à une pension lorsqu'ils justifieront de trente années de services, ou lorsque, après un service de vingt-cinq ans, ils auront atteint l'âge de soixante ans, sans toutefois que, pour ce cas, les années au-dessus de vingt-cinq ans donnent droit aux mêmes augmentations que les années au-dessus de trente ans.

La pension sera de moitié de l'année moyenne réglée par l'article précédent, et s'accroîtra d'un vingtième de cette moitié pour chaque année de services au-dessus des-dits trente ans; sans que, dans aucun cas, elle puisse excéder les deux tiers de ladite année moyenne.

Art. 10. Dans le cas où, avant lesdits trente ou vingt-cinq ans de services, quelques employés se trouveraient, par suite d'accidents ou infirmités, incapables de conti-nuer leurs fonctions : ou si, par le fait de la suppression de leur emploi ils étaient réformés, ils auront droit, savoir :

Ceux qui auront plus de dix ans, mais moins de quinze années de services, à une indemnité qui ne pourra être moindre de six mois, ni excéder un an de traitement, et ceux qui auront quinze ans de services, à une pension qui sera du quart de l'année moyenne fixée par l'ar-ticle 8.

La pension s'accroîtra d'un soixantième de cette année moyenne pour chaque année de services au-dessus de quinze ans.

Art. 11. La veuve d'un employé mort, soit en activité, ayant les titres exigés par les articles 9 et 10 pour obtenir sa pension de retraite, soit après en avoir obtenu la liqui-dation, aura droit elle-même à une pension, en justifiant qu'elle était mariée dix ans avant la mort de l'employé décédé en activité, ou avant la retraite de l'employé mort pensionnaire, et qu'il n'existait ni séparation de corps ni divorce entre eux. Il suffira de cinq ans de mariage, lorsque la veuve aura un ou plusieurs enfants de l'em-ployé décédé.

---

dépôts et consignations devait être considéré non comme un em-ployé desdites caisses, soumis pour l'obtention de la retraite au règlement du 28 août 1822, mais comme un fonctionnaire de l'Etat ayant droit à une pension sur fonds généraux. (Conseil d'Etat, 24 mars 1849, *Pasquier*.)

Art. 12. La pension de la veuve sera du quart de la pension de retraite à laquelle son mari aurait eu droit, ou dont il aura joui. Elle sera portée au tiers si la veuve est âgée de cinquante ans au moment du décès de son mari. Dans tous les cas, la veuve perdra son droit à la pension, si elle contracte un nouveau mariage, et à partir du jour de ce mariage.

Art. 13. Les enfants légitimes de l'employé ou pensionnaire décédé recevront entre eux un secours annuel montant au quart de la pension de retraite dont leur père aurait joui ou pu jouir, mais qui sera réduit au huitième si l'employé a laissé une veuve ayant droit à une pension d'après l'article précédent, et tant que cette pension aura cours. Ce secours annuel sera distribué par égales portions entre les enfants, et s'éteindra proportionnellement sans réversion de l'un à l'autre, à mesure que chacun d'eux atteindra sa dix-huitième année ou viendrait à décéder avant d'y être parvenu.

Art. 14. Les pensions ou secours résultant des dispositions précédentes courront, pour l'employé obtenant sa retraite, du jour de la cessation du traitement d'activité, et, pour les veuve et enfants, du jour du décès de l'employé.

Art. 15. Les demandes de pensions seront adressées au directeur général des caisses d'amortissement et des dépôts et consignations, avec les pièces justificatives : il sera tenu un registre de ces demandes, où elles seront portées par ordre de dates et de numéros.

Art. 16. Chaque demande fournie par un employé en activité de service devra être accompagnée : 1° de l'acte de naissance du pétitionnaire ; 2° d'un certificat du chef ou des chefs des administrations dans lesquelles il aura été employé : ce certificat indiquera la nature des fonctions que le pétitionnaire aura remplies, les dates d'entrée et de sortie, le motif de la sortie, le traitement dont il a joui pendant les dix dernières années de son activité ; il énoncera si le traitement était ou non sujet à retenues pour les retraites ; 3° à défaut de ce certificat, un extrait détaillé, avec les mêmes documents, des registres desdites administrations, ou des pièces authentiques en tenant lieu ; 4° une déclaration du pétitionnaire, constatant que les services qu'il fait valoir à l'appui de sa demande n'ont pas été compris dans la liquidation d'une autre pension à

la charge du fonds de retenue d'une autre administration ; 5° un certificat du chef de la division de la dette
inscrite au Trésor, constatant qu'il ne jouit d'aucune pension sur les fonds généraux.

Art. 17. Les veuve et enfants de l'employé qui n'aura
pas. avant son décès, obtenu la liquidation de sa pension,
fourniront les pièces que celui-ci aurait été tenu de produire d'après l'article précédent. Dans tous les cas, il
devra être remis. savoir : par la veuve, les actes de naissance et de célébration de mariage, l'acte de décès de son
mari. et un acte de notoriété publique, devant le maire
ou le juge de paix du lieu de sa résidence, constatant
qu'elle n'a été ni séparée de corps ni divorcée ; et, pour
les enfants, l'acte de naissance de chacun d'eux, avec un
certificat de vie, dans la forme de ceux admis au Trésor
royal pour le payement des pensions ou rentes viagères.

Art. 18. Le directeur général examinera les demandes,
vérifiera les titres, et procédera à la liquidation. Ces projets de liquidation, après avoir été communiqués à la
commission de surveillance. seront par lui adressés, avec
les pièces à l'appui. à notre ministre secrétaire d'Etat
des finances, sur le rapport duquel il sera statué par nous
en notre conseil.

23° CAISSE DE RETRAITE

DES COURRIERS ET POSTULANTS COURRIERS DES POSTES (1).

Fondée par arrêté du conseil d'administration des postes en
date du 19 mars 1800, et réglementée par un autre arrêté du
même conseil en date du 27 août 1814.

Ce dernier arrêté a reçu l'approbation ministérielle par son
insertion dans l'instruction générale du 29 mars 1832 sur le service des postes.

Enfin, il a reçu la sanction royale par ordonnance du 14 octobre 1843.

(1) Cette caisse n'a pas été réunie à la caisse générale du ministère des finances par l'ordonnance du 12 janvier 1825. En con-

(Instruction générale sur le service des postes (1852, t. I, p. 317).)

SECTION Iʳᵉ. — CONSTITUTION DE LA CAISSE DES PENSIONS DE RETRAITE DES COURRIERS.

Art. 1298. Les recettes affectées à la caisse des pensions de retraite des courriers se composent :

1° D'une retenue de 20 p. 0/0 sur le salaire des courriers de malle sur les routes de 1ʳᵉ et 2ᵉ section ;

2° Des intérêts des sommes placées en rentes sur l'État au profit de la caisse des pensions des courriers ;

3° Du produit des amendes prononcées contre les courriers.

Art. 1299. Les produits désignés dans l'article précédent sont affectés au service des pensions de retraite des courriers et de leurs veuves, sous la réserve des secours une fois payés, à accorder en vertu de l'article 1326. Il ne peut, sous aucun prétexte, en être rien détourné pour une autre destination.

Art. 1300. Les fonds provenant des ressources affectées à la caisse des pensions de retraite des courriers seront, au fur et à mesure des recettes, versés à la caisse des dépôts et consignations, qui est chargée du payement des pensions accordées sur leurs produits, d'après les états nominatifs fournis par l'administration des postes.

SECTION II. — CONDITIONS D'ADMISSION A LA RETRAITE.

Art. 1301. La contribution préalable aux fonds de rete-

---

séquence, les pensions des courriers ont dû continuer à être liquidées d'après les prescriptions du règlement du 27 août 1814. (Conseil d'État, 30 juin 1846, *Gouvenot et consorts.*)

La caisse des courriers n'est pas une institution privée fondée sur des conventions particulières, mais un établissement public constitué par des règlements administratifs. En conséquence, les ayants droit ne peuvent demander la liquidation et le partage de cette caisse. Ils ne peuvent réclamer que les droits qui leur sont attribués par les règlements. (Conseil d'État, 14 septembre 1852, *Roze et consorts.*)

nue applicables à la caisse des courriers est une condition nécessaire pour obtenir une pension.

Art. 1302. Les courriers ont droit à une pension de retraite à soixante ans d'âge, et après vingt-cinq ans de services.

Cette pension est réglée au maximum fixé par l'article 1304.

Art. 1303. Les courriers et postulants courriers hors d'état de continuer leurs fonctions par suite d'accidents éprouvés ou d'infirmités contractées au service, sont, à tout âge, et quelle que soit la durée de leurs services, admis à la pension de retraite.

Il en est de même pour ceux des courriers et postulants courriers que leur grand âge ou des infirmités naturelles mettraient hors d'état de continuer leurs fonctions (1).

SECTION III. — FIXATION DES PENSIONS.

Art. 1304. Le maximum de la pension est de 1.200 francs par année pour les courriers des routes de première section, et de 1.000 francs aussi par année pour les courriers des routes de seconde section (2).

Art. 1305. La pension accordée aux courriers ou postulants courriers, dans les cas prévus par le premier paragraphe de l'article 1303, est fixée pour les courriers aux cinq douzièmes du maximum de la pension établie pour la section à laquelle ils sont attachés, et pour les postulants courriers aux deux tiers de la pension attri-

---

(1) L'établissement des lignes de chemins de fer, et la diminution des emplois de courrier ont donné lieu à une modification du règlement en faveur des employés supprimés. L'arrêté présidentiel du 6 février 1849, article 2, porte : « Les courriers des postes, dont l'emploi serait supprimé par suite d'organisation nouvelle du service du transport des lettres, pourront exceptionnellement obtenir pension, s'ils comptent dix ans au moins de services comme postulants courriers, ou comme courriers.—La pension sera réglée, dans ce cas, pour chaque année de services civils, à raison d'un vingt-cinquième du maximum de 1,200 francs. »

(2) Arrêté présidentiel du 6 février 1849, art. 1er : « Le maximum de la pension est de 1,200 francs par année pour les courriers des postes, sans distinction de classe. »

buée aux courriers qui se trouvent dans le même cas.

Art. 1306. Cette pension est augmentée d'un dixième pour chaque année de services au delà du nombre de dix, mais elle ne doit plus s'accroître après vingt années de services.

Art. 1307. Les courriers et postulants courriers qui se trouvent compris dans le cas prévu par le deuxième paragraphe de l'article 1303, sont admis, savoir :

1° Les courriers, après dix ans de services, à une pension du sixième du maximum de 1,200 francs ou de 1,000 francs, selon qu'ils appartiennent à une route de première ou de seconde section (ce sixième s'accroît du quinzième de ce même maximum pour chaque année de services au delà de dix, mais jusqu'à vingt seulement);

2° Les postulants courriers, après douze ans de services, à une pension égale à la moitié de la pension qui serait accordée aux courriers des routes auxquelles les postulants courriers appartiennent.

Art. 1308. La liquidation des pensions est établie sur la durée effective des services. Néanmoins les fractions de mois et de francs sont négligées.

SECTION IV. — PENSIONS DES VEUVES.

Art. 1309. Les veuves de courriers et de postulants courriers ont droit à une pension égale à la moitié de la pension dont jouissaient ou à laquelle auraient eu droit leurs maris au moment de leur décès, conformément aux dispositions des articles 1304, 1305, 1306 et 1307.

Art. 1310. La veuve pouvant prétendre à la pension, aux termes de l'article précédent, n'est toutefois admise à la réclamer qu'autant qu'elle justifie : 1° qu'elle était mariée cinq ans avant la mort ou avant la mise à la retraite de son mari ; 2° qu'il n'existait pas entre eux de séparation de corps.

Art. 1311. Les veuves fournissent : 1° leur acte de naissance ; 2° leur acte de mariage ; 3° l'acte de décès de leur mari ; 4° un certificat de non-séparation de corps.

Dans le cas de réversibilité, elles justifient des droits que leurs maris auraient eus à la retraite.

SECTION V. — SERVICES ADMISSIBLES.

Art. 1312. Les services admissibles ne sont comptés aux courriers et postulants courriers qu'à partir de l'âge de vingt ans.

Art. 1313. Les services militaires non récompensés peuvent être admis dans la liquidation de la pension. Ces services sont rétribués dans les proportions déterminées pour chaque grade par les règlements relatifs aux pensions militaires. Ils ne comptent que pour le temps effectif de leur durée, sans doublement pour les années de campagne ; et ils ne sont admis qu'après dix ans de services effectifs comme courrier ou postulant courrier.

Art. 1314. Les services rendus dans une des administrations ressortissant au département des finances seront également admissibles dans la liquidation de la pension, et seront rétribués d'après les bases établies par l'ordonnance du 12 janvier 1825, pour le temps seulement de la durée effective de ces services. Ils ne seront admis qu'après dix années de services en qualité de courrier ou de postulant courrier.

Art. 1315. Tout courrier ou postulant courrier destitué perd ses droits à la pension de retraite, lors même qu'il aurait l'âge et le temps de services nécessaires pour l'obtenir ; cependant. s'il est réadmis dans l'administration, le temps de son premier service lui est compté.

Art. 1316. Toute démission avant soixante ans d'âge et vingt-cinq ans de services fait perdre les droits à la pension. à moins de réadmission ultérieure dans l'administration.

SECTION VI.—PIÈCES JUSTIFICATIVES DE LA DURÉE DES SERVICES.

Art. 1317. Les courriers ou postulants courriers, admis à faire valoir leurs droits à la retraite, doivent produire les pièces ci-après, savoir :

1° Leur acte de naissance :

2° Les commissions qui leur auraient été délivrées, ou toute autre pièce servant à constater leurs services dans l'administration des postes :

3º Les titres constatant leurs services militaires ou civils s'il y a lieu.

Art. 1318. Les courriers et postulants courriers qui réclament la pension pour cause d'infirmités contractées au service, doivent justifier de ces infirmités par des procès-verbaux constatant les accidents qui les ont occasionnés, et dressés à l'époque de ces événements, savoir : à Paris, par le médecin attaché à l'administration, et dans les départements, par le médecin ou le chirurgien en chef de l'hospice le plus voisin de la résidence des courriers ou postulants.

Art. 1319. Les infirmités naturelles qui ouvrent des droits à la pension dans les cas prévus par l'article 1303 sont constatées et attestées par les officiers de santé désignés en l'article précédent.

Art. 1320. Les veuves auxquelles le décès de leur mari ouvrirait un droit à la pension fournissent, avec les pièces que ceux-ci auraient été tenus de produire, leur acte de naissance, l'acte de célébration de leur mariage, l'acte de décès de leur mari, et un certificat constatant qu'il n'y a pas eu entre eux séparation de corps.

SECTION VII. — MODE DE LIQUIDATION ET DE PAYEMENT DES PENSIONS.

Art. 1321. Les demandes de pension sont adressées au directeur de l'administration, et elles sont examinées et liquidées en conseil (1).

Art. 1322. Les courriers, postulants courriers, veuves de courriers ou de postulants courriers, admis à la pension, sont inscrits à l'administration sur un registre à ce destiné. Il est délivré à chaque pensionnaire un certificat de cette inscription.

Art. 1323. Les pensions sont payables par trimestre, savoir : à Paris, par la caisse des dépôts et consignations,

---

(1) Depuis l'ordonnance du 14 octobre 1845, les pensions des courriers ont dû être soumises, comme toutes les autres pensions sur fonds de retenue, à la révision du comité des finances du Conseil d'Etat, à l'approbation ministérielle et à la sanction royale.

et dans les départements, chez les receveurs généraux et particuliers des finances, pour le compte de cette caisse, sur la présentation du certificat d'inscription, accompagné d'un certificat de vie délivré par un notaire certificateur.

Art. 1324. A chaque trimestre, et afin d'être compris sur les états de payement, les courriers et postulants courriers titulaires de pensions accordées pour les causes déterminées par le premier alinéa de l'article 1303 sont tenus de justifier qu'ils sont actuellement hors d'état de reprendre le service.

L'infirmité venant à cesser, l'administration pourra obliger le courrier ou le postulant courrier à reprendre son service.

Art. 1325. Les pensions courent au profit des courriers et postulants courriers du jour où ils ont été admis à faire valoir leurs droits à la pension, et au profit des veuves, à dater du jour du décès de leur mari.

SECTION VIII. — DISPOSITIONS GÉNÉRALES.

Art. 1326. L'administration se réserve d'accorder sur les fonds libres de la caisse des retraites des courriers des secours une fois payés aux courriers, aux postulants courriers, ou même à leurs veuves, dans le cas où il serait démontré que ces secours leur sont absolument nécessaires.

Art. 1327. Nul courrier ou postulant courrier ne peut, même en renonçant au bénéfice de la pension de retraite, s'affranchir de la retenue établie par le n° 1er de l'article 1298, et dans aucun cas les agents ou leurs veuves ne pourront prétendre au remboursement du montant de cette retenue.

Art. 1328. L'administration se fait représenter chaque semestre la situation de la caisse des courriers au dernier jour du semestre écoulé, ainsi qu'un aperçu des ressources et des besoins de la caisse pour le semestre suivant, et elle détermine, d'après cet aperçu, s'il convient de convertir en rentes les sommes disponibles.

24° CAISSE DE RETRAITE

DES EMPLOYÉS DE L'ANCIENNE CHAMBRE DES PAIRS.

(Règlement adopté par la chambre des pairs, le 6 décembre 1831.)

TITRE Ier.— DE LA RETENUE SUR LES TRAITEMENTS.

Art. 1er. La retenue sur les traitements des employés de la chambre des pairs sera portée au trentième ou à 3 1/3 p. 0/0, pour être ajoutée au fonds affecté aux pensions de retraite et secours, au profit desdits employés qui seront jugés y avoir droit, ou de leurs veuves et orphelins.

Art. 2. Le montant net des traitements, pendant les vacances d'emplois qui n'excéderont pas un mois, sera ajouté au fonds de retraite et aura la même destination.

TITRE II. — DES CONDITIONS POUR OBTENIR UNE PENSION.

Art. 3. Les droits à une pension de retraite ne pourront être réclamés qu'après trente ans de services effectifs, ou lorsque, au terme de vingt-cinq ans, les employés auront atteint l'âge de soixante ans; pour lequel service on comptera tout le temps d'activité, soit dans le service militaire, soit dans d'autres administrations publiques, *avec fonds de retenue* (1), et qui ressortissaient au Gouvernement, quoique différentes de celle dans laquelle les postulants se trouvent placés, et sous la condition qu'ils auront au moins dix ans de services dans l'administration de la chambre des pairs.

La pension pourra cependant être accordée, avant lesdits trente ans ou vingt-cinq ans de services, à ceux que des accidents, l'âge ou des infirmités rendraient incapables de continuer les fonctions de leur place, ou qui, par le fait de la suppression de leur emploi, se trouveraient réformés après dix ans de services et au-dessus, dont cinq

____

(1) Ces mots ont été retirés par arrêté du 14 avril 1832.

ans dans l'administration de la chambre des pairs, et les autres, s'il y a lieu, dans les administrations publiques ou dans le service militaire.

Art. 4. Pour déterminer la fixation de la pension, il sera fait une année moyenne du traitement fixe dont les réclamants auront joui pendant les trois dernières années de leur activité.

Les gratifications qui leur auraient été accordées pendant ces trois années n'entreront point dans ce calcul.

Art. 5. La pension accordée après trente ou vingt cinq ans de services, sera la moitié de la somme réglée par l'article précédent, d'après l'année moyenne du traitement des trois dernières années de services.

Elle s'accroîtra du vingtième de cette moitié pour chaque année de services au-dessus desdits trente ou vingt-cinq ans.

Dans aucun cas, le maximum de la retraite ne pourra excéder les deux tiers du traitement annuel du réclamant, calculé sur le terme moyen des trois dernières années de son service, ni s'élever au delà de 6,000 francs.

Art. 6. La pension accordée avant vingt-cinq ans de services, dans le cas prévu par la deuxième disposition de l'article 3, sera du sixième du traitement pour dix ans de services.

Elle s'accroîtra d'un soixantième du traitement pour chaque année de services au-dessus de dix ans.

Art. 7. Dans le cas de réforme par suite d'organisation, de suppression d'emploi ou d'infirmités, les employés qui n'auraient pas dix ans de services, dont cinq dans l'administration de la chambre des pairs, conformément au deuxième paragraphe de l'article 3, n'auront pas droit à une pension, mais ils recevront, sur la décision de la chambre, la totalité de la retenue qu'ils auront supportée, sans qu'il leur soit tenu compte des intérêts.

Art. 8. La veuve d'un employé ne peut prétendre à une pension qu'autant que son mari est mort dans l'exercice de son emploi (1), ou jouissant d'une pension de retraite sur les fonds de retenue ; qu'elle aura été mariée cinq ans avant la mort de l'employé décédé en activité, ou avant la retraite de l'employé mort pensionnaire.

---

(1) **Après plus de dix années de services.** (*Arrêté de la Chambre du 19 juin 1835.*)

Art. 9. La pension de la veuve est du quart de la pension de retraite à laquelle son mari aurait eu droit ou dont il aura joui. Elle peut s'élever à la moitié de la pension si la veuve est âgée de cinquante ans au moment du décès de son mari, ou s'il laisse à sa charge un ou plusieurs enfants au dessous de vingt ans.

Art. 10. Les deux tiers de la pension dont la veuve jouit jusqu'à la date d'un nouveau mariage, ou jusqu'à sa mort, sont réversibles à cette époque, à titre de secours annuel, aux enfants nés de son mariage avec l'employé décédé, et si l'employé est mort veuf, les orphelins qu'il laisse, quel que soit leur nombre, reçoivent également, à titre de secours annuel, les deux tiers de la pension à laquelle leur mère aurait eu droit si elle eût survécu à son mari.

Art. 11. Les secours annuels se distribuent par égales portions entre les orphelins, et s'éteignent à mesure que chacun d'eux a atteint sa vingtième année.

Art. 12. Tout employé destitué perd ses droits au fonds de retraite.

Art. 13. Tout employé démissionnaire n'a droit de même à aucun remboursement ni à aucune indemnité des retenues qui lui ont été faites : mais s'il était, par la suite, réadmis dans les bureaux de la chambre, le temps de son premier service compterait pour sa pension.

FIN DE LA SECONDE PARTIE.

TABLE

DES MATIÈRES.

FIN DE LA TABLE DES MATIÈRES.

EN VENTE A LA LIBRAIRIE ADMINISTRATIVE DE PAUL DUPONT,

Rue de Grenelle Saint-Honoré, 45.

LES 35 CODES

DE

LA LÉGISLATION FRANÇAISE

(ÉDITION DE 1851).

Par M. Napoléon BACQUA,

Avocat à la Cour impériale de Paris.

1 VOLUME GRAND IN-8° DE PLUS DE 1,200 PAGES.

Prix : 12 fr., et *franco* 15 fr.

Par an : 2 Francs.

BULLETIN

ANNOTÉ

DES LOIS, ORDONNANCES,

DÉCRETS ET ARRÊTÉS,

PUBLIÉ PAR LIVRAISONS MENSUELLES.

Tout le monde en France est censé connaître la loi; personne, sous prétexte d'ignorance, ne pourrait contrevenir à aucune de ses dispositions. Aux termes de l'article 1er du *Code civil*, la loi est exécutoire et doit être exécutée sur tout le territoire français après un délai déterminé en vertu et à partir de la promulgation qui en est faite par le chef du pouvoir exécutif.

On doit penser alors que cette promulgation est entourée de toutes les conditions nécessaires de publicité; qu'elle est affichée sur les murailles des villes, annoncée à son de trompe ou de tambour dans les communes rurales, lue sur les places publiques, publiée enfin avec le même soin que le sont la visite du vérificateur des poids et mesures, la taxe du pain, les bans de vendange. Il n'en est rien!.... *La promulgation*, d'après l'article 1er de l'ordonnance du 27 novembre 1816, *résulte* tout simplement *de l'insertion des Lois ou Ordonnances au Bulletin officiel*, et le délai après lequel la loi devient obligatoire pour chaque partie du territoire court de la date du bulletin dans lequel l'insertion a été faite. Loin d'être à même de connaître la date du bulletin, c'est-à-dire le jour à partir duquel la loi deviendra obligatoire, on n'est même presque jamais en position de savoir s'il y a eu ou non promulgation.

Mais là ne se bornent point les inconvénients que nous avons à signaler : le prix élevé du *Bulletin officiel* (9 fr. par an), l'ordre chronologique toujours interverti, et surtout cette surabondance de décrets qui vont chaque jour croissant et ne sont d'aucun intérêt général ou public, rendent ce Recueil inaccessible à la grande majorité des Français.

Dans l'intérêt des communes, des établissements publics et des particuliers, comme dans celui de l'État en général, une édition populaire du *Bulletin des Lois* était depuis longtemps nécessaire, et il appartenait à la *Librairie administrative* de la publier. Au moyen d'un abonnement de DEUX FRANCS par an, elle met aux mains de tous un livre que tous doivent connaître, remplissant le même but que le *Bulletin officiel*, et surtout plus facile à consulter.

CONDITIONS DE LA SOUSCRIPTION.

Le *Bulletin annoté des Lois, Ordonnances*, etc., contient,

au fur et à mesure de leur publication :

1o Toutes les Lois sans exception ;
2o Toutes les Ordonnances, Décrets et Actes du gouvernement ayant un intérêt général ou permanent ;
3o Les Actes qui, tout en ne concernant que des objets locaux ou individuels, se rattachent néanmoins à un intérêt général, soit parce qu'ils prescrivent des mesures qu'il est utile de connaître, soit parce qu'ils contiennent la solution de questions importantes ;
4o Des renvois aux Lois, Ordonnances ou Décrets qui se rapportent aux mêmes matières ;
5o Une table par volume, afin de faciliter les recherches ;
6o Enfin, une table *tricennale* embrassera toutes les matières contenues dans les années 1830 à 1860.

Prix de l'année courante.................................... 2f » *franco* 2f 50c

COLLECTIONS ANTÉRIEURES.

1re Série (1789 à 1830), 20 volumes avec Tables...... 100 » *id.* 110 »
2e Série (1830 à 1852), 23 années. .... 31 » *id.* 35 »

Tout souscripteur à l'une des séries antérieures du *Bulletin annoté des Lois* recevra gratis les années 1853 et 1854.

ON SOUSCRIT

A LA LIBRAIRIE ADMINISTRATIVE

DE PAUL DUPONT.

Rue de Grenelle-Saint-Honoré, 45.

DICTIONNAIRE
GÉNÉRAL
D'ADMINISTRATION

CONTENANT

LA DÉFINITION DE TOUS LES MOTS DE LA LANGUE ADMINISTRATIVE

ET

SUR CHAQUE MATIÈRE

1º L'Histoire de la Législation,
2º L'Exposé des Lois, Ordonnances, Règlements et Instructions,
3º Le Résumé de la Jurisprudence,
4º L'Indication des formalités à remplir, des autorisations à demander,
des pièces à produire, etc.;

OUVRAGE UTILE

AUX GENS DU MONDE AUSSI BIEN QU'À TOUTES LES CLASSES DE FONCTIONNAIRES.

Un volume grand in-8º de 1636 pages, imprimé à double colonne
et renfermant la matière de 20 volumes.

Prix, relié et franc de port, 30 francs.

PUBLIÉ SOUS LA DIRECTION

DE M. ALFRED BLANCHE,

Secrétaire général du ministère d'État, ancien Secrétaire général du ministère de
l'intérieur, ancien Conseiller de préfecture de la Seine, ancien Directeur et
Professeur de droit administratif à l'École d'administration.

Avec la collaboration de MM. d'AUDIFFRET, président de chambre à la
cour des comptes; ANT. BLANCHE, premier avocat près la cour d'appel de
Rouen; BOULATIGNIER, conseiller d'État; CHABANEL, chef de bureau au ministère du commerce; CHASSERIAU historiographe de la marine, ancien maître
des requêtes au conseil d'État; DARESTE chef de bureau au ministère des
finances; DAVENNE, directeur général de l'assistance publique à Paris, ancien chef de division au ministère de l'intérieur; ALF. DAVIEL, procureur
général près la cour d'appel de Rouen; H. DIEU, préfet de la Haute-Saône;
H. FESSARD, chef de bureau à l'administration de l'enregistrement et des
domaines; JUZL, chef de division au ministère de l'intérieur; de FONTAINES,
LIGOT, PIÉGRET, L. VIDAL, GADEBLED, MEUNIER, chefs au même ministère

ON SOUSCRIT
A LA LIBRAIRIE ADMINISTRATIVE
DE PAUL DUPONT,
Rue de Grenelle-Saint-Honoré, 45 (Hôtel des Fermes).